U0598117

本书由长沙理工大学出版基金资助

穿越意识形态终结的幻象

——西方意识形态终结论思潮评析

梁建新　著

中国社会科学出版社

图书在版编目（CIP）数据

穿越意识形态终结的幻象——西方意识终结论思潮评析/
梁建新著 . —北京：中国社会科学出版社，2008.7
ISBN 978 - 7 - 5004 - 7089 - 2

Ⅰ. 西… Ⅱ. 梁… Ⅲ. 意识形态—研究—西方国家
Ⅳ. B022

中国版本图书馆 CIP 数据核字（2008）第 108165 号

选题策划　卢小生（E - mail：georgelu@ vip. sina. com）
责任编辑　卢小生
责任校对　刘　娟
封面设计　高丽琴
技术编辑　李　建

出版发行　中国社会科学出版社
社　　址　北京鼓楼西大街甲 158 号　　　　邮　编　100720
电　　话　010 - 84029450（邮购）
网　　址　http：//www. csspw. cn
经　　销　新华书店
印　　刷　北京新魏印刷厂　　　　　　　　装　订　丰华装订厂
版　　次　2008 年 7 月第 1 版　　　　　　印　次　2008 年 7 月第 1 次印刷
开　　本　710×1000　1/16　　　　　　　插　页　2
印　　张　16
字　　数　259 千字
定　　价　30.00 元

目　　录

序

　　"意识形态"的概念堪称哲学社会科学中最充满歧义的概念，而这一概念所指称的那种人类精神现象也异常纷繁芜杂。因此，自从法兰西研究院院士安东尼·特拉西于1796年和1798年在他分期宣读的论文《关于思维能力的备忘录》中提出"意识形态"这一概念以后，围绕意识形态展开的理论论争和实践争斗就没有停止过，而在不同时期、不同语境下，沿着不同的逻辑路径，意识形态也会获得不同的存在意义。特拉西最初将意识形态指称为一门新的关于"观念的科学"，他从经验主义的立场出发，认为观念的科学应该研究观念的自然起源，如果能弄清这一起源，就能诊断出人类无知的根源，从而为建立一个理性的进步的社会奠定可靠的基础。因此，他和其他的意识形态理论家们都非常重视意识形态在社会、政治和教育中的作用。然而，当拿破仑追逐独裁权力的野心与特拉西的意识形态意图发生冲突时，拿破仑便将意识形态斥之为"诡辩"和"玄想"，并指控意识形态家们煽动了政治动乱。到19世纪中期，马克思在与恩格斯合作的巨著《德意志意识形态》中使用了"意识形态"一词，并用这一概念指称那些只会用观念去"解释世界"而无力去"改变世界"的人，尤其是青年黑格尔派。更重要的是，马克思在批判意识形态的虚幻性、颠倒性的同时，又以非线性的方式拓展了"意识形态"的含义，他将意识形态与特定阶级的统治与权力相联系，指出它是耸立于特定经济基础之上并为其服务的观念上层建筑。但是，马克思并没有着意去界定意识形态，也还没有去澄清经济基础与上层建筑之间的关系，由此造成了单向决定论（即经济基础决定上层建筑）的假象，这就为后人留下了巨大的探索与想象空间。可以说，20世纪驳杂纷呈的意识形态理论流派都直接或间接地与马克思有关，都是沿着不同的路径阐释和解读马克思意识形态理论的结果。梁建新博士的著作中所系统研究的"意识形态终结论"就是20世与意识形态革命论、意识形态批判论鼎足而立的三大理论流派之一。

　　西方意识形态终结论不是某种单纯的思想与理论，而是一种思潮，它是指西方学者在意识形态这一共同论域内，根据特定社会历史条件的变化而形成的、反映西方资产阶级利益和要求的、宣称意识形态已经终结并产生广泛影响力的思想潮流。20 世纪的西方学者从贬义化意识形态的前提出发，围绕"意识形态终结"这一主题，形成了一条纵贯 20 世纪的意识形态终结论思潮的历史轨迹。如果从更宏大的历史视野来看，这一历史轨迹发源于黑格尔的历史终结论，经过 20 世纪初的帕累托、涂尔干、马克思、韦伯、曼海姆以及 20 世纪五六十年代的丹尼尔、贝尔、李普塞特等，到 20 世纪 80 年代末 90 年代初以福山的"历史终结论"、亨廷顿的"文明冲突论"的问世为标志而达到了高潮。这一思潮在整体上沿着非理性主义、科学主义和反马克思主义三条逻辑路线而展开，沿着这三条逻辑路线，在不同的历史语境下，出于不同的理论动机，又产生了西方自由主义、西方马克思主义和后现代主义三大意识形态终结论流派。西方自由主义主要从反马克思主义的角度提出意识形态的终结，但其中也包含着科学主义的逻辑；西方马克思主义者从意识形态批判的角度提出意识形态在发达的工业化民主社会中已完全终结，取而代之的是科学技术，比如哈贝马斯就认为科学技术已承担起传统意识形态的功能；后现代主义认为意识形态遵循着理性的信仰，因而从反理性的角度提出了意识形态的终结。这三大流派的观点相互借鉴、相互影响甚至相互对立，因而在这一思潮的内部呈现出多音争鸣、相互缠结的理论景观，但是都表达了意识形态终结的主题，汇成了一股强大的西方意识形态终结论思潮。

　　"意识形态终结论"思潮以西方学者特有的文化视野和价值取向为基点，比较集中地反映了西方资产阶级知识分子的世界观、价值观、人生观和历史观，甚至充当了资本主义和平演变社会主义的意识形态武器，同时也提出了众多发人深省的理论与实践问题，对于正在推进现代化、构建社会主义和谐社会的中国而言也提供了宝贵的启迪。正因为如此，尽管人们对于这一思潮的理论观点提出了诸多怀疑与批判，在世界上某些国家也出现了"再意识形态化"的现象，但是这一思潮背后内涵的一些假定至今仍然几乎是无形地影响着社会成员特别是年轻一代的思维与行为方式，在学术领域内，一些自然科学、社会科学、哲学研究者都自称为非意识形态的中立者，当一些自由主义者、保守主义者、马克思主义者都宣称他们是站在科学的立场反对意识形态时，情况就显得更加不容乐观。这一思潮延续时间之长，影响范围之广，波及领域之多，演绎路线之杂，加剧了人们理解和把握这一思潮的难度。尤其是20世纪80年代以后，全球化的强势推进，交通、通信、信息技术的飞速发展，使各国思想文化的交流呈现跨越国界急剧流动的图景，意识形态的冲突不但没有终结，反而呈现短兵相接的特点。而中国正在推进的市场经济体制改革在促进生产力水平与社会效率提高的同时，又在思想观念上将中国带入了一个充满矛盾与困惑的时代。牢牢掌握全球化主导权的西方发达资本主义国家利用其霸权地位、话语优势，一方面自欺欺人地宣告意识形态已经终结，乌托邦已经破灭；另一方面则在"意识形态终结"的幌子下加紧兜售其自己的意识形态，从而在思想观念与精神文化领域实现其控制与称霸全球的野心。作为坚定而清醒的马克思主义者面对这一股扑面而来的思潮，客观上要求置身于全球化背景下的中国学界做出冷静的学理剖析和实践回应。

梁建新博士的著作《穿越意识形态的幻象——西方意识形态终结论思潮评析》在唯物史观的整体理论视野里，科学提炼和概括了马克思、恩格斯的意识形态终结思想，比较了与西方意识形态终结论的异同，整体勾勒了西方意识形态终结论思潮的基本谱系，深入挖掘了这一思潮产生和蔓延的政治动机、经济基础、文化动力等现实根源，在此基础上，对于这一思潮的理论共性、理论误区、现实困境、消极影响、有益启迪等问题做出了实事求是的观照与分析，并对"意识形态是否已经终结"这一问题作出了简明的回答。最后，立足于中国改革开放和参与全球化进程的实际，探讨了中国应对意识形态终结论的基本路径。

与国内外出版的同类著作相比，本著作具有三个鲜明的特点：一是选题的现实性。本著作所研究的这股思潮在我国的现实生活中不但客观存在，而且对我国社会成员特别是年轻一代的思维与行为方式产生了重大影响，并催生了历史虚无主义、科学主义等相关思潮。二是研究的整体性。本著作从描述性研究、反思性研究、评价性研究和对策性研究四个层面上，第一次比较系统地回答了西方意识形态终结论思潮"是什么"、"为什么"、"怎么样"、"怎么办"四个问题。三是观点的引导性。本著作对这一思潮所蕴涵的观点与话语，都力图在社会主义核心价值体系的视野下予以批判和甄别，体现了以社会主义核心价值体系引领社会思潮的时代要求。此外，本著作在学术思想与研究内容上主要有如下特色：第一，本著作在研读原著的基础上，第一次深入挖掘和准确提炼了马克思、恩格斯的意识形态更迭与终结思想；第二，在对西方意识形态终结论做出了比较系统研究的基础上，提出了我国的应对之策；第三，提出了一些富有新意的理论观点，比如，对意识形态要从三个层次、三个纬度进行动态考察的观点，意识形态的终结遵循两条规律、体现三种状态的观点，意识形态与科学的对立与统一是具体的、历史的观点等。尽管其中有些观点还有待雕琢，有些论述还比较薄弱，本著作所做的研究也只是在前人开辟的道路上向前迈进了一小步，但是作者可嘉的理论勇气、敏锐的学术思维、严密的逻辑推理、流畅的行文风格、坚定的政治立场是毋庸置疑的。但愿梁建新博士在新的起点上，谦虚谨慎，戒骄戒躁，继续探索，不断进取，再上新台阶！也期待学界同仁在用社会主义核心价值体系引领社会思潮的实践和研究中，涌现出更多的学术精品。

张耀灿

2008 年 7 月 8 日

于武昌桂子山

前　　言

　　"意识形态"概念的降生虽然只有两百余年，但它所指称的那种人类精神现象的存在却由来已久，而且在现在和可以预见的将来也将继续存在。然而，在 20 世纪西方社会变迁和大浪淘沙般的意识形态论争中，西方学者以其特有的文化视野和价值取向为基点，在不同时期，以不同的话语形式，沿着反马克思主义、科学主义、全球主义、反理性主义等逻辑路线，共同表达了"意识形态终结"的主题，从而形成了一股持续时间长、波及范围广、影响程度深的西方意识形态终结论思潮。

　　这股思潮发端于黑格尔的"历史终结论"，经过曼海姆、涂尔干、马克思·韦伯等人的演绎，到 20 世纪五六十年代，随着东西方两极格局的形成和西方社会的结构性变迁，身处冷战中的西方自由主义知识分子基于对斯大林模式下的苏联社会主义的仇恨感，基于欧美相对和平的后工业社会发展阶段的来临，基于许多知识分子对社会变革立场和激进理想的放弃，以丹尼尔·贝尔、利普塞特为代表的西方学者明确宣布：意识形态已经终结，已经变成了一个堕落到不可救药的地步的词汇。这一时期，"意识形态终结论"演化为一股颇具声势的社会思潮。20 世纪 90 年代，随着两极格局的终结，苏联东欧社会主义模式的解体，以福山的"历史终结论"和亨廷顿的"文明冲突论"为典型话语，"意识形态终结论"思潮再次勃兴。

　　值得注意的是，20 世纪 90 年代的意识形态终结论在西方学界、政界和民间获得了广泛认同，在新自由主义的狂欢中，这一思潮渗透于其他众多民族国家的心理、意识、思维乃至政策层面，产生了深刻的影响，在我国改革开放和现代化进程中出现的"价值中立论"、"淡化意识形态论"、"历史虚无论"等奇谈怪论就是这一思潮在中国的同路人。中国是一个最大的社会主义国家、最大的发展中国家，也是一个正在和平发展的大国，对这一思潮更不能等闲视之。

对于这一思潮，我关注已久。2003 年 9 月，我有幸考入华中师范大学脱产攻读博士学位，也就有了对这一思潮进行系统研究的宝贵时间与思维净空。近年来，我对于马克思主义意识形态理论、西方马克思主义意识形态理论、后现代主义意识形态理论、西方自由主义思想家的意识形态理论都做了比较全面的了解，对西方意识形态终结论的历史渊源、基本谱系、现实根据、理论误区、政治动机、文化动力、现实困境等问题都做了比较深刻的研究，即将呈现在读者面前的这本著作，就是我近几年来研究的阶段性成果。党的十七大报告提出，要以社会主义核心价值体系引领社会思潮，本书的出版也可以说是"生逢其时"。

本书在描述性研究、反思性研究、评价性研究和对策性研究四个层面上，比较系统地回答了西方意识形态终结论思潮"是什么"、"为什么"、"怎么样"和"怎么办"四个问题，研究的焦点聚集于以下五个方面：

第一，准确分析和概括马克思、恩格斯意识形态终结思想的科学内涵。这部分的研究主要从两个方面展开：一是从唯物史观的整体理论视野出发，从中挖掘出对于考察意识形态终结问题具有普遍指导意义的理论资源。这主要体现为：唯物史观对思想世界与现实世界关系的逻辑定位为终结意识形态提供了唯一正确的思维方式；革命的实践是促使意识形态终结的最有力的杠杆；意识形态的终结在无产阶级争取总体解放运动的实践过程中是一个长期而复杂的过程，这一过程遵循着社会基本矛盾的辩证运动规律和意识形态自身发展的否定之否定规律，体现着"应然"、"必然"和"已然"三种状态。二是从马克思、恩格斯意识形态理论中分析出关于意识形态终结的具体见解，主要包括：终结和超越意识形态是马克思、恩格斯意识形态理论的基本思维取向；坚持实践基础上科学性与革命性的统一是意识形态终结的总道路；马克思、恩格斯关于意识形态概念的定性理解蕴涵着意识形态终结的层次、含义与条件；意识形态终结的过程就是意识形态所宣扬的伪真理性、伪人民性、伪永恒性神话走向破灭的过程，也是人类社会历史不断走向进步的过程。准确把握马克思、恩格斯意识形态终结思想的科学内涵，将为具体、有效地分析、批判形形色色的意识形态终结论提供理论参照系和基础性范式。

第二，从整体上勾勒出西方意识形态终结论思潮的基本谱系。西方意识形态终结论这一股时间跨度大、理论话语多、影响范围广的社会思潮，主要是沿着非理性主义、科学主义和反马克思主义三条逻辑路线演进的，其演进的历史轨迹可以划分为理论孕育期、理论探索期、思潮形成期和思潮复兴期四个阶段，每一阶段都有其代表人物与主要话语。由不同时期的代表人物及其主要话语交织而成的意识形态终结论思潮从整体上呈现出阶级性、开放性、实践性、导向性、复杂性等特征。

第三，运用马克思关于社会存在决定社会意识的基本原理，联系晚期资本主义政治、经济、文化、科技的新变化，深刻分析了西方意识形态终结论思潮赖以立论的现实根源。这种根源在政治上主要是时代主题的转换，社会主义与资本主义两大制度力量的此消彼长以及以美国为代表的西方发达国家国内政治状况的变化；在经济上主要是20世纪资本主义与社会主义所推行的经济改革，经济全球化进程的加快推进，科学技术的进步及其在经济增长中作用的提升；在文化上主要是后现代主义文化思潮的崛起所提供的话语平台与思维启迪；西方理性主义文化精神在20世纪的衰竭所提供的深层动因；西方资本主义推行文化帝国主义所产生的现实需求。晚期资本主义的新变化既是社会思潮产生的现实根源，又是其赖以存在的宏大社会场域。

第四，以批判与甄别的态度对西方意识形态终结论思潮做出全面、客观的评析。首先，指出了这股思潮所共有的资产阶级唯心史观的哲学基础、反社会主义意识形态的政治倾向，西方中心主义的价值倾向，盲目乐观主义和文化帝国主义相混合的文化心理。这种理论在本质方面凸显出西方意识形态终结论与马克思、恩格斯意识形态终结思想在含义、着眼点、价值指向、替代方案、终结路径等方面的区别。其次，指出了这股思想的理论误区与现实困境。由于这股思潮在理论上认为对理性的批判必然导致意识形态的终结，将意识形态与科学相对立，将马克思主义等同于意识形态，因此，在一系列现实问题上不可避免地陷入了自相矛盾、难以自圆其说的困境。再次，本书透过意识形态终结论思潮纷繁复杂的理论迷雾，提炼了其中我们可以借鉴的资源。最后，在马克思主义唯物史观的视野下对于"意识形态是否终结"这一问题作了简短的结论。

第五，立足于中国改革开放与参与全球化进程的实际，分析了西方意识形态终结论思潮在中国泛滥的双重背景、典型话语以及中国应有的应对之策。西方意识形态终结论乘中国改革开放、发展市场经济之机，在国际、国内环境发生深刻变化的背景下，以经济理论话语、政治理论话语、思想文化话语的形式广泛渗透于中国社会的有机体中，并产生了极其严重的后果。要有效应对这股思潮，必须立足中国与世界两个大局，认清当前意识形态存在和斗争的客观现实；必须树立马克思主义的意识形态观，必须开拓马克思主义理论发展的新境界，改善维护马克思主义在意识形态领域指导地位的手段与方法，增强社会主义意识形态的亲和力、感召力和竞争力；必须坚持以经济建设为中心，不断发展社会生产力，加强以马克思主义为指导的社会主义意识形态的物质技术基础；必须分清国家利益上的轻重缓急，在意识形态问题上立场坚定、头脑清醒，有所为有所不为；必须加强社会主义市场经济条件下意识形态的社会管理，积极引导主流意识形态，坚决抵制反主流意识形态。

2006 年 6 月，我参加首都师范大学主办的学术会议，提交了《论加强西方思潮引导的方法论问题》一文，已由我的导师和我共同署名，发表在《思想教育研究》2006 年第 11 期，该文从西方思潮的引导标准、西方思潮研究的立足点、西方思潮研究的理论视野、西方思潮研究的类型与指向、西方思潮在微观层次上的区别研究、西方思潮引导的操作原则及方法要求六个方面总结了引导西方社会思潮的方法论问题，这也是我贯穿于本书的方法论原则。

我深感关于"意识形态终结论"的研究并没有终结，本书所作的研究只是在前人开辟的道路上向前迈进了一小步，但这种研究如果能沿着正确的道路继续探索，也将为今后的进一步研究留下有益的思想资料与启示，这也是我写这本书的初衷与期待。如果本书的出版能对我们的理论研究与现实应对有所裨益，我也算不辱使命、不负众恩！

梁建新

2008 年 4 月 30 日于长沙

第一章 导论

在人文社会科学的众多领域，"思潮"研究几乎是一道永恒的布景，一种思潮的枯荣升贬，往往驱动着学者们对这一思潮所关涉的论域进行新的探究旅程。所谓"思潮"，根据《辞海》的释义，有两种含义：一是指某一历史时期内反映一定阶级或阶层利益和需求的思想倾向；二是指涌现出来的思想情感，如思想起伏①。根据这一释义，我们可以看出，"思潮"与"思想"是既相互联系又相互区别的两个概念。其联系主要表现为：思潮无论是指思想倾向还是思想情感，都是以一定的思想为基础的，思潮实际上围绕一个开放的、富有争议的问题域从不同角度而提出的相同或相似思想的总汇，也是各种大大小小的思想家及其追随者登台表演的历史，没有思想的思潮是不存在的，同时，一种思潮一旦形成，反过来又对该思潮所涉论域的各种理论、思想起着潜移默化、自觉不自觉的导向作用。但是，思潮和思想又是有着严格区别的，具体地说，"思潮"从以下几个方面与"思想"相区别：

第一，蕴涵范围的开放性。一种思潮可以广泛蕴涵于人文、社会科学甚至自然科学等学科领域，而不为某一学科所独有，具有广泛、开放的蕴涵范围，而某种思想往往是从某一学科视角出发而提出的，因而具有单一的学科层次。

第二，存在形态的双重性。一种思潮既具有一定的理论形态，又具有一定的心理形态，在理论形态上它以一定的思想、理论为主体，表现为一定的概念体系；在心理形态上则以一定的信念为主体，表现为不系统、不定型的观念冲动，用情感来激动人心。而思想更多地以理论形态存在，有清晰的概念系统、完整的理论框架和特定的思维方法。

---

① 《辞海》普及本第四卷，上海辞书出版社 2002 年版，第 4390 页。

　　第三，相当程度的社会共鸣性。一种思想不一定能引起相当程度的社会共鸣性，甚至理解这种思想的只是社会中的少数人。但是，当这种思想得到相当程度的社会承认，能够调动相当数量群众的情绪，引起相当程度的社会共鸣时，思想就转化为思潮。

　　第四，价值目标的大众关联性。一种思想不一定能反映相当数量的社会成员的价值目标，也未必能引起人们的广泛注意，但是，当一种思想反映了相当数量社会成员所追求的价值目标、引起社会成员的广泛关注时，就会形成具有吸引力的思潮，某些消极的反动思潮之所以具有某种迷惑性，就是因为它抓住了某些社会成员的自发的、尚未定型的心理和意识，从而产生了一定的吸引力。

　　根据"思潮"与"思想"的区别，西方意识形态终结论不是某种单纯的思想与理论，而是一种思潮，它是指西方学者在意识形态这一共同论域内，根据特定社会历史条件的变化而形成的，反映西方资产阶级利益和要求的、宣称意识形态已经终结并产生广泛影响力的思想潮流。早在20世纪50年代，西方知识分子围绕着苏联和斯大林主义的前景就展开了一场观念大论战，而随着冷战的全面展开，敏感的西方知识分子又提出了"意识形态是否要终结"的问题，并以此为契机开始探讨人类社会的未来，于是，在思想文化领域内引发了一场席卷东西方众多知识分子的世界范围的大论战，这一场论战虽然随着20世纪六七十年代激进主义的兴起和意识形态在西方社会及第三世界获得了新的高涨似乎已烟消云散、无果而终，但是"意识形态终结论"的主题和思想倾向却一直薪火相续，以致在20世纪八九十年代以苏东剧变为契机，东西方学术界又涌动着新一轮"意识形态终结"的喧嚣，并产生了巨大的现实影响。

　　"意识形态终结论"思潮以西方特有的文化视野和价值取向为基点，比较集中地反映了西方资产阶级知识分子的世界观、价值观、人生观和历史观。面对这一股扑面而来的思潮，客观上要求置身于全球化语境下的中国学界做出冷静的学理剖析和实践回应。因此，本书的研究将遵循思潮研究的基本思路，主要从三个层面上展开：一是这一思潮本身的描述性研究，包括这一思潮的产生背景、基本内涵、典型话语及其所提供的意识形态终结之后的替代性方案，并透过不同历史语境下"意识形态终结论"的表现形式，进一步分析和理解它们所反映的西方社会政治经济文化的变化状况及其走向。二是这一思潮的反思性研究，即将这一思潮置于西方社会理论与实践的双重平台上进行反思，剖析其赖以生存的理论与现实空间，并运用马克思主义进行客观评析。三是这一思潮的影响与对策研究，即在分析这一思潮对中国特色社会主义事业的影响基础上提出应对这一思潮的理论对策。在具体展开研究之前，简要说明本书的选题缘由、研究意义、思维进路、分析框架和基本方法，俯瞰 20 世纪关于意识形态终结的争论及其研究现状与理论风云就成为本书的必要开端。

第一节　问题的缘起与研究意义

一、问题的缘起

西方理性主义的盛极而衰，马克思历史唯物主义的创立以及马克思主义与西方资本主义在意识形态论域内大浪淘沙般的论争，构成了 19 世纪意识形态领域内驳杂纷呈的理论图景，以至于亨利·阿肯在撰写哲学史时，将 19 世纪称为"意识形态的时代"（the Age of Ideology）。然而，到20 世纪五六十年代，西方学术界一些社会学家，比如雷蒙·阿隆、爱德华·希尔斯、利普赛特和丹尼尔·贝尔分别在其代表作《知识分子的鸦片》、《意识形态的终结》、《政治人：政治的社会基础》和《意识形态的终结：五十年代政治观念衰微之考察》中提出了同一个主题，即宣告 19世纪的意识形态已被新的历史事实与社会条件所否认而走向终结。这一股看似是历史匆匆过客的"意识形态终结论"思潮，在 20 世纪全球化强势推进的语境下又以弗朗西斯·福山的"历史终结论"与塞缪尔·亨廷顿的"文明冲突论"的形象登台亮相，似乎关于意识形态的讨论从此就像品味一张泛黄的照片，只能勾起阶级斗争与冷战岁月的回忆，而意识形态的本身也真正"变成了一个堕落到不可救药的地步的词汇"①。"意识形态终结论"思潮也就再次复兴并如野火般蔓延于众多民族国家的心理、意识、思维乃至政策层面。

---

① ［美］丹尼尔·贝尔著，张国清译：《意识形态的终结：五十年代政治观念衰微之考察》，江苏人民出版社 2001 年版，第 519 页。

任何科学研究的问题都不是缘于书斋中冥思苦想的结果，而是缘于对历史的洞察、对理论的分析、对现实的关怀，本书以西方"意识形态终结论"思潮作为研究对象，正是基于对历史、理论、现实的思考与分析。

从历史来看，西方"意识形态终结论"思潮以"意识形态终结"之名，行向社会主义意识形态进攻之实，对国际共产主义造成了严重后果。马克思主义有一个经典命题，即至今一切有文字记载社会的历史都是阶级斗争的历史①。由于意识形态斗争是阶级斗争的重要方面，这一命题又可进一步推演，即至今为止一切有文字记载的历史都是对现实社会存在进行辩护或批判的意识形态的演进历史，纷繁的意识形态像幽灵如影随形地伴随着人类文明的嬗变历程。对于意识形态在阶级社会中的重要性，马克思说："如果从观念上考察，那么一定的意识形态的解体足以使整个时代覆灭。"② 正因为如此，自从社会主义作为资本主义的替代性选择产生以来，无产阶级和资产阶级甚至一天也没有停止过对意识形态的斗争，纵观 20世纪国际共产主义运动跌宕起伏的历史，我们不难得出结论：能否运用马克思主义正确开展反对资产阶级意识形态的斗争，关系到社会主义事业的兴衰成败。20 世纪初，第一次世界大战的炮火湮没了资产阶级自由、平等、博爱的虚假演说，意识形态的危机使西方资本主义制度风雨飘摇，列宁不失时机地提出把马克思主义意识形态化的口号，有力地推动了十月革命的胜利。葛兰西甚至把十月革命的胜利看作是意识形态的胜利。然而，在社会主义凯歌行进的时代，人们并没有看到马克思主义意识形态化的危机，在马克思主义被确立为正统的封闭的信念体系、建立起形而上学的政治权威之后，它与无产阶级和广大人民的真实意愿之间的差距越拉越大，理论研究也愈益贫乏，对社会主义的指导作用也日渐式微。更为严重的是，在五六十年代与西方意识形态终结思潮相呼应，苏联理论界以谢列克托尔为代表的知识分子试图以抽象的人道主义学说为基础，建立一种完全与阶级属性相分离的意识形态，这是"真正人道主义的、深刻博爱的意识形态，因此它是各国人民之间的和平的意识形态"③。这种把抽象的人

---

① 《马克思恩格斯选集》第 1 卷，人民出版社 1995 年版，第 272 页。
② 《马克思恩格斯全集》第 46 卷，人民出版社 1962 年版，第 35 页。
③ 《苏联哲学纪事（1953 – 1976）》，生活·读书·新知三联书店 1979 年版，第 37 页。

道主义作为纠偏规正的做法，不但有意无意地消解着对资产阶级意识形态的批判，而且对资产阶级意识形态暗送秋波，不知不觉地扮演了西方意识形态终结论的知音。更值得注意的是，戈尔巴乔夫在1987年出版的《改革与新思维》中又提出了与谢列克托尔所倡导的如出一辙的意识形态理论，他认为，对外必须倡导"使政治立场摆脱意识形态上的偏执"的新的政治思维①。然而戈尔巴乔夫以全人类利益来取代意识形态的善良愿望并没有得到西方的响应；相反，西方资本主义的意识形态却披着全人类共同文化的外衣，日益取得了居高临下、颐指全球的地位，而社会主义的意识形态却在消极防御中惨淡经营，最终导致苏东剧变。历史事实清楚地表明，西方"意识形态终结论"是西方资本主义向社会主义意识形态进攻的策略和手段。透过其貌似客观中性的话语言说所看到的正是其根深蒂固的意识形态情结。正如塞巴斯蒂安·赫尔科默所说："实际上，宣称意识形态终结本身就具有意识形态的嫌疑。"② 因此，从历史的角度来看，只要阶级与国家依然存在，意识形态虽然颇具争议且变化多端，但仍然具有持久而现实的意义，试图消解、终结意识形态的尝试将是堂·吉诃德战风车。

　　从理论上看，西方意识形态终结论，一方面反映了西方社会的时代变迁，道出了某些实情，为包括中国在内的社会主义国家和广大发展中国家如何用建设与改革的方式处理和平与发展中的重大问题提供了可供借鉴的方法与资源。另一方面，这一思潮所反映的"西方中心论"的思想倾向，一脉相承的冷战思维，千方百计地为资本主义进行的政治、经济、文化辩护，又钝化了马克思主义的批判力、说服力，使各种伪马克思主义、非马克思主义的理论思潮甚嚣尘上，这不但导致了人们对意识形态的褊狭理解，影响了人们对现实生活的准确把握，而且干扰了国家内外政策的选择。因此，在全球化的语境下，如何坚持马克思主义的批判精神与超越品格，在评析西方"意识形态终结论"思潮的过程中，既吸收其合理的文

---

　　① ［苏］米·谢·戈尔巴乔夫著，苏群译：《改革与新思维》，世界知识出版社1988年版，第123页。

　　② ［德］塞巴斯蒂安·赫尔科默、张世鹏译：《后意识形态的意识形态》，《当代世界与社会主义》2001年第3期。

明因子，又抛弃其不适当的因素，打破西方的话语霸权，战胜资产阶级意识形态对马克思主义的"围剿"，克服马克思主义合法化的危机，并与时俱进地推动马克思主义成为一种更强劲、更开放、更适应人的全面发展与社会全面进步，更能促进民主、自由、平等、正义，更能与维护权贵利益的资本主义意识形态相抗衡的无产阶级和广大人民的意识形态，也就成为一项紧迫的理论任务。

从现实来看，20 世纪 90 年代以来，全球化进程突破意识形态与社会制度的壁垒而强势推进，作为西方资本主义制度和意识形态牢固基础的自由主义以新自由主义的面孔出现并挟市场经济的强势与资本扩张的大潮而成为全球化理论的主流。以福山、亨廷顿、布热津斯基为代表的西方右翼资产阶级代表人物抛出了形形色色的"意识形态终结论"，他们在新自由主义的狂欢中宣告：共产主义将完全退出历史舞台，自由民主制度将构成意识形态进化的终点，一个奠基于柏林墙碎石基础上的全球资本主义化的时代已日益浮现于世人的视界，主导着全球化进程的发达资本主义国家正引领着其他一切人类社会和民族都迟早要走向的唯一目标。中国是一个坚持以马克思主义为指导思想的最大的社会主义国家，也是最大的发展中国家和正在为实现和平崛起而励精图治的大国，这种独特的现实境遇决定了我国面对全球化背景下奔腾而起的意识形态终结论思潮必须保持独特的警惕与睿智。一方面，中国的现代化进程不可能孤立于世界大潮之外，必须趋利避害、积极参与全球化进程。在全球范围内思想文化和意识形态的碰撞与冲突中，既要坚持马克思主义在意识形态领域一元化的指导地位，又要尊重多元文化与意识形态并存的客观现实。另一方面，又要看到我国的市场经济改革又为"意识形态终结论"思潮提供了体制条件和现实土壤。正是在这一思潮的误导下，我国出现了"意识形态中立论"、"意识形态虚无论"等种种奇谈怪论，有人甚至把接受"意识形态终结论"、告别革命、淡化政治作为解放思想的标志，因此，面对这一思潮，任何盲目地肯定和武断地否定都是思想的懒汉，都有可能从根本上危害我国的意识形态安全，葬送社会主义事业，中断和平崛起的进程。

最后，从思想政治教育的学科属性与文化使命来看，加强对"意识形态终结论"思潮的分析、批判与引导也是其应有之义。在多元并存的学科体系中，思想政治教育无疑具有独特的价值属性和文化干预力量。因此，历史上依次更迭的社会各阶级无不非常重视显性或隐性的思想政治教育，加强对社会进程中产生的各种思潮的控制与引导，从而把社会的发展纳入其理论的预设轨道，维护本阶级的政治经济利益。对于具有鲜明的西方资本主义意识形态色彩的"意识形态终结论"思潮，思想政治教育也应理所当然、义不容辞地进行马克思主义的关照与评析，并保持批判的言论。

综上所述，无论从历史、理论、现实还是从思想政治教育的本身来看，加强对西方"意识形态终结论"思潮的分析与研究，都已成为现代思想政治教育的重要命题，同时也彰显出本书研究的理论价值与现实意义。

二、研究的意义

首先，有利于正确认识资本主义发展的历史进程，准确把握当代资本主义的新变化、新特点和新趋势，深刻了解发达资本主义国家的战略意图、内在矛盾及其社会政治经济文化走向。2000 年 6 月，在中共中央召开的思想政治工作会议上，江泽民同志提出了"四个如何认识"的问题，而"如何认识资本主义发展的历史进程"对于其他三个如何认识具有前提性、因果性与条件性的意义，因为"如何认识社会主义的发展进程"不可能外在于"如何认识资本主义发展的历史进程"，而"如何认识我国社会主义改革实践过程对人们思想的影响"则始终贯穿着姓"资"与姓"社"的争论，"如何认识当今国际环境和国际政治斗争带来的影响"，也必须面对当代资本主义依然占优势、呈强势、取攻势的严峻事实。而要正确回答"如何认识资本主义发展的历史进程"这个大问题，就不可能忽视产生于资本主义社会肌体中的种种思潮的研究，因为这种思潮往往更直接、更深层地反映了一个国家和地区的变化实际与未来走向。意识形态终结论思潮在 20 世纪后半期在西方社会的产生并在全球化语境下勃兴，并不在于这一思潮理论支柱的正确与否，而在于这一理论思潮比较准确地表达了西方右翼势力的思想倾向，价值取向和战略意图，比较清晰地记录了20 世纪后半叶资本主义发展进程中的新变化、新特点、新走势以及经济、政治、文化和社会发展的内在矛盾。"窥一斑而知全豹"，通过对这一思潮的剖析，我们无疑能够深化和拓展对当代资本主义发展进程的认识。

其次，有利于克服马克思主义在全球化语境下面临的合法性危机，恢复马克思主义者的理论自信，巩固其在社会主义意识形态中的指导地位。思想史的发展表明，任何一种思想、理论只有在研究、分析和批判其对立思想和理论的过程中才能更好地坚持和捍卫自己的阵地，拓展前进的空间。因此，马克思主义自从诞生以来，对形形色色的错误思想、理论与思潮的批判与研究，也就成为其天然使命。然而，20 世纪八九十年代以来，意识形态终结论思潮的泛滥，资产阶级意识形态的扩张，马克思主义面临着中立化、形而上学化、批判对象虚无化的种种危险，遭遇到空前的合法性危机，在全球化进程中陷于失语状态。而在马克思主义内部也分化和裂变出众多意识形态终结论思潮的同盟军，比如，有的将马克思主义说成是人道主义，试图以抽象的道德标准磨平马克思主义作为批判的武器而保存其自身的斗争锋芒；有的以弘扬马克思主义的当代性为名，行贩卖资本主义意识形态之实。针对这种现状，只有继续坚持马克思主义的科学性与意识形态的统一，弘扬马克思主义的批判与超越品格，打破意识形态已经衰微、乌托邦已经幻灭、历史已经终结的神话，方能克服马克思主义的合法性危机，恢复马克思主义者的理论自信，巩固其在社会主义意识形态领域的指导地位。

再次，有利于提高我们对西方思潮的分析、鉴别能力，实现全球化背景下中外意识形态的交融与整合，维护我国意识形态安全，促进中国特色社会主义事业的顺利发展，实现和平崛起的战略目标。意识形态的争论没有真正走向终结，观念历史的演变也没有真正完成，在网络经济、知识经济、全球化经济的时代，意识形态终结思想的出笼，表明西方资本主义对社会主义意识形态的进攻也由“显”到“潜”，以更加隐蔽、中立的学术理论的方式进行渗透。对于西方学者提出的各种“终结”理论，我们理应保持清醒的头脑，如果不加分析地照单全收，就会形成可怕的洋奴心态，全面向资产阶级意识形态投降；如果进行简单的印象式否定，就会阻塞广泛吸收世界一切文明成果的通道。而以马克思主义为指导对其进行甄别和辨析，显然有利于增强我们把握和驾驭西方思潮的能力，实现中外思想文化和意识形态的交融与整合，夯实和平崛起的意识形态基础，维护我国意识形态的安全，充分发挥意识形态在中国特色社会主义事业中的价值与作用。从根本上说，一个社会主义的、富强、民主、文明的中国的崛起才是对西方意识形态终结论最强有力的回应。

最后，有利于弘扬思想政治教育理论联系实际的马克思主义学风，提高思想政治教育者的专业技术水平和职业本领。思想政治教育要增强时代感，加强针对性、实效性、主动性，着力解决人们思想观念、政治立场、道德品质形成和发展中的重大问题，就不能停留于照本宣科式的理论说教，而必须弘扬理论联系实际的马克思主义学风，社会思潮研究显然是思想政治教育理论联系实际的重要环节与方面。对于思想政治教育者而言，能否运用马克思主义的立场、观点和方法进行意识形态的研究、分析与管理，是衡量其专业技术水平高低与职业本领强弱的重要标志，思想政治教育者必须学会以意识形态特有的视角与方法来认识、把握与改造世界，成为意识形态研究、控制与管理的专家。因此，加强西方意识形态终结论思潮的研究，无论是对于弘扬思想政治教育理论联系实际的学风，还是增强思想政治教育者的专业技术水平和职业本领都是大有裨益的。

第二节　国内外关于"意识形态终结"的争论及研究现状述评

意识形态终结论是 20 世纪意识形态论域内与意识形态革命论、意识形态批判论鼎足而立的三大理论维度之一。20 世纪五六十年代，法国著名哲学家、社会学家阿隆，美国社会学家希尔斯、贝尔等西方右翼学者提出了"意识形态终结"的主题，并由此引发了一场长达半个世纪、牵涉全世界并产生广泛影响的大辩论。20 世纪八九十年代，布热津斯基的"共产主义失败论"、尼克松的"不战而胜论"、福山的"历史终结论"、亨廷顿的"文明冲突论"、戈尔巴乔夫的"改革与新思维"等，都可以看作是新的历史语境下"意识形态终结"这一主题的延续。意识形态终结论要深化思潮研究，首先就必须了解关于"意识形态终结"的争论以及相关的研究现状。

一、西方学者围绕"意识形态终结"展开的理论论争

（一）西方右翼"意识形态终结"的赞同之声

西方右翼知识分子作为共产主义苏联的批判者，在研究了第二次世界大战结束以来西方社会的意识形态现象后，提出了"意识形态终结"的

主题，其主要代表人物是加缪、雷蒙·阿隆、亚瑟·科斯特勒、伊尼佐埃·西罗尼、乔治·奥威尔、C. 米洛兹、丹尼尔·贝尔、克罗斯兰·希尔斯、利普塞特等人。综观五六十年代西方右翼知识分子所主张的"意识形态终结论"，主要是在两个层次上所做的判断。在事实判断的层次上，利普赛特在《政治的人：政治的社会基础》一书中认为，第二次世界大战后西方社会的新变化使代表不同价值的社会集团在思想上的激烈冲突已经走向衰落。意识形态上的左、右界线已经模糊，"没有哪个社会主义政党想继续把更多的工业国有化。更多的工业化国家的社会主义政党，如斯堪的纳维亚、英国和德国，已经放弃了这个目标"①。右派的自由主义开始接受原属左派的福利国家的思想，而左派也开始认同右派的主张，即"国家包罗万象的权力的增加，所带来的不是经济问题的解决，而冒失去自己的危险"②。因此，在西方发达国家内部，不同倾向知识分子之间意识形态的冲突已经消灭，意识形态正在终结。尽管"民主的阶级斗争将继续下去，但它将是没有意识形态、没有红旗、没有五一节游行的战斗"③。

雷蒙·阿隆是现代西方工业社会"意识形态终结"的最早预言者之一，他在 1954 年为阿多诺在法兰克福主编的《社会学》中写下了《意识形态的终结》一文，他认为韦伯所说的现代社会的合理性，只能来自从价值理性向工具理性的转移，这是一种可靠的变化，因为人们拒绝神化一个阶级、一种斗争技术、一种意识形态体系，并不妨碍他们去追求一个比较公正的社会和一个不那么令人痛苦的共同命运。在《知识分子的鸦片》（1957）的最后一章，阿隆提出了意识形态时代是否已经终结的问题，这一问题成了一个主要由西方右翼知识分子组成的国际文化自由协会发起的 1955 年在米兰召开的一次国际会议上的主题。在这次会议上，阿隆、波拉尼、希尔斯、利普塞特、贝尔都认为传统的意识形态已经过时，已经被新的历史事实和社会条件所否定。

美国哈佛大学社会学教授丹尼尔·贝尔 1960 年出版了一本赞同"意

---

① S. M. 利普塞特：《政治的人》，载 C. Z. 瓦克斯曼编《意识形态终结的辩论》，纽约，1969 年，第 71 页。

② 同上书，第 73 页。

③ 同上书，第 775 页。

识形态终结"的"经典性"著作——《意识形态的终结：五十年代政治观念衰微之考察》。贝尔在该书中认为，由于美国经济、社会、阶级结构的变化，旧的意识形态力量已经枯竭，失去了它们的影响力与说服力，法西斯主义和斯大林主义已告结束，资本主义和社会主义之间的意识形态已失去意义。"曾经是行动指南的意识形态现在已经逐渐走到了死亡的终点。"① "因此，在西方世界里，在今天的知识分子中间，对如下政治问题形成了一个笼统的共识：接受福利国家，希望分权，混合经济体系和多元政治体系。从这个意义上讲，意识形态的时代也已经走向了终结。"② 但是，贝尔与其他"意识形态终结"赞同者不同的是，在看到旧的意识形态和思想争论走向穷途末路的时候，他却看到了正在崛起的亚非国家却正在形成着一些新的意识形态以满足本国人民的不同需要。这些意识形态就是工业化、现代化、泛阿拉伯主义、有色人种和民族主义的意识形态③。可见，贝尔所谈的意识形态的终结是一个相对概念、而不是一个绝对概念。

在价值判断的层次上，西方右翼知识分子认为"意识形态终结"是一个有利于人类自由和社会进步的好事。正如费耶尔认为，意识形态在本质上是一种基于人类的政治和社会情感的价值体系，是一种将人的政治意志强加给宇宙本性的意识与无意识④。因此，"只有意识形态时代结束的时候，自由文明才开始。……只有意识形态消退的时候，人类才能为自己发现一种共同的语言和价值……才会发生人类仇恨的落潮，从冲突和压抑中解放出来的人的能量，才能发现幸福和成功的新界域。"⑤ 根据西方右翼知识分子所做的两个基本判断，意识形态终结论者的主要观点主要有五个：

第一，由于一系列特别严重的事件的冲击，以马克思主义、共产主义为代表的激进乌托邦式的理想像千禧年的希望、太平盛世的幻想、天启录

---

① 丹尼尔·贝尔著，张国清译：《意识形态的终结：五十年代政治观念衰微之考察》，江苏人民出版社 2001 年版，第 451 页。

② 同上书，第 462 页。

③ 同上书，第 463 页。

④ L. S. Feuer：《超越意识形态》，载于 C. Z. 瓦克斯曼编《意识形态终结的辩论》，第 641 页。

⑤ 同上书，第 66 ~ 67 页。

的思想一样不可避免地走向了幻灭。

第二，莫斯科审判、斯大林肃反、《苏德互不侵犯条约》的签订，使西方知识分子打消了对苏联政治制度这一马克思主义意识形态的现实承担者的迷恋。

第三，由于社会结构、人口结构、阶级结构的变化，产生传统意识形态冲突的阶级根源已经消除。

第四，传统的意识形态面对现代社会的模糊性、复杂性，难以提供解决实际问题的方案。

第五，家族资本主义的解体，大众社会的来临，导致权力的变迁，使不具有阶级性的地位比较超然的知识分子中的精英成员开始进入权力的中心，他们具有反意识形态的鲜明倾向。

上述两个层次的判断和五个主要观点虽然在不同语境下有所偏重，但其主旨和灵魂却是一脉相承的。

随着冷战的全面展开，"意识形态终结"的呼声不但没有被20世纪六七十年代的激进运动风暴所击碎，反而以新的形式从学者话语转化为政治话语，其矛头也直指社会主义意识形态，尼克松的"不战而胜论"、布热津斯基的"社会主义大失败论"就是其典型话语。1988年，贝尔再次提出"意识形态终结"的命题，"因为我们正处于新一轮打消对共产主义世界抱有幻想的时期。"① 1989年，福山在继承"意识形态终结论"基本内核的基础上抛出了"历史终结论"，其核心主张是：西方国家实行的自由民主制度会战胜其他与之互相竞争的各种意识形态，如世袭制、法西斯主义和共产主义，因而它是人类意识形态发展的终点和人类最后一种统治形式，并因此构成了"历史的终结"。1993年，亨廷顿面对苏东剧变的事实宣称：意识形态的冲突已让位于文明的冲突成为未来国家冲突的根源，文明的断层线将成为未来的冲突线，共产主义的意识形态已经终结，民族主义的意识形态将结成同盟共同对抗西方。

（二）西方左翼"意识形态终结"的批判之声

针对西方右翼知识分子提出的"意识形态终结"的主张，以西方左

---

① 丹尼尔·贝尔著，张国清译：《意识形态的终结：五十年代政治观念衰微之考察》，江苏人民出版社2001年版，第506页。

翼思想家为主的"反意识形态终结学派"提出了尖锐的批评。20 世纪五六十年代在意识形态是否终结的大论战中，他们对贝尔、阿隆和利普赛特的观点提出了大量的反驳，其主要的代表是拉普罗姆帕尔（J. Lapalombara）、阿尔肯（H. D. Airken）、赫吉斯（D. C. Hodges）和哈贝尔（R. A. Haber）。针对西方右翼对意识形态的褊狭理解，拉普罗姆帕尔指出，意识形态终结论者所犯的错误在于把意识形态仅仅看作是教条主义的、乌托邦的、与现代科学合理性不协调的，其实，"意识形态……倾向于规定一套或多或少相一致的价值，并寻求把一定的行为方式同达到一种未来状况或保持现状联系起来"①，作为一种普遍的价值体系，它可以是也可以不是教条主义的，可以是也可以不是乌托邦的，可以同也可以不同现代科学合理性相互协调一致②。我们顶多可以说某些意识形态的终结与衰落，但不能主张所有的意识形态都终结了。

　　如果说拉普罗姆帕尔从对意识形态的理解来反对意识形态终结，阿尔肯的批评则指向了意识形态终结论的主要内容、理论基础及其严重后果。他指出，阿隆、贝尔所说的主要是马克思主义意识形态的终结，"我们当代西方反意识形态者的主要靶子是马克思主义。预言意识形态的终结也是他们梦想的马克思主义的终结"③。贝尔认为"终结"的主要论据之一是：意识形态是发展中社会的产物，现代西方已成为发达的富裕社会，其存在的社会历史条件已经消失了。但阿尔肯认为这种观点是受了存在主义和实用主义的影响④。他批评终结论者"在许多问题上，是不明确的和折中主义的……他们的观点缺少一致性和明确性"⑤。"他们的多元论已经变成反意识形态的狂热，并不可避免地导向无政府主义，最后导向虚无主义。"⑥

　　赫吉斯对意识形态终结论的批评集中指向终结论者的四个主要观点：

---

　　①　J. Lapalombara：《意识形态的衰落：反对与解释》，载于 C. Z. 瓦克斯曼编《意识形态终结的辩论》，第 320 页。

　　②　同上书，第 320~321 页。

　　③　H. D. Airken：《反抗意识形态》，载于 C. Z. 瓦克斯曼编《意识形态终结的辩论》，第 237 页。

　　④　同上书，第 236 页。

　　⑤　同上书，第 257 页。

　　⑥　同上书，第 258 页。

一是针对西方右翼提出的知识分子超越了阶级冲突并随着其影响的扩大而导致意识形态终结的论点，赫吉斯认为，当代知识分子仍然在为特殊利益集团服务，不仅没有超越意识形态，反而趋向意识形态。"承认工程师和专家代替激进的、自由的和老式保守的知识分子，并不等于他们非政治化了。"① 二是针对贝尔和利普赛特认为西方社会日益增长的和谐与舆论一致标志意识形态终结的观点，赫吉斯认为，不能将这两者混为一谈，相反，社会舆论的一致与日益增长的和谐正是意识形态对公民生活进行统治的表现。三是针对意识形态作为社会一致的工具已经过时与无效的观点，赫吉斯认为，大众传播工具的帮助，使意识形态从没有像现在这样变得更有用和更富有影响。② 四是针对贝尔、利普赛特等人认为的以马克思主义为代表的激进意识形态的终结，赫吉斯认为，既不是所有的意识形态终结，也不是某些意识形态的终结，而是相对于某些人来说意识形态终结了。

哈贝尔对"意识形态终结论"做了比较全面的批判，在事实判断层面上，有针对"终结论"者断言的在西方所有各种激进运动已经不存在了，知识分子提供给政治运动的观点已经有了质变，它们不再是意识形态了的观点。哈贝尔认为，激进运动不是不存在了，而是被压抑、被控制了；知识分子关于价值、乌托邦、社会批判和政治战略等方面的观点只是发生了变化，并不表示意识形态的终结。在价值判断的层面上，针对"终结论"所主张的意识形态的终结是一种值得希望的发展，哈贝尔批评这是一种改良主义的观点，这种观点暗含着一种价值观：即历史是不可知的，现存的罪恶比革命要好，群众运动的危险比非正义更大，政治问题没有解决的可靠方法等③。同时，哈贝尔认为，"意识形态终结论"本身就是一种意识形态，因为它对现存的福利资本主义制度予以肯定，相信社会冲突是有限的并能个案地加以解决，否认普遍社会冲突的存在，相信所有的社会利益集团能够调和，宪法程序是解决问题的保证④。

---

① D. C. Hodges：《"意识形态终结"的终结》，载于 C. Z. 瓦克斯曼编《意识形态终结的辩论》，第 385 页。

② 同上书，第 387 页。

③ R. A. Haber：《作为意识形态的意识形态终结》，载于 C. Z. 瓦克斯曼编《意识形态终结的辩论》，第 200 ~ 201 页。

④ 同上书，第 201 ~ 203 页。

　　20 世纪八九十年代，"意识形态终结论"以"历史终结论"、"文明冲突论"的话语形式成了西方社会从民间到政府的普遍情绪，福山因此名噪一时，亨廷顿也声名显赫。然而，依然存在比较客观、冷静的反意识形态终结论的声音。美国著名未来学家阿尔文·托夫勒在 1990 年指出："有人大谈'意识形态终结了'，其实，无论在全球还是在国内的事务上，我们非但看不到这种终结了，反而将看到新的意识形态加倍冒出来，它们分别以一个个对现实的梦想煽动着追随着。"① 美国政治学家罗纳德·H. 奇尔科特在 1994 年出版的《比较政治学理论》一书中，用很长的篇幅批判意识形态终结论，他认为，意识形态不仅没有在美国终结，而且还存在着各种各样的意识形态，渗透于社会各个角落。美国学者迈克尔·罗斯金在《政治科学》一书中也发出了"意识形态终结了吗?"的反问，他指出："贝尔和福山的理论正确吗? 尚存不少疑点。第一，欧洲共产主义的解体并不证明马克思原有的思想是错误的，尽管现在学识渊博的人必须小心与苏联式的社会主义划清界限。社会主义思想在美国的一些大学校园中仍具有生命力，一些人仍在辩论'仁慈的社会主义'的可能性…… 这种辩论的存在表明意识形态依然存在着。……更进一步说，社会主义外还有其他的意识形态。……当苏联解体时，新的、危险的意识形态威胁也产生了，在自由民主的内部，也还有数不清的意识形态观点。"② 解构性后现代主义思想家德里达针对福山的"历史终结论"也重拳出击。在其所著的《马克思的幽灵》一书中借重于马克思的批判精神全面批判了福山的历史终结论，其批判集中在三个层面上进行：一是从历史观的高度揭露了福山所散布的"理性的福音"根植于黑格尔的唯心史观，并指出，从这种历史观出发不能引出西方自由民主制度具有先进性与普遍性的结论。二是指出福山的终结论安置于可疑的充满悖论的根据之上，与事实脱节，不具有现实合理性。三是揭示了福山在传播"福音"时的卑劣手段和相互矛盾的方法。

---

　　① ［美］阿尔文·托夫勒著，刘炳章译：《力量的转移——临近 21 世纪时的知识、财富和暴力》，新华出版社 1996 年版，第 290 页。

　　② ［美］迈克尔·罗斯金等著，林震等译：《政治科学》，华夏出版社 2001 年版，第 124 ~ 125 页。

（三）对西方左、右两翼论争的简要评析

西方学者围绕"意识形态是否终结"的论争是纵贯 20 世纪后半叶在思想文化领域展开的一场旷日持久的大论战，可以说至今也没有结束。透过左右两翼纷繁芜杂的理论迷雾，我们可以清晰地看到由于社会政治、经济、科技、文化的变迁而导致在众多领域与先前社会决裂的新图景，左右两翼的理论话语实质上都是从研究者个人的研究经历、研究方法、学科背景出发对急剧变化的社会现实做出的理论解读和价值取舍，同时也表达了一种新的时空体验。从学术研究的角度看，他们的观点和思想对于我们多视角深化意识形态在本体论、认识论和人本学意义上的认识，对于了解西方资本主义社会的新变化及其未来走向，对于把握西方社会民众社会心里和国家政策的变化脉搏无疑提供了借鉴的资源。比如，福山对历史终结论的宣告，似乎预示着美国等西方发达国家在 20 世纪 90 年代又将以西方的自由民主理念为工具，掀起上层建筑贸易的新高潮，这一点从"华盛顿共识"的出笼、科索沃战争的爆发以及乌克兰、吉尔吉斯斯坦等国的颜色革命中得以佐证。从社会实践的角度看，尽管意识形态终结论的赞同者们存在歪曲历史和事实的情况，鲜明地表达了西方中心论的思想倾向，千方百计地为资本主义意识形态和社会制度辩护。但是其所关注的某些事实和做出的某些判断是值得今天的中国予以重视的。比如，贝尔对 20 世纪后半期世界格局基本正确的估计，特别是预见到发展经济和增强民族实力将成为新的意识形态主题，清楚地看到某些社会主义民主国家仍然存在倒向资本主义的可能性，等等，这与邓小平后来领导中国改革开放的过程中提出的某些结论与判断具有相似之处。在今天的中国，社会主义市场经济体制的建立，社会阶级和阶层的分化导致个体角色的重新定位，经济利益与经济关系，社会组织形式等方面多样化发展，使一个充满勃勃生机而又矛盾错综复杂的新中国正在融入世界体系，在这一过程中，曾经在 20 世纪后半叶发生在西方社会的政治、经济、文化对于中国特色社会主义事业也具有重大的警示和启迪意义。西方左翼对意识形态终结论的批评在某种程度上可以视为对晚期资本主义现实的批评，这对于我们正确认识现代化进程中的矛盾与问题，并采取正确的对策提供了一定的帮助。

然而，超越左右两派争论的表象，我们应当清醒地认识到：第一，从立论根据来看，左右两派针对"意识形态终结"所作的不同判断，都是以西方社会变化的事实与材料为依据，囿于学者们有限的视野、片面的方法、独特的立场以及对意识形态的褊狭理解而得出的结论，甚至对西方社会事实和材料的掌握也不全面与可靠，以致德里达在批判福山时，针对西方社会的现实，一口气就列举出所见而不见、见而不提的"十大罪状"，这种以自己有限的视野所洞察到的局部社会现象不适当地外推为一种普世化的结论，显然具有形而上学的嫌疑与倾向。第二，从理论资源来看，两种对立的观点或多或少都与马克思主义相关联，但是，西方学者没有也不可能运用马克思主义，从唯物史观的高度去公正、客观、冷静地分析"意识形态是否终结"这一命题，都是运用某一学科的理论与方法去观察和分析问题，比如，右派的思想就与黑格尔、马科斯·韦伯、卡尔·曼海姆的理论具有内在关联。第三，从价值趋向来看，右派是极力美化资本主义的自由民主制度，宣扬其永恒性、终极性，而左派的批判也并非为触动资本主义制度，有些批判甚至纯粹是一种脱离现实的学术慰藉，因此，其立足点都是资本主义社会，其理论、观点和思想在某种程度上都是为晚期资本主义所面临的危机开出各自的处方。第四，从考察方法来看，都是静态地孤立地研究意识形态，没有按照唯物史观以国家为轴心、以经济活动为基础来动态地研究意识形态。这样做出的批判是很有问题的甚至是自相矛盾的。

　　二、中国学者对西方意识形态终结论的研究及其不足

　　新中国成立以后，中国学者对意识形态理论的关注程度大致可以分为两个时期：第一个时期是从1949～1978年，这一时期由于西方资本主义国家对新中国的孤立、封锁政策，加之我国在社会主义建设道路探索中的种种失误，我国理论界同西方理论界缺少人员交往，甚至连国外的书刊资料、科学文献也被严密封锁。同时，因为"意识形态中心论"所导致的文化大革命的历史悲剧，我国不少学者把意识形态当成一个政治概念而非学术概念，采取避而远之的态度，因此这一时期关于这方面的文章和专著较少问世，西方意识形态终结论自然也难以进入学界的视野。第二个时期是从1978年到现在，意识形态的研究逐渐成为学术界的热点，这种"热"主要体现在三个方面：一是随着改革开放进程的推进，西方马克思主义的意识形态理论、西方资产阶级的意识形态理论、后现代主义的意识形态理论被大量引介、译介、评介到中国。二是中国学者对意识形态问题从政治上、社会学、哲学等视角进行了卓有成效的探索，除了发表大量的

论文外，还出版了大量的著作，比如，俞吾金的《意识形态论》，姚大志的《现代意识形态理论》，宋惠昌的《当代意识形态研究》，郑永廷的《社会主义意识形态发展研究》、《社会主义意识形态研究》，杨生平的《论马克思主义意识形态理论的形成与发展》，周宏的《理解与批判——马克思意识形态的文本学研究》等，都是很有分量和见地的。三是以马克思意识形态理论为指导，吸收西方相关的意识形态理论的精华，并与中国改革开放和现代化建设的现实需要相结合，对中国转型时期中国特色社会主义的意识形态理论进行卓有成效的探索，这种理论和现实、东方与西方相结合的研究，进一步拓展和深化了意识形态研究的论域。比如，意识形态的含义、意识形态与虚假意识、科学技术和意识形态、马克思主义的科学性与意识形态性、意识形态的功能，当代中国转型时期意识形态的构建等问题都成了研究的热点问题。

随着意识形态研究的兴起，发端于西方的"意识形态终结论"也逐渐纳入到了研究者的旨趣中。这主要表现在两个方面：

第一，引介、翻译了西方意识形态终结论及其反对者的相关著作和论文。就笔者所及资料，国内最早触及西方意识形态终结论的是《哲学动态》1988 年第 10 期发表的姚大志的《西方关于"意识形态终结"的辩论》一文。此外，在介绍西方其他意识形态理论的论文中也或多或少地提及到了意识形态终结论，比如，《国外社会科学》1984 年第 1 期刊登的英国《新社会》杂志编辑部的文章《关于知识社会学》，《当代世界与社会主义》2001 年第 3 期刊登了德国塞巴斯蒂安·赫尔科默的文章《后意识形态时代的意识形态》等等。与此同时，与意识形态终结论相关的西方著作也陆续有中译本问世，比如，1995 年上海人民出版社出版了利普赛特的《一致与冲突》，2000 年商务印书馆出版了卡尔·曼海姆的《意识形态与乌托邦》，1999 年世界知识出版社出版了迈克尔·H. 亨特的《意识形态与美国外交政策》，1997 年远方出版社出版了利普赛特的《政治的人》，1996 年，生活·读书·新知三联书店出版了丹尼尔·贝尔的《资本主义文化矛盾》，1998 年远方出版社弗朗西斯·福山的《历史的终结》，2001 年江苏人民出版社出版了丹尼尔·贝尔的《意识形态的终结》，1998 年新华出版社出版了塞缪尔·亨廷顿《文明的冲突与世界秩序的重建》，1994 年中国社会科学出版社出版了布热津斯基的《大失控与大失败》，

1989 年长征出版社出版了 R. M. 尼克松的《1999：不战而胜》，1989 年译林出版社出版了布热津斯基的《运筹帷幄：指导美苏争夺的地缘战略构想》，1985 年世界知识出版社出版了布热津斯基的《实力与原则——1977—1981 年国家安全顾问回忆录》等。

　　第二在引介、评介、翻译西方学者的论文与著作的同时，中国学者以马克思主义为指导，从中国的实际出发，对于意识形态终结论也发出了自己的质疑与批判之声。主要的代表作有：《江海学刊》2001 年第 1 期张国清的《丹尼尔·贝尔和西方意识形态的终结》，《中国特色社会主义研究》2003 年第 2 期吴玉荣的《"意识形态终结论"的百年历程及其对立》，《毛泽东邓小平理论研究》2004 年第 9 期王永贵的《影响中国"和平崛起"的西方意识形态透视》，《浙江学刊》2005 年第 5 期孙仲的《质疑意识形态终结论》，《天津社会科学》2002 年第 4 期仲崇东的《"意识形态终结论"评析》，《马克思主义与现实》1997 年第 3 期李章泽的《当代世界发展中的文明冲突、意识形态冲突与利益冲突——评亨廷顿的文明冲突论》，《求是》2003 年第 7 期王天玺的《多极世界和为贵——兼评亨廷顿的"文明冲突论"》，《马克思主义研究》2003 年第 2～3 期杨生平的《自由民主的理念真的无可匹敌了吗——评福山的历史终结论》等。

　　综上所述，中国学者对西方意识形态终结论的研究主要涉及这一论题的历史脉络、理论前景、阶级实质、现实影响、主要危害等话题，在一定程度和层次上对意识形态尚未终结的理由、西方意识形态终结论的理论误区和流变前景进行了富有意义的探索，从而铺就了我国学术界关于西方意识形态终结论研究的雏形图景。但是，从整体上来说，对这一问题的研究尚未引起足够的重视，已有的研究还不够深入、系统。有的甚至成了这一理论思潮的中国知音，他们鼓吹淡化意识形态、消解主流意识形态，反对按照意识形态的范式来观察和思考重大的社会现实问题，有的研究者则按照简单的政治意识形态的范式采取盲目拒斥的态度，而缺乏冷静的学理分析，有的则称榜"价值中立"，停留于单纯的原汁原味的引介与翻译而不作任何学理分析和价值分析。这就使现有的研究呈现出如下显而易见的局限性：第一，局部研究较多，整体研究较少。现有的研究往往局限于对某一时代意识形态终结论的某一种话语形式进行研究分析。这种研究既难以体现出这一理论思潮在纵向上的历史感，又难以体现横向上的时代感，从而使研究呈现出"碎片化"的特点。西方意识形态终结论作为一种理论思潮既具有历史的连续性，又具有不同历史语境下的时代差异性。要从整体上把握这一思潮，就既要将它置于历史的纵向坐标中去审视其内在的逻辑关联，又要从时代的横向坐标中去厘清其不同语境下的社会现实基础。第二，研究外延狭窄，研究内涵单薄。西方意识形态终结论思潮在时间上贯穿着整个20世纪后半期乃至现在，从空间地域上来看虽发端于西方，却影响全球，从关系到的领域来看既是西方政治经济文化变迁的产物，又对现实的政治、经济、文化产生重大影响，而现有的有些研究往往就意识形态终结来谈意识形态的终结，这就使研究局限于狭隘的视野而无法深入。第三，翻译引介较多，但对西方学者的论文与著作又缺乏原汁原味的解读，因而呈现"食洋不化"的缺陷。翻译引介西方的著作与论文固然是我们研究的基础，但是对于这些论文与著作必须深入研究，并以马克思主义为指导加以分析与评判，而不能进行先入为主的印象式的肯定与否定，这都是难得要领的，食洋不化的结果必然是赞同者不知所云，批判者如隔靴搔痒。

三、若干需要深入研究的课题

无论是西方意识形态终结论的赞同者还是反对者的话语言说，还是中国学者的研究成果，无疑都为我们了解和认识这一思潮提供了一定的理论背景，但客观地说仍然存在若干需要深入研究的课题。

第一，关于不同历史语境下意识形态终结论所指认的意识形态的含义。"意识形态"这个概念自从问世以来，就历经多端变化，歧义颇多，甚至可以说不同学科的学者对意识形态的理解都是有差异的，而"意识形态终结论"在不同的语境中对意识形态的理解又是这一理论的预设前提，只有把握了这一预设的理论前提，才能正确解读"意识形态终结论"的典型话语，才能以马克思主义意识形态理论为支点进行分析与批判，也才能在时代的变迁与话语转换中把握这一思潮的历史轨迹。

第二，关于西方意识形态终结论思潮演进的逻辑路线。"意识形态的终结"在西方之所以汇成一股强大的社会思潮，其演进的逻辑路线决不是单一的，而是多重的，不同学者提出"意识形态终结"所遵循的逻辑路线是有差异的，只有厘清其演进的逻辑路线才能准确地把握其理论实质与缺陷。

第三，关于西方意识形态终结论思潮的理论与现实基础。任何一种社会思潮的产生与发展，都有其相应的理论与现实境遇，如果纯粹停留于理论层面的抽象分析而忽视其现实基础，就会成为唯心主义的抽象思辨，如果仅仅局限于现实的表象，忽视对其理论分析，就会陷入经验主义的泥潭沼泽。因此，如何从理论与现实的双重视野上来分析意识形态终结论思潮的产生根源是值得深入研究的课题。

第四，关于如何运用马克思主义唯物史观对西方意识形态终结论思潮进行观照与评析。唯物史观既是马克思进行意识形态批判的产物，又是分析、批判一切非马克思主义、反马克思主义和伪马克思主义意识形态的武器。在意识形态理论的发展史上无疑具有里程碑式的意义。对于西方意识形态终结论这一既具有一定合理性，又具有鲜明资产阶级意识形态色彩的理论思潮，只有将其置于唯物史观的视野中我们才能认识其真正面目并确立相应的态度，提出正确的对策。

第五，关于如何正确认识这一思潮的影响并根据中国的实际做出理性回应的问题。西方意识形态终结论思潮作为资本主义国家向社会主义国家和其他发展中国家进行意识形态攻击的"隐身衣"，不但对于资本主义国家的政策选择，对于苏东剧变产生了重大影响，而且对于中国的改革开放与现代化进程也产生了理论和实践的双重效应，冷静地对待这一思潮并做出理性回应，不但是一个值得深入研究的理论问题，也是一个紧迫的实践问题。

第三节 本书研究的思维路径、逻辑结构与研究方法

一、思维路径

本书以唯物史观为指导，在比较充分地占有国内外有关资料的基础上，从历史和现实、理论与价值的层面对西方意识形态终结论思潮从历史纵向和时代横向两个维度上进行宏观、微观的研究与评析。

第一，比较系统地发掘马克思、恩格斯关于意识形态终结的思潮，既要从唯物史观的整体理论视野出发，提炼出唯物史观关于意识形态终结的

思维方式、有力杠杆与过程分析，又要从马克思、恩格斯意识形态理论中梳理出关于意识形态走向终结的含义、层次、条件、道路等具体见解，从而为考察西方意识形态终结论思潮提供理论坐标与批判武器。

第二，从历史的纵向与时代的横向两个维度上把握西方意识形态终结论思潮演进的逻辑路线、历史轨迹与基本特征，为后面的研究奠定基础。

第三，将西方意识形态终结论思潮置于晚期资本主义的社会场域之中予以审视，揭示出晚期资本主义政治、经济、文化、科技的新变化与这一思潮的内在关联，从而结合时代变迁分析这一思潮产生的现实基础。

第四，运用唯物史观对西方意识形态终结论思潮进行客观评析。

第五，从全球化、信息化的宏观视域出发，考察西方意识形态终结论思潮在中国泛滥的背景与典型话语，提出中国应当采取的理性回应之策。

二、逻辑结构

根据本课题的研究现状和思维路径，本书的研究由 6 章组成。

第一章导论。主要说明本书的选题缘由与研究意义，并对国内外关于西方意识形态终结的争论及研究现状进行总体性述评，从而确立本课题研究的思维路径、逻辑框架与研究方法。

第二章马克思、恩格斯意识形态终结思想的科学内涵。本章将从三个方面总结概括马克思、恩格斯的意识形态终结思潮，一是马克思、恩格斯是怎样提出"意识形态终结"这一命题的；二是唯物史观在整个理论视野上为我们考察意识形态的终结提供了怎样的理论启迪；三是马克思、恩格斯意识形态理论中又包含哪些关于"意识形态终结"的具体见解。

第三章西方意识形态终结论思潮的基本谱系。本章主要是从横向与纵向的双重维度上勾勒出西方意识形态终结论思潮的整体图景，回答·"意识形态终结论"到底是一种什么样的思潮这一主题。

第四章西方意识形态终结论思潮的现实根源。本章主要结合晚期资本主义政治、经济、文化、科技等方面的新变化，从时代变迁的高度来分析这股思潮产生的社会现实根源，其主旨在于回答西方意识形态终结论为什么得以产生这一主题。

第五章批判与甄别：西方意识形态终结论思潮评析。本章主要在揭示西方意识形态终结论思潮一般本质的基础上，划清西方意识形态终结论与马克思、恩格斯意识形态终结思想的界限，指出这股思潮的理论误区与有益启示，同时对这股思潮所关涉的现实问题进行科学甄别，从而回答了西方意识形态终结论思潮怎么样的问题。

第六章问题与对策：中国面对意识形态终结论思潮的理性回应。本章主要分析西方意识形态终结论思潮在中国泛滥的双重背景，批判分析这一思潮在中国的典型话语及其危害，并在此基础上提出中国应对这一思潮的战略与策略选择，最终回答中国面对这一思潮该怎么办的问题。

三、研究方法

对西方意识形态终结论思潮要有一个比较全面而透彻的把握，除了科学研究中常用的文献解读法、理论与实际相结合的方法外，还要结合思潮研究的特点采取一些富有针对性的方法。主要有以下方法：

1. 阶级分析法。只要世界上还存在阶级和阶级社会，马克思主义阶级分析方法就必然是我们解读一切复杂矛盾斗争的钥匙，如果对于涉及阶级斗争性质的事物不作阶级分析，就抓不住问题的本质。对西方意识形态终结论思潮进行阶级分析，就要看清其各种理论话语所代表的是哪一个阶级的利益，反映了哪一个阶级的价值取向，它所散布的种种终结论话语对于我国社会主义事业是有利还是有害，从而确立我们借鉴与批判的态度。

2. 辩证分析方法。在开放的社会里，世界联系日益紧密，全球思想文化的即时互动也更加强劲，中国在参与全球化进程中必须面对资本主义话语霸权的现实。但是，对于西方意识形态终结论思潮正像我们对待其他资本主义的思想文化一样，要采取辩证分析的态度，既要看到这一思潮对于中国改革开放和现代化建设具有某些可借鉴的思想资源，又要把蕴涵其中的资本主义意识形态从中予以"剥离"并加以批判。如果对其全盘否定，就不是严谨的学术态度，也不符合马克思主义意识形态批判的真谛，如果看不到其资产阶级的意识形态性及其危害，就会自我解除思想武装，从而在改革开放的进程中迷失方向。

3. 历史与逻辑统一的方法。马克思指出，历史从哪里开始，思想进程就应当从哪里开始，思想进程是历史进程在抽象的、理论上前后一贯的形式反映。运用历史与逻辑统一的方法对西方意识形态终结论思潮进行研究，就要把这一思潮放到 20 世纪后半叶资本主义的客观历史进程中去考察，梳理其来龙去脉，深刻认识其本质与产生、发展的现实基础和规律性，从而在方法论上实现思维与存在的统一。只有这样，才能在 20 世纪人类社会和西方资本主义社会的发展全景中，从政治、经济、文化、历史交织而成的复杂网络中总体把握和理解这一思潮。

4. 静态与动态相结合的方法。从静态上看，西方意识形态终结论思潮表现为某一特定历史语境下产生的一个个的理论观点，一股股的理论潮流，一个个的代表人物和社会群体；从动态上看，这些观点、潮流、人物之间又具有某种内在的逻辑关联，正是这种关联使之成为一种统一的理论思潮并对社会现实产生重大影响，而这种影响又会催生出相应的变种性质的思潮。只有从动态与静态相结合的角度来研究这一思潮，才能完整地把握这一思潮的基本内涵、发展趋势、现实影响以及我们应当采取的对策。

第二章 马克思、恩格斯意识形态 终结思想的科学内涵

一个不争的事实是：由于马克思、恩格斯从历史唯物主义出发创立的意识形态理论在意识形态论域内具有里程碑式的意义，20世纪多元并存格局中的意识形态理论都或多或少，或潜或显地根源于马克思、恩格斯关于意识形态的论述，因此，探究马克思、恩格斯关于意识形态终结的思想，将为我们具体有效地分析和评判形形色色的意识形态终结论提供理论参照系和基础性范式。

第一节 马克思、恩格斯意识形态终结思想的提出

在《德意志意识形态》中，马克思开始把共产主义意识与意识形态相对立，这也就预示着在共产主义社会，作为阶级社会的思想上层建筑的意识形态将会终结。在《德意志意识形态》序言中，马克思、恩格斯用"解放"一词吹响了终结意识形态，反抗思想统治的战斗号角，他们指出："人们迄今总是为自己造出关于自己本身、关于自己是何物或应当是何物的种种虚假的观念。他们按照自己关于神，关于模范人物等观念来建立自己的关系。他们头脑的产物就统治着他们。他们这些创造者就屈从于自己的创造物。我们要把他们从幻想、观念、教条和想象的存在物中解放出来，使他们不再在这些东西的枷锁下呻吟喘息。我们要起来反抗这种思想的统治。"① 在《路德维希·费尔巴哈和德国古典哲学的终结》中，恩格斯又最早明确地提出了"意识形态终结"的命题。恩格斯指出："人们

---

① 《马克思恩格斯全集》第3卷，人民出版社1965年版，第15页。

头脑中发生的这一思想过程，归根到底是由人们的物质生活条件决定的，这一事实，对这些人来说必然是没有意识到的，否则，全部意识形态就完结了。"① 但是，马克思、恩格斯所说的意识形态是指以往的传统观念，特指以往的阶级社会中维护剥削阶级利益的那些意识形态，而不是作为"观念的上层建筑"，作为人类认识世界的思想信仰体系意义上的意识形态，相反，马克思、恩格斯以"科学的"唯物史观取代以往的意识形态。正如阿尔都塞所说："在马克思的理论中，'意识形态'以同一个名称起着两种不同的作用。它一方面是一个哲学范畴（幻觉、谬误），另一方面又是一个科学概念（上层建筑的一个领域）。"② 虽然马克思、恩格斯没有对这一命题进行完整系统的阐述，但是，马克思、恩格斯从他们凤凰涅槃般的实践斗争与理论斗争的炼狱中不断汲取理论灵感，在完成从青年黑格尔主义向费尔巴哈主义，进而向马克思主义转变的过程中创立了唯物史观，从而找到了正确审视人类全部精神活动与精神产物的出发点。正是立基于唯物史观，马克思、恩格斯的意识形态理论也脱颖而出。因为马克思、恩格斯的意识形态终结思想是其意识形态理论的有机组成部分，内含于整个意识形态理论之中，而马克思、恩格斯的意识形态理论又是遵循唯物史观的理论逻辑的，因此，探讨马克思、恩格斯的意识形态终结思想就必须从两个方面展开：一是唯物史观的本身为考察意识形态的终结提供了怎样的整体的理论视野；二是根据唯物史观而创立的意识形态理论又蕴涵着怎样的具体的理论资源。

第二节　唯物史观：马克思、恩格斯意识形态终结思想的整体理论视野

在唯物史观的理论视野里，意识形态是一种随着历史的发展必将走向终结的思想观念体系，取而代之的将是从对人类历史发展的观察中抽象出

① 《马克思恩格斯选集》第 4 卷，人民出版社 1995 年版，第 254 页。
② ［法］阿尔都塞著，顾良译：《保卫马克思》，商务印书馆 1984 年版，第 230 页。

来的最一般结果的综合，即"关于思维过程本身的规律的学说"①。这一目标只有在共产主义社会才有可能实现。唯物史观对于考察意识形态终结具有一般的、普遍的指导意义。

一、思想世界与现实世界关系的逻辑定位为终结意识形态提供了唯一正确的思维方式

唯物史观的创立在理论上宣告了意识形态的终结命运。由于一般意识形态都是从观念出发来解释世界，主张思想世界决定现实世界，从而把现实与观念的关系"头足倒置"，把实际的政治与社会生活中发生的真实关系加以掩蔽和神秘化，从而建立起对大部分社会成员来说是异己力量的意识形态的独立王国。托拉西虽然试图使"意识形态"成为一门观念科学，但是其著作《意识形态的要素》仍然是对真实的社会关系的一种歪曲与神秘化。黑格尔构建了颠倒思想世界与现实世界关系的庞大的思辨唯心主义体系，把世界的本质归结为"绝对精神"，世界历史运动过程就是绝对理念的展开过程，现实世界中所发生的一切都被神秘化为思辨精神的运动。对此，马克思认为，黑格尔历史观的前提是抽象的或绝对的精神，人类的历史变成了抽象的东西的历史，对现实的人来说，也就变成了人类的彼岸精神的历史。这种思辨唯心主义哲学为代表的德意志意识形态在德国成了对现实关系最严重的遮蔽物。而以布·鲍威尔为代表的青年黑格尔派虽然以批判家自居，似乎在与现实作斗争，但是，他们把一切外部的感性的斗争都变成了纯粹观念的斗争，因此，他们只是在与现实的影子作斗争，他们不但不能充当颠覆意识形态的合格战士，相反是意识形态的真正俘虏。费尔巴哈虽然在对黑格尔哲学的批判中前进了几步，他把宗教理解为人的本质的异化，把神学还原为人学，这无疑具有进步意义。但是，费尔巴哈不了解实践活动的意义，把人的实践活动仅仅理解为"卑污的犹太人的表现形式"②，把人的本质理解为与历史进程相分离的抽象的、孤立的"类"，即理解为把许多个人纯粹自然地联系起来的共同性。因此，费尔巴哈看不到整个宗教世界不过是世俗基础自我分裂的产物，不过是世俗基础的神秘化的幻想，看不到思想意识与社会实践的真实关系，归根到

---

① 《马克思恩格斯选集》第4卷，人民出版社1995年版，第257页。
② 《马克思恩格斯选集》第1卷，人民出版社1995年版，第54页。

底，在社会历史观上又成了黑格尔哲学的俘虏。马克思、恩格斯在实践斗争与理论斗争中深刻地认识到，唯心主义和一切旧唯物主义由于不能全面、正确地摆正思想世界与现实世界的逻辑关系，因而都不可避免地成了真实社会关系的遮蔽物，成了意识形态的组成部分，而在旧唯物主义和唯心主义的地基上是无法摧毁意识形态的独立王国的。这就要求从根本上实现思维范式的转换，开辟出一条终结意识形态的逻辑路线，这一任务历史地落到了马克思、恩格斯的肩上。正如恩格斯指出："费尔巴哈没有走的一步，必定会有人走的。对抽象的人的崇拜，即费尔巴哈的新宗教的核心，必定会由关于现实的人及其历史发展的科学来代替。这个超出费尔巴哈而进一步发展费尔巴哈观点的工作，是由马克思于 1845 年在《神圣家族》中开始的。"①

马克思在《莱茵报》工作期间对政治和社会实际问题的关注，使他从唯心主义向唯物主义、从革命民主主义向共产主义转变，他开始从现实中来寻求观念的根源。1843 年 10 月至 1845 年 2 月，马克思流亡巴黎时期的社会政治活动，使他通过实践接触了广泛的现实生活，也使他愈加感到思想世界和现实世界的尖锐对立，感到思想世界的虚假性和批判思想世界的必要性。在从事实践活动的同时，马克思、恩格斯对黑格尔和青年黑格尔派哲学、费尔巴哈哲学、国民经济学和异化劳动的理论批判也逐渐深入。尤其是马克思将经济学批判与哲学批判相结合，透彻地分析了资本主义生产中最基本、最重要的事实，即异化劳动的事实。而马克思认为异化劳动是私有财产的直接原因，因此，扬弃私有财产也就是对一切异化的积极扬弃，是通过人并且是为了人而对人的本质的真正占有。这种扬弃是通过共产主义或"实践的人道主义"来实现的。这样，马克思就形成了以扬弃私有财产为根本特征的共产主义理论，找到了人类社会在扬弃一切传统意识形态之后的根本出路。与此同时，马克思也在理论上实现了对费尔巴哈哲学的超越和对黑格尔意识形态之谜的破解。马克思认识到，真正现实的人不是费尔巴哈式的、沉湎于感性直观的人，而是从事感性活动亦即生产劳动的人，黑格尔绝对精神的运动过程实际上就是现实的人通过现实的生产劳动创造现实历史的过程。世界的本质不是绝对精神，而是人的物

---

① 《马克思恩格斯选集》第 4 卷，人民出版社 1995 年版，第 241 页。

质实践，不是思想世界支配着现实世界；相反，现实世界是思想世界的真正基础，因此必须从现实的人所从事的物质生产实践出发来解释观念，而不是从观念出发来解释实践。这是一条崭新的展现人类历史的地平线，这一地平线的出现意味着马克思、恩格斯从根本上摆正了思想世界与现实世界的逻辑关系，为去一切意识形态之蔽、颠覆和终结一切意识形态提供了基础性的思维范式，它是唯物史观诞生的根本标志。在《德意志意识形态》中，马克思、恩格斯对于这种新的历史观作了经典表述："从直接生活的物质生产出发阐述现实的生产过程，把同这种生产方式相联系的、它所产生的交往形式即各个不同阶段上的市民社会理解为整个历史的基础，从市民社会作为国家的活动描述市民社会，同时从市民社会出发阐明意识的所有各种不同理论的产物和形式，如宗教、哲学、道德等等，而且追溯它们产生的过程。"① 而唯物史观作为对现实的历史运动的一般法则的说明，终结了一切旧哲学，在理论上宣告了意识形态的终结，成了一切传统意识形态的掘墓人。马克思指出："在思辨终止的地方，在现实生活面前，正是描述人们实践活动和实际发展过程的真正的实证科学开始的地方。关于意识的空话将终止，它们一定会被真正的知识所代替。对现实的描述会使独立的哲学失去生存环境，能够取而代之的充其量不过是从对人类历史发展的考察中抽象出来的最一般的结果的概括。这些抽象本身离开了现实的历史就没有任何价值。"② 这就是说，唯物史观诞生之前，人们始终把意识形态所描绘的虚假的总体性误以为是真实的总体性，在观念世界支配现实世界的逻辑支配下，对人类历史的考察步入了误区，而唯物史观则从根本上斥破了一切旧意识形态的虚假的总体性，从现实世界支配思想世界的逻辑关系中澄明了现实世界的真实的总体性，从此，旧的自诩为有独立发展历史的哲学已经在理论上走向终结，唯一的新哲学就是历史唯物主义。正如俞吾金教授指出的："在马克思的划时代的哲学创造——历史唯物主义面前，一切旧的哲学观念都黯然失色了，所有德意志意识形态家都失去了昔日的光彩，德意志意识形态终结的历史性命运已经无可挽回

---

① 《马克思恩格斯选集》第 1 卷，人民出版社 1995 年版，第 92 页。

② 同上书，第 73～74 页。

地降临了。"①

二、革命的实践是促使意识形态终结的最有力的杠杆

要在现实的社会生活中实际地终结意识形态，单纯停留于理论批判的层面是远远不够的，必须通过革命的实践活动摧毁意识形态赖以存在的社会基础，营造人类解放的自由王国。马克思认为，由一定统治阶级的思想家根据本阶级的利益自觉不自觉地编造出来的思想和幻想——意识形态总是难逃被终结的命运，但是，不能通过精神的批判，以一种意识形态来终结另一种意识形态，也不能以非意识形态的科学来终结和摧毁意识形态，更不能把意识形态消融于"自我意识"中或化为"幽灵"、"怪影"来予以终结，"只有通过实际地推翻这一切唯心主义谬论所由产生的现实的社会关系，才能把它们消灭；历史的动力以及宗教、哲学和任何其他理论的动力是革命，而不是批判"②。这一思想在马克思批判费尔巴哈关于宗教异化思想时表现得非常典型。马克思认为，费尔巴哈在把宗教世界归于它的世俗基础之后，主要的事情还未触及，"因为，世俗基础使自己从自身中分离出去，并在云霄中固定为一个独立王国，这一事实，只能用这个世俗基础的自我分裂和自我矛盾来说明。因此，对于这个世俗基础本身首先应当从它的矛盾中去理解，然后用排除矛盾的方法在实践中使之革命化。因此，例如，自从发现神圣家族的秘密在于世俗家庭之后，对于世俗家庭本身就应当从理论上进行批判，并在实践中加以变革"③。这就是说，费尔巴哈由于意识形态上的颠倒，看不到宗教的幻想是缘于现实社会深刻分裂，因而不可能真正地消除宗教幻想，只有消除产生宗教幻想的现实社会关系才能真正消除宗教幻想，而只有革命的实践才能真正摧毁产生宗教幻想的社会关系。

在一定意义上，无产阶级争取解放的斗争就是通过实践的活动现实地摧毁意识形态王国的伟大实践过程。作为马克思唯物史观大厦基石的实践观认为，实践是一种促进现存世界不断革命化的运动和过程，是和共产主义运动与无产阶级的解放事业紧密相连的，它包含主体客体化和客体主体

---

① 俞吾金：《意识形态论》，上海人民出版社 1993 年版，第 52 ~ 53 页。

② 《马克思恩格斯选集》第 1 卷，人民出版社 1995 年版，第 92 页。

③ 同上书，第 59 页。

化两个向度，而这两个向度的推进，将强有力地推动意识形态走向终结。从主体客体化来说，就是实践主体不断改变现存状况的过程与运动，这就说明，实践的使命不是去强调某种固定状况的合理性，随着历史的发展，一切固定的状况都将失去其原有的合理性，其任务在于证明这样一种一往无前的前进运动的合理性，正如马克思指出："哲学家们只是用不同的方式解释世界，而问题在于改变世界。"① 这种一往无前的运动必然要消灭和终结包括意识形态在内的一切现存事物而引领人类社会步入共产主义社会。马克思指出："共产主义对我们来说不是应当确立的状况，不是现实应当与之相适应的理想。我们所称为共产主义的是那种消灭现存状况的现实的运动。"② "对实践的唯物主义者即共产主义者来说，全部问题都在于使现存世界革命化，实际地反对并改变现存的事物。"③ 这里包含三层意义：一是对于促进意识形态终结最强有力的杠杆是实践，只有实践才能使现存世界不断革命化；二是这一任务只有共产主义者才能完成，因为共产主义者是实践的唯物主义者，共产主义运动是一种实践的运动；三是促进意识形态终结是共产主义者实践革命活动的应有之义。因为意识形态是现存事物的重要组成部分，而"共产主义革命就是同传统的所有制关系实行最彻底的决裂；毫不奇怪，它在自己的发展进程中要同最传统的观念实行最彻底的决裂"④。从客体主体化来看，由于实践是一种主观见之于客观的双向对象化的运动，人们在改变客观世界的过程中，也不断地改变自己的主观世界。"环境的改变和人的活动的一致，只能被看作是并合理地理解为变革的实践。"⑤ 无产阶级作为实践运动的阶级主体，在实践维度上获得的是一种对未来社会状况的深刻预见，是一种对人类社会发展规律的自觉把握，是一种从真实生活过程中所获得的关于自身利益的切身感受，因而是无产阶级自觉的阶级意识，这种阶级意识不会沦落为难以实现的乌托邦，也不会成为替滞后于实践发展的社会状况进行辩护的意识形态。相反，它是驱动一切意识形态走向终结的主观条件。因为，"只有无

① 《马克思恩格斯选集》第 1 卷，人民出版社 1995 年版，第 61 页。
② 同上书，第 87 页。
③ 同上书，第 75 页。
④ 同上书，第 293 页。
⑤ 同上书，第 59 页。

产阶级才是真正的革命阶级。其余的阶级都随着大工业的发展而日趋没落和灭亡，无产阶级却是大工业本身的产物。"① 他们是先进生产力的代表，是一切被压迫阶级利益的代言人，在革命中，他们毫无患得患失的不坚定性，因此，无产阶级是争取人类解放的实际承担者，是真正指向未来的、现实的社会力量，无产阶级在革命实践中形成的阶级意识代表人民的利益，反映人们的心声，它与人民的真实思想具有无间的一致性，它无须向人民遮蔽和隐瞒什么，因而摆脱了意识形态的伪人民性和伪普遍性的特质。同时，这种阶级意识始终从不断变革现实的实践运动中汲取理论营养，从不把自己的思想意识当作永恒的真理，而是一个不断丰富完善的体系，因而又鄙弃了意识形态所具有的伪永恒性和伪真理性的特质。无产阶级只有在这种阶级意识的指导下，才能突破意识形态的桎梏，在争取人类解放的道路上不断前进。因此，只有革命的实践才能为意识形态的终结创造主客观条件，提供最强有力的杠杆。

对于实践在意识形态终结中的伟大作用，恩格斯晚年在《路德维希·费尔巴哈和德国古典哲学的终结》中从普遍的角度进行了经典性阐述。他指出："任何意识形态一经产生，就同现有的观念材料相结合而发展起来，并对这些材料作进一步加工；不然，它就不是意识形态了，就是说，它就不是把思想当作独立地发展的，仅仅服从于自身规律的独立存在的东西来对待了。人们头脑中发生的这一思想过程，归根到底是由人们的物质生活条件决定的，这一事实，对这些人来说必然是没有意识到的，否则，全部意识形态就完结了。"② 在这里，恩格斯表达了三层含义：一是以往一切统治阶级总是把代表本阶级利益的思想观念同一切现有的观念材料相结合，从而形成本阶级在意识形态领域的统治权及其对民众的压抑，做不到这一点，就不能成为意识形态。二是指出了维护这种意识形态统治权的手段就是拒斥实践，使人们无法通过实践认识到自身的真正利益及其社会物质条件的制约性，也就无法获得真正的意识。这样，思想的发展似乎就是脱离社会物质条件的、服从于自身规律的、独立存在的东西，从而进行意识形态的遮蔽。三是点明了要终结意识形态、去意识形态之蔽。最有效

---

① 《马克思恩格斯选集》第 1 卷，人民出版社 1995 年版，第 282 页。
② 《马克思恩格斯选集》第 4 卷，人民出版社 1995 年版，第 254 页。

的方法就是诉诸实践，使人们在实践中联系社会物质条件来分析思想过程，从而真正认识到自身的利益及其物质制约性，获得真正的意识，废除统治阶级的意识形态霸权，使全部意识形态走向"完结"。

正因为实践在意识形态终结中的强大力量，恩格斯指出："对这些以及其他一切哲学上的怪论的最令人信服的驳斥是实践"①。在批判康德的不可知论时，恩格斯指出，如果人们按照客观事物存在的条件与性质，在实践中将其制造出来，康德的不可捉摸的"自在之物"经过人的认识与生产实践就变成了"为我之物"，其不可知的"自在之物"就走向了完结。

三、意识形态的终结遵循两条规律，体现为三种状态

马克思、恩格斯这一思想内含于唯物史观对社会发展规律的精辟表述之中。马克思认为，社会历史的发展就是现实的人有目的、有计划地与外部环境（包括社会环境与自然环境）之间不断进行物质、能量和信息的交流与交换的过程，这一过程是人按照自己的内在尺度去改造自然与社会的。但是，马克思、恩格斯比一切唯心主义英明的地方就在于他们不但看到了人具有能动地认识和改造世界的一面，而且还看到了人在改造世界的过程中必然受到自然、社会的物质制约性的一面；而他们比一切旧唯物主义英明的地方就在于他们既看到物质的决定作用，更看到了在承认物质决定作用的前提下，充分肯定了人改造世界的主观能动作用。这样，马克思、恩格斯在超越一切唯心主义和旧唯物主义的基础上，深入考察了人类社会发展的内在矛盾，从根本上揭示了人类社会发展是以生产力和生产关系，经济基础和上层建筑之间的基本矛盾为中轴线而展开的自然历史过程这一根本规律。

在 1859 年发表的《〈政治经济学批判〉序言》中，这一社会发展的客观规律得到了经典性的概括与总结："人们在自己生活的社会生产中发生一定的、必然的、不以他们的意志为转移的关系，即同他们的物质生产力的一定发展阶段相适合的生产关系。这些生产关系的总和构成社会的经济结构，即有法律的和政治的上层建筑竖立其上并有一定的社会意识形式与之相适应的现实基础。物质生活的生产方式制约着整个社会生活、政治生活和精神生活。不是人们的意识决定人们的存在，相反，是人们的社会存在决定人们的意识。社会的物质生产力发展到一定阶段，便同它们一直

----

① 《马克思恩格斯选集》第 4 卷，人民出版社 1995 年版，第 225 页。

在其中运动的现存生产关系或财产关系发生矛盾。于是这些关系便由生产力的发展形式变成生产力的桎梏。那时社会革命的时代就到来了。……无论哪一个社会形态，在它所能容纳的全部生产力发挥出来以前，是决不会死亡的；而新的更高的生产关系，在它的物质存在条件在旧社会的胎胞里成熟以前，是决不会出现的。所以人类始终只提出自己能够解决的任务，因为只要仔细考察就可以发现，任务本身，只有在解决它的物质条件已经存在或者至少是在生成过程中的时候，才会产生。大体说来，亚细亚的、古代的、封建的和现代资产阶级的生产方式可以看作是经济的社会形态演进的几个时代。资产阶级的生产关系是社会生产过程的最后一个对抗形式，这里所说的对抗，不是指个人的对抗，而是指从个人的社会生活条件中生长出来的对抗；但是，在资产阶级社会的胎胞里发展的生产力，同时又创造着解决这种对抗的物质条件。因此，人类历史的史前时期就以这种社会形态而告终。"①

对于马克思这段揭示社会发展客观规律的名言，我们可作以下几层理解：

从时代的横断面来看，任何社会结构都可以从四个层面上予以剖析。第一层面是人类改造自然能力的积淀和结晶即社会生产力。第二层面是人们在社会生产中不断形成和发生变化的社会关系，集中体现为人与人之间的生产关系，即经济关系，这是一切社会关系中最基本的方面，这种生产关系的总和便构成社会的经济基础，即经济结构。第三层面是耸立于经济基础之上并服务于经济基础的法律与政治上层建筑。第四层面是受到社会生产力与经济基础的制约，受到政治与法律上层建筑影响并反作用于生产力、经济基础和政治上层建筑的观念、思想上层建筑即意识形态及其诸方式。这就勾勒出社会结构的基本图式：社会生产力—生产关系（经济基础）—法律的政治的上层建筑—意识形态。

从社会结构中的四大构成因素的关系来看，生产力是最根本、最活跃、最具决定性的因素，生产力决定生产关系，生产关系反作用于生产力，生产力与生产关系的统一构成社会物质资料的生产方式。生产关系的总和构成社会的经济基础，经济基础决定上层建筑，上层建筑反作用于经

---

① 《马克思恩格斯选集》第2卷，人民出版社1995年版，第32～33页。

济基础，经济基础与上层建筑的统一构成社会形态，物质资料的生产方式决定社会形态，制约着整个社会生活、政治生活和精神生活。

从历史发展的纵向来看，生产力与生产关系、经济基础和上层建筑的矛盾运动是人类社会历史发展的内在动力。由于生产力的运动发展是绝对的，而生产关系则是比较稳定的，生产力的发展必然导致与生产关系的矛盾，在阶级对抗的社会里，社会革命就成了解决两者矛盾的手段。通过革命摧毁旧的生产关系，建立起与生产力发展相适应的新的经济基础。随着经济基础的变化，耸立其上的政治上层建筑和意识形态也或快或慢地要发生变化。这样人类社会也就相应地从较低级的社会形态过渡到较高级的社会形态。当然这种社会形态的更迭必须有一个前提条件：即旧的生产关系所能容纳的生产力已经全部发挥出来，新的更高的生产关系赖以存在的社会物质条件已经成熟。人类社会的发展正是在两对社会基本矛盾的作用下，不断从低级向高级发展的，已经经历了原始社会、奴隶社会、封建社会和资本主义社会，而资本主义社会是最后一个对抗性的社会制度，人类历史的史前时期就以资本主义社会而告终，取代资本主义社会的共产主义社会标志着真正人类历史的开始。

马克思对人类社会发展客观规律的揭示为唯物史观的创立奠定了牢固的理论基础，也为我们考察"意识形态的终结"提供了重要启示，主要体现为以下三个方面：

首先，意识形态的终结在人类社会历史的发展进程中是一个曲折而复杂的过程。因此，考察意识形态的终结必须运用动态的研究方法。根据马克思社会发展规律，人类社会的历史发展既是一个新的生产力不断取代旧生产力的过程，又是新生产关系不断产生，旧的生产关系不断消亡的过程，同时，也是新经济基础不断取代旧经济基础的过程，由于意识形态在社会结构中是耸立于经济基础之上的观念上层建筑，它由经济基础所决定，受政治和法律上层建筑的影响，是随着经济基础的变化和政治、法律上层建筑的变化而变化，因此，从意识形态的角度来看，人类社会历史的发展又是一个旧的占统治地位的服务于原有经济基础的意识形态不断终结，新的服务于新经济基础的意识形态不断产生的过程。这就要求我们在考察意识形态的终结时不能作表面的片断式的考察，而必须将意识形态的兴衰更迭置于生产力与生产关系、经济基础和上层建筑的辩证运动中，紧紧围绕着经济基础这一主轴的转换去作动态的考察，否则就会陷入形而上学的谬误之中。在共产主义社会来临之前，作为一般意识形态即意识形态本身而言是不会终结的，充其量是以一种意识形态取代另一种意识形态，任何具体的与特定经济基础和政治、法律上层建筑相适应的意识形态都难以避免走向终结的命运，都只具有阶段性与暂时性。马克思、恩格斯指出："适应自己的物质生产水平而生产出社会关系的人，也生产出各种观念、范畴，即恰恰是这些社会关系的抽象的、观念的表现"，因为生产力是不断改变和发展的，"所以，范畴也和它们所表现的关系一样不是永恒的。它们是历史性的和暂时的产物。"① 即使在共产主义社会的初级阶段，也仍然存在旧的意识形态的残余，各种意识仍然存在于人们的精神生活之中，因此，意识形态作为相对独立的精神力量仍然不可能在短时期内走向终结。正如马克思在《哥达纲领批判》中指出："共产主义社会……是刚刚从资本主义社会中产生出来的，因此它在各方面，在经济、道德和精神方面都还带着它脱胎出来的那个旧社会的痕迹。"② 但是，在人类社会辩证运动的历史进程中，每一种占统治地位的意识形态的终结和新的占统治地位的意识形态的产生，都包含着朝意识形态终结的最终目标迈进。

不仅对于意识形态本身的终结要放到历史发展的进程中当作一个过程作动态考察，而且对于每一种与特定经济基础和政治上层建筑相适应的意识形态的终结也要作动态的考察。任何一种具体的意识形态都有其产生、发展和走向终结的过程，当一种意识形态在旧社会形态中得以产生，并在思想观念上代表着进步阶级利益和愿望时，它是一种推动社会进步的力量，但是，一旦当这种意识形态与国家权力相结合，成为统治阶级所专有的迫使下层人民就范的手段时，它就不自觉地将自己置于与社会进步方面背道而驰的坐标之中，从而成为一种必将走向终结的反动而保守的力量。当这种意识形态赖以存在的经济基础被新的经济基础所取代时，这种意识形态也就从整体上结束了其历史而将终结，从而被新的意识形态所取代。但是，这种终结并非彻底的断裂，原有的意识形态中的某些"合理内核"会成为新的意识形态的有机因子，从而显示出意识形态终结过程中断裂与

---

① 《马克思恩格斯选集》第 4 卷，人民出版社 1995 年版，第 539 页。
② 《马克思恩格斯选集》第 3 卷，人民出版社 1995 年版，第 304 页。

传承的有机统一。对于一种具体的意识形态的终结进行动态的考察包括两层含义：第一层含义是指任何一种具体的意识形态的产生、发展和最后终结都是一个过程，这一过程的内驱力就在于生产力的绝对发展引起生产关系的变更和经济基础的变化，这种变化使某种具体的意识形态的性质从"进步"走向"保守"和"反动"，因而必然为新的在特定历史阶段代表进步阶级力量的意识形态所终结。第二层含义是指某种具体的意识形态虽然作为统治阶级的思想已经终结，但是，这种意识形态作为传统力量又或多或少地渗入新的意识形态之中，并为新的统治阶级所利用，从而在不断更新着的意识形态中得到保存和发展。当然，统治阶级对已经终结的意识形态的某些内容的选择，并不是照单全收，而是以这一阶级本身实际的政治、经济利益来决定取舍的。新的意识形态往往戴着传统意识形态的面具来表达当代的情感、欲望与价值取向，正如马克思指出的那样，是借着已死的先辈们的服装与口号来演出当代世界历史的新场面。因此，某种具体的意识形态不会一次性地全部终结，也不会只复活一次，它不断地融入新的意识形态体系，又不断地退回历史的避难所。把意识形态的终结看作一个曲折复杂的过程，进行动态的考察，实际上反映了马克思、恩格斯的唯物史观在考察人类社会历史时所运用的辩证分析方法。辩证法有两种对立形态：一种是黑格尔及其信徒所坚持的神秘主义的辩证法，这种辩证法认为思想观念是现世事物的造物主，主张与现存事物的协调，这种辩证法被资产阶级的意识形态家所利用从而不断制造出资本主义制度永恒不变的神话。另一种是马克思所倡导的合理形态的辩证法在对全部现存事物的肯定性理解中同时包含着否定性的理解，总是从不断运动的角度，从暂时性的角度去理解某一种既成的形式即包含着对现存事物必然灭亡的理解。这种辩证法是历史唯物主义所倡导的根本方法，它"不崇拜任何东西，按其本质来说，它是批判的和革命的"①。马克思创立的唯物史观所倡导的合理形态的辩证法，也鲜明地体现于其意识形态理论之中，因而也合乎逻辑地成为考察意识形态终结的根本方法。

其次，无论是一般的意识形态还是具体的意识形态，在其走向终结的曲折而复杂的辩证运动中始终遵循两条规律。从意识形态与生产力、经济

---

① 《马克思恩格斯全集》第44卷，人民出版社2001年版，第22页。

基础与政治、法律上层建筑的关系来看，意识形态的终结遵循着决定论规律。马克思在《德意志意识形态》中谈到"市民社会"这一概念时指出："这一名称始终标志着直接从生产和交往中发展起来的社会组织，这种社会组织在一切时代都构成国家的基础以及任何其他的观念的上层建筑的基础。"① 由此我们不难发现，意识形态在社会结构中所处的位置是与经济基础相适应并耸立其上的"观念的上层建筑"。这种观念上层建筑具体表现为情感、幻想、思想方式和人生观。但是，这种"观念的上层建筑"正如马克思所说，它没有独立的历史，任何阶级的意识形态从根本上来说都是由与这个阶级相联系的社会物质条件和相应的社会关系所决定的。因此，从根本上来说，意识形态的终结是不以人的主观意志为转移的，它遵循着经济基础决定上层建筑的决定论规律。当经济基础从整体上发生革命性变化，原来占统治地位的意识形态也必然作为一个整体退出历史舞台而终结，此时，如果仍然顽固地要求已经不合时宜的意识形态来适应新的经济基础，意识形态必然成为阻碍生产力发展的思想桎梏，通常讲的"解放思想"就是从这个意义上说的。反之，如果新的经济基础尚未建立，新的物质条件尚未具备，单纯地从观念上层建筑领域强调以新的超越现实的意识形态取代原来的意识形态，就会犯"拔苗助长"的错误，破坏生产力的发展，中国社会主义建设在党的十一届三中全会之前所留下的教训正是由此而引起的。因此，意识形态的终结始终遵循着经济基础决定上层建筑的规律，当一种意识形态所赖以存在的经济基础能促进和适应生产力的发展时，这种意识形态的存在就有其合理性根基而不会终结，当一种意识形态所赖以存在的经济基础从生产力发展的形式成为阻碍生产力发展的外壳时，这种意识形态就或迟或早、或快或慢地必然要走向终结。

从意识形态本身来看，意识形态的终结遵循着意识形态的否定之否定规律。唯物史观认为，意识形态没有独立的历史，这是从意识形态与经济基础的关系上来讲的。但是，意识形态一旦在脑力劳动与体力劳动分工的条件下产生后，就获得了相对独立的外观，"从这时候起，意识才能摆脱世界而去构造'纯粹的'理论，神学、哲学、道德等等。"② 当这种分工出现

---

① 《马克思恩格斯选集》第1卷，人民出版社1995年版，第131页。
② 同上书，第82页。

在统治阶级内部时，"一部分人是作为该阶级的思想家而出现的，他们是这一阶级的积极的、有概括能力的玄想家，他们把编造这一阶级关于自身的幻想当作主要的谋生之道"①。制造意识形态的这部分人虽然是统治阶级的一部分，其使命就是在观念中维护统治阶级的根本利益，但他们所生产的意识形态却具有某种相对独立性，其产生、发展、终结都有其自身的规律，这就是意识形态的否定之否定规律。意识形态终结所遵循的否定之否定规律是意识形态相对独立性的表现。意识形态虽然是围绕经济关系这一中轴线而波动的，但是，意识形态并不是经济关系的消极分泌物，它不但能动地反作用于经济关系，而且具有自身的相对独立性，意识形态的兴衰与经济基础的枯荣并非一一对应，在有的情况下，经济落后的国家也能充当意识形态演奏的第一大提琴手。比如，18 世纪的法国在经济上落后于英国，在哲学上却比英国更辉煌，19 世纪的德国在经济上落后于英、法，在哲学上却远胜于英、法。经济衰退的时代也有可能伴随意识形态的繁荣。比如，古希腊哲学的繁荣期与城邦奴隶制经济生活的衰退是交织在一起的。对于意识形态与经济关系在某种程度上的背离，马克思最先在《1857—1858 年经济学手稿》中，通过对物质生产的发展同艺术生产的发展的不平衡关系的剖析予以强调，他指出："关于艺术，大家知道，它的一定的繁荣时期决不是同社会的一般发展成比例的，因而也决不是同仿佛是社会组织的骨骼的物质基础的一般发展成比例的。"② 这种意识形态与经济发展的不平衡要求我们不能用机械唯物论的眼光去看待意识形态的产生与终结，在看到经济基础决定论规律制约着意识形态时，还应看到意识形态的发展与终结也有自己的规律，恩格斯认为否定之否定规律就是一个极其普遍的，因而极其广泛地起作用的，重要的自然、历史和思维的发展规律。对于这一规律，恩格斯在《反杜林论》中指出："古希腊罗马哲学是原始的自发的唯物主义。作为这样的唯物主义，它没有能力弄清思维对物质的关系。但是，弄清这个问题的那种必要性，引出了关于可以和肉体分开的灵魂的学说，然后引出了灵魂不死的论断，最后引出了一神教……现代唯物主义，否定的否定，不是单纯地恢复唯物主义，而是把两千年来的哲学和自然科学发展

---

① 《马克思恩格斯选集》第 1 卷，人民出版社 1995 年版，第 99 页。
② 《马克思恩格斯选集》第 2 卷，人民出版社 1995 年版，第 28 页。

的全部思想内容以及这种两千年的历史本身的全部思想内容加到旧唯物主义的永久性基础上。"① 恩格斯认为否定之否定规律作为一个普遍规律，适合于哲学、宗教、政治、伦理、法律等任何意识形态形式。这一规律表明，意识形态的终结并不是人为地宣布意识形态的不存在或者用外科手术的方法予以消灭，而是在新的经济基础上对原有意识形态的"扬弃"，意识形态终结的过程是一个既克服又保留的辩证否定的过程。

最后，意识形态终结的过程体现为"已然"、"应然"和"必然"三种状态。意识形态的"已然"终结状态是指某种意识形态赖以存在的社会物质条件已经消失，它所代表的阶级也已经退出历史舞台，这种意识形态也退出了作为统治阶级思想观念的地位。在这种状态下，已然终结的意识形态虽然不再是占统治地位的统治阶级的思想，但是，作为"过去的意识形态"依然留存于人们的记忆中，为人们建构新型思想文化提供既成素材和表现方式，从而以思想文化的角色成为后继的新意识形态的思想资源与文化传统。意识形态的"应然"终结状态是针对某种现存的正居于统治地位的意识形态而言的。这种状态中的意识形态终结包含着一种价值选择与价值取向，而不是作为事实判断，对于这种代表现存的统治阶级利益的意识形态，虽然在现阶段具有一定存在的合理性，但由于其虚假性、掩蔽性、伪人民性、伪真理性，因而不利于人们真实地认识社会现实与历史发展规律，不利于获得真正的知识，因而是应当会走向终结的观念体系。意识形态终结的"必然"状态是指一般意识形态而言，而不是指某种特殊意识形态而言。随着人类社会从低级到高级的发展，资本主义社会作为最后一种对抗形式的社会形态走向灭亡，共产主义取得了最后胜利，一切阶级和国家都走向消亡，代表各个阶级利益的意识形态也必然会彻底终结。

第三节　　马克思、恩格斯意识形态理论所蕴涵的意识形态终结思想

"意识形态"虽然是马克思主义唯物史观的重要概念，但是马克思、

---

① 《马克思恩格斯选集》第3卷，人民出版社1995年版，第481页。

恩格斯既没有明确界定这一概念，也没有专门探讨和系统研究意识形态问题。由于马克思、恩格斯的意识形态理论是在唯物史观创立的过程中形成的，因此，我们必须按照历史唯物主义的逻辑路线，透过马克思、恩格斯所表达的意识形态的具体见解，合乎逻辑地梳理和发掘出马克思、恩格斯关于意识形态终结的基本思想。

一、意识形态终结是马克思、恩格斯意识形态理论的基本思维取向

按照唯物史观的社会结构理论，人类社会从总体上包含相互联系的几个动态层面：一是社会物质资料的生产和再生产，在这个层面上，人们不仅不断生产出自己赖以生存的物质生活资料，而且不断生产出人们在物质资料生产过程中形成的生产关系。二是政治、法律上层建筑的生产与再生产，它表现为人们不断建立、维护、改进、使用、接受、使用、顺从、反抗在一定生产关系之上，与一定生产关系相适应的政治上层建筑。三是社会精神的生产与再生产。它表现为人们不断制造和处理思想文化知识，构建一个属于人类所独有的精神世界。意识形态属于社会精神生产和再生产的领域，是作为一定时代统治阶级重要组成部分的意识形态阶层所编造的关于自身的幻想，这种幻想在阶级社会里就成为统治阶级从精神上麻痹和控制人们、维护自身统治利益的手段和工具，它从根本上、总体上规约着人们思考社会问题的方向和范围，甚至为每一种可能的思考活动提供先入为主的理论前提，因此，马克思认为，自从有文字记载以来人类的精神生产与生活，无不笼罩着意识形态的迷雾，人们对社会的认识也难逃意识形态的遮蔽。

然而，按照马克思、恩格斯的看法，一定的意识形态虽然在一定的时期具有存在的合理性和积极性，但从整体说，意识形态是遮蔽物，它总是歪曲和遮蔽人类社会历史的真相。因此，必须从唯物史观的基本原理出发，先行地对各种社会学说与思想的意识形态基础，进而对产生意识形态理论的现实基础在实践中加以改造，从而实现对意识形态的超越，摆脱各种社会学说的意识形态宿命。从这个意义上来讲，在马克思那里，意识形态的终结就成了社会学说走向真正科学的前提条件，换而言之，社会学说科学化的过程就是意识形态不断地走向终结的过程，即去意识形态之蔽的过程。

意识形态对社会现实真实的遮蔽主要体现为三个方面：其一，脱离真实的历史条件，把观念、精神作为历史的前提，把历史的创造理解为纯粹

意识的运动和范畴的推演，否认自然界的历史特征，把脱离具体历史条件的，没有历史前提的抽象的人作为历史活动的主体，对历史的发展不作辩证的理解，宣扬特定生产方式的永恒性。其二，由于意识形态总是以歪曲的虚幻的方式表现现实关系，因此，意识形态所呈现的总体性的社会现实总是一种虚假的总体性，这种虚假的总体性又是以世界观的方式表达出来的，在社会学说成为真正的科学之前，人们由于受制于意识形态，因而始终把这种虚假的总体性误认为是真实的总体性，从而对于整个人类社会历史的考察也就误入歧途。其三，否认人类的生产劳动是全部历史活动的基础，否认实践相对于认识、理论和意识形态在人类认识的总体过程中的优先性，否认实践的宗旨在于促进现存世界的不断革命化，否认实践的批判优于单纯的理论批判，总之，就是否认实践在人类全部历史活动中的基础性作用，而将实践贬低为卑污的犹太人的活动；相反，却把精神和精神的批判活动视为全部历史的基础和推动力。

马克思对意识形态的研究服从于创立科学的社会学说，服从于揭示整个人类社会发展的普遍规律。正因为意识形态对社会真实的遮蔽，马克思在创立其科学的社会学说的过程中，既积极继承历史上一切社会学说的成果，又非常关注对以往社会学说所具有的意识形态宿命的超越和终结，这决定了意识形态终结不但是马克思社会学说成为真正科学的前提条件，而且是马克思、恩格斯意识形态理论所体现的基本思维取向。应当指出，马克思并没有刻意建构自己的意识形态理论，这一理论隐蔽于他对社会的总体阐述之中，分散见诸于对社会各层面的专门论述之中，他始终把意识形态置于真实的现实的社会总体中予以考察，从而体现出其意识形态研究与以往截然不同的非经院式、非学究型的科学作用。因此，马克思对意识形态终结的探索也始终与社会发展的脉搏紧密相连的。马克思认为，对于意识形态如果只停留在观念层面进行书斋气、表面化的考察，就无法找到意识形态的真正根源，也无法找到终结意识形态的现实道路，其结果只能使抽象的理论家感到自我满足。马克思正是将意识形态理论的研究与社会学说的研究紧密相连，从而在社会学说的总体探究中找到了一条意识形态终结的总道路。

二、在实践基础上坚持科学性与革命性的统一是意识形态终结的总道路

首先，科学实践观是马克思社会学说的哲学基石，而对现实实践的关

注又是马克思社会学说的生活基础。马克思认为："从前的一切唯物主义（包括费尔巴哈的唯物主义）的主要缺点是：对对象、现实、感性，只是从客体的或者直观的形式去理解，而不是把它们当作感性的人的活动，当作实践去理解，不是从主体方面去理解。"① 而唯心主义则不知道现实的感性活动的本身，因此，一切旧唯物主义和唯心主义都不了解"革命的"、"实践批判"活动的意义。在创造社会学说过程中，要跳出意识形态的束缚，终结意识形态，就必须对实践的优先性予以先行澄清，在本体论上，将人类自由自觉的生产劳动作为全部历史活动的基础。在认识论上，倡导从理论向实践的归化方法，在实践中寻找一切观念和意识形态的根源，马克思指出："全部社会生活在本质上是实践的。凡是把理论引向神秘主义的神秘东西，都能在人的实践中以及对这个实践的理解中得到合理的解决。"② 在价值论上，实践是完成改变世界，促进现存世界不断革命化的根本途径，也是一切理论的最终目的，马克思认为："哲学家们只是用不同的方式解释世界，问题在于改变世界。"③ 因此，理论的任务不能单纯止步于认识世界，关键在于改造世界。正因为实践在终结意识形态中的重要作用，马克思完成了对实践的唯物主义改造和对唯物主义的实践革新，创立了科学的实践观，从而在科学实践观的基础上重新审视思维与存在的关系，创立了科学的社会学说，跳出了传统意识形态的束缚，在这个意义上，马克思曾将自己称为实践的唯物主义者，科学的实践观也就成了马克思社会学说的哲学依据。这使马克思在阐述自己的意识形态见解时，始终表现出对现实实践的高度关注，而不是在黑格尔的基础上进行抽象的纯粹思辨。马克思始终将自己的革命实践和人类的现实实践特别是人民群众的实践作为自己意识形态理论深厚的现实基础。正是由于科学实践观的确立，意识形态的终结就有了一条最基本的理论地平线。

其次，马克思社会学说所具有的科学性特质使之与其他受意识形态支配的社会学说相区别。历史上社会学说对于人类社会的起源与本质要么陷入神学宿命论，要么陷入主观意识论，都看不到由人类实践活动所构成的

---

① 《马克思恩格斯选集》第 1 卷，人民出版社 1995 年版，第 54 页。

② 同上书，第 56 页。

③ 同上书，第 57 页。

客观存在具有不以人的意志为转移的客观规律，这种社会学说实质上无一例外地成为替现存统治阶级进行合法性辩护的意识形态。它们在批判现存社会时，往往主观臆想出一个"本然"或"应然"的社会状态，并以此为标尺来衡量现状，这种批判一遇到现实就变得苍白无力，而在进行未来的社会展望时，又把臆想的"应然"作为未来的镜像。然而，社会发展的现实证明，这种镜像从来都只是思想家心中的乌托邦，要么是社会的发展成为这种镜像的嘲弄，要么是这种镜像成为社会的遮羞布。马克思认为，造成这种悲剧的原因在于这些社会学说由于受意识形态的支配，缺乏科学的态度和科学的方法，因此要去除社会学说中的意识形态之蔽，就必须以科学的实事求是的态度来探索社会，揭示出人的自觉活动与社会存在的辩证关系，把非科学的唯心主义从它的最后避难所驱逐出去，使社会学说建立在现实的大地上。马克思坚持从现实的实际及其本质出发，将自己的社会学说牢牢扎根于现实的辩证运动中，一切脱离现实的思想、观念和意识形态都成为马克思力图批驳、克服并予以终结的东西。

最后，马克思社会学说所具有的革命性的批判精神与价值取向为意识形态的终结奠定了坚实的基础。马克思社会学说的科学性、革命性是互为基本条件的，否则，其科学性也就成了对事物进行现实主义的实证描述。在革命的维度上，马克思的社会学说与一切受意识形态笼罩的社会学说在两点上区别开来：一是在马克思始终坚持以历史辩证发展的总体来看待社会，以社会当下在历史发展中的位置，科学地展示社会未来的发展方向，从不把历史必然性当作自然永恒性。而以往的意识形态要么非科学地批判现状，对现状的历史必然性视而不见；要么非革命性地粉饰现状，把历史必然性的现状当作自然永恒性的实在。二是马克思公开申明自己学说的无产阶级本质，将无产阶级的革命实践看作争取人类解放的现实运动，一种一往无前的社会前进运动，这就摆脱了以往意识形态自欺欺人的怪圈，因为以往一切意识形态总是自觉不自觉地遮蔽自己的阶级本质，都把自己视为全人类的救世主，都给自己的学说披上普遍性的外衣。然而，事实上，在普遍性的背后隐藏的只是一个阶级的特殊利益，而且除无产阶级之外的其他阶级在社会发展中根本不具备勇往直前的革命性，因此，其意识形态只会造成对社会发展的虚假构想和对人们的欺骗。总之，马克思正是以科学的实践观为指导，在科学性与革命性的双重维度上构建自己的社会学说，从而开辟出一条意识形态终结的总道路。

三、马克思、恩格斯的意识形态概念蕴涵着意识形态终结的含义、层次与条件

（一）马克思、恩格斯意识形态概念的"前史"

由于马克思对意识形态概念的理解是对其前人的继承与超越，因此，在把握马克思意识形态概念之要义之前，有必要首先对这一概念的"前史"进行梳理。

首先我们应该看到，"意识形态"最初是在西方启蒙学者批判传统假象与偏见的燎原之火中作为标志"科学观念"的范畴而降生的。自从人类迈入阶级社会的门槛，意识形态现象就已经客观存在，但作为一个概念而存在，"意识形态"的降生却只有两百年的历史。在希腊世界中我们可以把柏拉图的"理念世界"看作意识形态概念的雏形，而在中世纪，这一高雅的理念世界却变形为全知全能的上帝的王国，人类的灵魂与精神深受谬论与偏见的支配。为了从中世纪神学和经院哲学的桎梏中解放出来，一大批近代哲学家点燃了批判传统谬误与偏见的燎原之火，并努力探索人们认识真实世界的道路。"意识形态"作为取代传统偏见与谬误的"科学的观念"而降生了。

培根（Francis Bacon，1561 - 1626）在《新工具》中提出了著名的"四假象说"，认为正是由于种族假象，洞穴假象，市场假象、剧场假象的存在，阻碍了人们认识真实世界的道路，那么，如何真正清除和避免假象，形成科学的观念，对这一问题的探索就成了意识形态概念产生的重要推动力。正是在这个意义上，我们可以将培根的"四假象说"看作意识形态概念得以降生的先兆。在培根之后，洛克在《人类理解论》中把人类从感觉和反省中所得的观念又划分为"简单的观念"和"复杂的观念"，并指出人们在运用观念作判断时存在四种错误尺度："所谓错误的尺度，有四种。（一）我们所认为原则的各种命题，本身如果不确定，不显然，只是可疑的，虚妄的，则我们的尺度是错误的。（二）第二种错误的尺度就是传统的假设。（三）第三种错误的尺度，就是强烈的情欲或心向。（四）第四种错误的尺度就是权威。"① 培根与洛克都认为要清除假

---

① ［英］洛克著，关文运译：《人类理解论》下册，商务印书馆1981年版，第477～478页。

象，避免偏见，就必须诉诸于经验，并谨慎使用文字，严格做出判断，人们的观念才可能真正成为科学的认识。法国的启蒙学者由此出发，并贯彻彻底的感觉主义立场，从不同的角度发起了对传统偏见的批判，孔狄亚克、爱尔维修、费尔巴哈就是其中的杰出代表。这种批判尤其是其彻底的感觉主义立场强有力地推动着意识形态概念的降生。以这种彻底的感觉主义立场为基础，法兰西研究院院士特斯杜·德·托拉西第一次把"意识形态"作为标志"科学的观念"的范畴引入了西方哲学史。托拉西认为，宗教神学的一个理论基础就是对观念的起源和本质进行歪曲，造成科学发展的巨大障碍。因此，他试图建立一门观念的科学，揭开观念的真正起源和本质，把神学从颐使一切科学的地位上驱逐出去，建立思想自身的统一性，再进一步虚构政治学、经济学、伦理学，使科学统摄整个精神领域，从简单的感知到崇高的信仰。托拉西给这门科学取名为"Ideologie"，它由"Ideo"（观念）和"logie"（学问）构成，即"观念学"之意，这就是意识形态这一概念的最初含义，也反映了意识形态这一概念创制者的主观动机。即创立一门关于观念的基础性的科学，通过"从思想回溯到感觉"的方法，摈弃宗教，形而上学及其他偏见，在感觉的基础上，重新阐发出政治、伦理、法律、经济、教育各门科学的基础观念，这不仅在认识意义上标志着彻底的感觉主义性质的转向与革命，而且在实践上也意味着托拉西在反对和批判种种传统谬误与偏见的同时，也必然将这种批判引向正在维护这种谬误与偏见的政治制度，特别是国家制度，这无疑是具有历史进步意义的。拿破仑发动热月政变之后，之所以对托拉西为代表的意识形态家采取镇压行动，并指责他们是错误地认识社会和政治现实的空想家，是秩序、宗教和国家的破坏者，就因为托拉西关于意识形态的基本见解所蕴涵的主观诉求与拿破仑恢复帝制的主观意图相悖。同时，我们也要看到，托拉西创立意识形态学的主观动机并没有产生与之相符的客观效果，因为彻底的、简化的感觉主义立场既不能科学解决认识中的基础问题，也不能为其他学科的改造提供坚实的基础。在任何一门社会科学的研究中单凭感觉经验不可能总结出正确的结论。这就决定了托拉西从法国唯物主义传统出发阐发的意识形态学说在很大程度上带有空想与谬论的成分，以反传统谬论与偏见为宗旨的意识形态概念从源头上就陷入了误区。因此，马克思认为，托拉西《意识形态的要素》一书的出发点虽然是批判把观念神秘化的错误倾向，但其本身同样是对真实的社会关系的一种歪曲和神秘化。而且，托拉西虽然认为自己是站在全人类的立场来提出自己的设想，但实质上，他只是代表了资产阶级在反对宗教神学和封建制度的过程中，为建立资产阶级的社会制度而确立一套与之相符的观念体系的需要，他们所说的"理性实际上不过是正好在那时发展成为资产者的中等市民的理想化的悟性而已"①。因而"没有超出他们自己的时代给予他们的限制"②，这就使托拉西的观念学即意识形态不可避免具有虚妄和偏见的成分。可以说，虽然拿破仑和马克思都对意识形态持否定和批判的态度，但拿破仑是从恢复帝制出发，批判托拉西"意识形态"概念所蕴涵的具有进步意义的主观动机，却保留了其具有消极意义的客观结果，而马克思则是从唯物史观的立场出发，批判了托拉西意识形态学说的客观效果，却保留了其追求科学观念，批判谬论与偏见的主观动机。这使马克思并不笼统地指责意识形态家为空想家，而是批评意识形态本身对现实关系的神秘化与颠倒。马克思对托拉西意识形态学说的观点内含着他对意识形态概念在本体论与认识论上的双重理解以及描述性和否定性的双重态度。

如果说英法等国资产阶级思想家在反对封建神学，推进思想解放运动中运用感觉主义颠覆神秘主义的尝试，继承和发展了文艺复兴以来欧洲的科学精神，使意识形态这一概念一开始是作为科学的观念而出现的，这在马克思的意识形态概念中得以保留。但是，这种追求科学观念的主观尝试并没有产生科学观念的客观结果，反而成了另一种谬论与偏见，这在马克思的意识形态概念中又是作为"虚假意识"予以彻底批判的，这种批判又得益于具有强劲批判理性的德国古典哲学。德国古典哲学家们在批判理性的层面，在对人类精神发展的考察中发现了意识形态作为精神现象所具有的异化特征。德国古典哲学从康德、费希特、谢林到黑格尔、费尔巴哈，通过对精神与人类历史的批判性考察，梳理和分析了意识形态的历史基础与本质，赋予了意识形态这一概念以深厚的历史内涵与理性色彩。尤其是黑格尔在其《精神现象学》中以巨大的历史感为基础，深入探讨了意识在不同社会发展阶段上的具体表现形式，揭示了各种意识形式与异化

---

① 《马克思恩格斯全集》第19卷，人民出版社1963年版，第208页。
② 《马克思恩格斯全集》第20卷，人民出版社1971年版，第20页。

和教化之间的内在联系，而费尔巴哈从人本主义的立场出发，接过黑格尔手中的批判武器，将神学还原为人学，对宗教这种最具异化特征的意识形式进行了透彻的批判。

综上所述，在近代西方发动对中世纪神学和经院哲学的种种荒谬观念广泛而深刻的批判运动中，产生了建立观念的科学的倾向。"意识形态"作为标志科学的观念的范畴应运而生。对于最初的意识形态家们反对宗教神学和形而上学，反对把观念神秘化的种种谬误的倾向，马克思是持赞同态度的，即马克思同样认为意识形态应当努力使观念科学化，反对种种谬误和偏见。但是，科学的观念的王国不可能建立在托拉西等人所普遍具有的感觉主义的基础上，只可能建立在历史唯物主义的基础上，这又使马克思对向一切建立在旧唯物主义和唯心主义基地上的意识形态持坚决批判与否定的态度，并斥之为"虚假意识"。因此，马克思在理解、批判前人的基础上，创制了 Ideologie 这个德语词，并赋予这个概念以新的内涵。由于各种意识形态终结论几乎都有一个共同的理论前提即"贬义意识形态论"，认为意识形态在本质上是以终极的普遍观念面貌出现的"虚假意识"，是从属于一定利益集团而又隐蔽其真实性质，否认其局限性的"政治神话"，因而成为现代迷信、偏见与神学的根源。这显然是对意识形态的片面理解，而马克思对意识形态概念的理解揭示了意识形态的定性，蕴涵着意识形态终结的含义、层次和条件，显然是分析与评判"意识形态终结论"的理论前提。

（二）马克思、恩格斯意识形态概念的双重含义与中性态度

谈到"意识形态的终结"，首先关系到对意识形态的定性理解的问题。如果将意识形态简单地定性为一种"虚假意识"而持彻底否定的态度，那么在理论和实践中就会将敌对的阶级、国家、民族的思想、文化归结为意识形态而力图予以终结，这就必将为意识形态终结论提供广阔的生存空间。如果对意识形态定性问题持中性态度，那么就不会将敌对的思想文化简单归结意识形态，而是论证它是一种非科学的意识形态，而将自己的思想、观点视为一种科学的意识形态。从马克思在德文中创制"意识形态"这一概念的理论素材以及赋予这一概念的内涵来看，马克思在意识形态的定性上显然采取的是一种中性的态度。

马克思在 1844 年流亡巴黎期间，曾研读过大量英、法思想家关于政

治学和经济学方面的著作，其中就包括托拉西的《意识形态的要素》一书，后来在《詹姆士·穆勒（政治经济学原理）一书摘要》、《1844年经济学—哲学手稿》、《德意志意识形态》中曾提到过托拉西的思想。这表明马克思的意识形态概念是来源于托拉西的。但是，马克思为什么要借用这一概念来指称德国思想家的思想即德意志意识形态和一般思想家的思想即一般意识形态呢？这就要弄清托拉西意识形态概念的本来意义。在托拉西那里，"意识形态"的基本含义是"关于观念的科学"，即"观念学"，其主要任务是要研究和界定认识的起源、界限和可靠性程度等问题，只有解决了这些问题，才能为人们的正确认识提供一个可靠的根据，才能为其他社会科学提供一个正确的理论前提。马克思对于托拉西创立"意识形态"的这一思想是肯定的，正是依据托拉西把意识形态看作"观念的科学"，马克思才把意识形态作为一个基本范畴引入唯物史观。既然德国和法国的思想家们都认为他们所建立的观念体系都是完全科学的，他们深信：在他们观念体系的指导下，人类必将建立起一个真正美好的社会，比如康德把建立"科学的形而上学"当作自己的使命，费希特把自己的学说当成"科学"的知识学，黑格尔将自己的哲学体系称为"科学之科学"。甚至马克思、恩格斯在《德意志意识形态》中所批判的费尔巴哈、鲍威尔、施蒂纳等思想家也是在建立自身的观念体系，因此，用"意识形态"的概念就能指称这些思想家的思想。但是，马克思认为，无论是托拉西还是德国哲学家们的思想观念体系，都不是观念的科学，并没有从普遍性的高度界定和揭示认识的起源，界限及可靠性的程度，它们仅仅反映了当时西方社会从封建制度向资本主义制度过渡时期人们观念变革的要求，代表的是资产阶级的利益。按照马克思创立的唯物史观，不仅资产阶级的思想家在从封建社会向资本主义社会过渡时，随着经济基础的变更会提出观念变革，建立起代表资产阶级利益的思想体系，而且任何社会形态更迭之时，思想家们都会提出代表新兴阶级利益的思想体系，并冠之以"科学"的美名，以适应新的经济基础的需要，在《〈政治经济学批判〉序言》中，马克思指出："随着经济基础的变更，全部庞大的上层建筑也或慢或快地发生变革。在考察这些变革时，必须时刻把下面两者区别开来：一种是生产的经济条件方面所发生的物质的、可以用自然科学的精确性指明的变更，一种是人们借以意识到这个冲突并力求把它克服的那些法律的、政治的、宗教的、艺术的或哲学的。简言之，意识形态的形式。"①
因此，当马克思用"意识形态"的概念来泛指包括德国思想家在内的一
切思想家的思想观念时，"意识形态"就有了第一层含义即"一般的意识
形态"，其含义是指人类社会发展过程中，通过对不同社会关系反映后而
建立的一切思想体系，即一定阶级社会结构中与经济基础相适应并耸立于
其上的"观念上层建筑"，它是阶级社会结构中不可或缺的部分。这种
"一般意识形态"具有一切意识形态所具有的四个基本含义：第一，意识
形态是一个总体性概念，意识形态又具体化为许多具体的意识形态形式，
如政治思想、法律思想、道德、哲学、宗教，等等。第二，意识形态是现
实生活过程在人脑中的反映，甚至人们头脑中模糊的、错误的观念归根到
底也是可以通过经验来确立的与物质前提相联系的，物质生活过程的必然
升华物。第三，意识形态的载体是语言，一定的意识形态总是要借助于一
定的语言和术语来表达自己。一个人如果无批判地使用某一意识形态的基
本术语，他的思想就必然是这种意识形态的俘虏。第四，意识形态是社会
的产物，既然意识形态通过语言这种最具社会特征的普遍的媒介物来反映
人们的现实生活过程，它就不可能是私人的而只能是社会的。

　　然而，仅仅揭示出马克思意识形态概念中所具有的"一般意识形态"
的含义是不够的，还必须进一步揭示出马克思在什么意义上将意识形态指
称为"虚假意识"，这样才能进一步把握马克思在意识形态定性问题上的
中性态度，才能进一步全面地把握马克思关于意识形态终结的含义、层次
与条件。

　　"意识形态"在托拉西那里是一门科学，但马克思、恩格斯在很多场
合却用"虚假的意识"去指称它，恩格斯在1873年7月14日致弗·梅林
的信中说："意识形态是由所谓的思想家意识、但是通过虚假的意识完成
的过程。推动他的真正动力始终是他所不知道的，否则这就不是意识形态
的过程了。"② 这一含义的根本性转换与唯物史观的创立是紧密相连的。
从唯物史观的角度来看，不是人们的思想、意识决定社会存在，而是人们
的社会存在决定人们的思想、意识。这就为意识形态的定性分析提供了一

① 《马克思恩格斯选集》第2卷，人民出版社1995年版，第33页。
② 《马克思恩格斯选集》第4卷，人民出版社1995年版，第726页。

个理论标准，以往一切建立在旧唯物主义和唯心主义基础上的意识形态不是建立在"社会存在决定社会意识"的基础上，而是建立在"观念统治世界"、"精神决定历史"的基础上，这些意识形态不是主张意识来源于物质，而是认为意识的来源和真理性标准都存在于精神自身，因而达不到对社会存在进行正确反映的"真实的意识"，反而成为了对社会存在进行颠倒反映的"虚假的意识"，德意志意识形态没有坚持历史唯物主义，因而都成了"虚假意识"的代表。因此，当马克思将意识形态归结为虚假意识时，意识形态又具有了第二层含义，它是特指以前的阶级社会中所有剥削阶级的意识形态，它是剥削阶级为维护本阶级的利益而编造的关于自身的幻想，是一种从精神和意识上支配、控制人们的手段和工具。意识形态并不等同于虚假意识。马克思主义由于建立在社会存在决定社会意识的基础上，把认识的来源看成是对永恒发展着的物质的世界的反映，是对社会存在进行正确反映的"真实的意识"，因而马克思主义作为意识形态与其他作为虚假意识的意识形态有原则的区别，是唯一科学的意识形态。

这样，马克思在意识形态定性上的中性态度也就非常清楚了，意识形态在马克思那里并非仅仅是一个贬义词，而且是一个中性词，第一层次的含义是从本体论意义上来说的，是本体论意义上的意识形态，在这一层次上，马克思始终把意识形态作为阶级社会结构中的一个重要方面而发挥作用，以往剥削阶级的意识形态尽管是对现实生活过程的颠倒反映而具有"虚假性"，但并不能因为其"虚假性"而否定其在阶级社会结构中存在的必然性与合理性，正是从这个意义上，马克思、恩格斯曾肯定地说，意识形态是人类史的第一个重要方面。第二个层次的含义是在认识论意义上来说的，是认识论意义上的意识形态。在这一层次上，马克思以唯物史观为标准，认为以往剥削阶级的意识形态都颠倒了社会存在与社会意识的辩证关系，都是从意识中的人出发而不是从现实的从事实际活动的人出发，都主张观念统治世界，精神决定历史，都建立在对客观世界进行错误反映的基础之上，因而不可避免地沦为一种"虚假意识"；对于这一层次上的意识形态并不能因为它在阶级社会中存在的合理性与必然性而放弃对其进行批判的必要性。马克思意识形态的含义正是上述两个层次的结合，忽视其中的任何一个层次，都会犯理论片面化的错误，如果只抓住前者，忽视后者，就会钝化马克思意识形态批判理论的战斗锋芒，甚至沦为一切剥削阶级的意识形态辩护士，如果只抓住后者，忽视前者，就会为形形色色的意识形态终结论提供理论资源与意义空间。

（三）马克思、恩格斯关于意识形态终结的层次、含义与条件

马克思关于意识形态含义的双层理解对我们完整把握其意识形态终结思想具有源头性的、根本性的意义。意识形态的双层含义决定了意识形态的终结也具有两个层次、两种含义和不同的终结条件。

第一个层次是指本体论意义上的意识形态的终结，其含义是指意识形态作为阶级社会结构中的一个重要方面的终结，是观念上层建筑的终结，这一层次上的意识形态的终结是与整个人类社会历史演进的客观进程相联系的，是一个不以人的意志为转移的历史过程，只有到由自由人联合体所组成的共产主义社会才能成为现实，因而既具有长期性，又具有必然性。尽管马克思并没有详细论述一般意识形态走向终结的条件，但联系马克思关于共产主义社会的论述，我们可以看到一般意识形态走向终结，至少应具备以下几个条件：

第一，强制性的精神劳动与物质劳动的分工已经消失。这是一般意识形态终结的社会基础。根据马克思的观点，意识形态是在强制性的精神劳动与物质劳动分工的基础上产生的，这种分工在统治阶级的内部就体现为一部分积极的、有概括能力的思想家把编造自身的幻想当作谋生的源泉。由于这种分工不是出于自愿而是自发的，因此，意识形态对于社会大部分成员来说是一种异己的力量。在资本主义社会中，强制性分工加剧了资本与劳动之间的剧烈分裂，意识形态也愈加倾向于以物的关系与掩蔽人和人，资本与劳动的真实关系，从而形成以"商品拜物教"为核心的资本主义社会的意识形态。只有当这种强制性的分工不再存在，原来作为社会大多数成员异己力量而存在的意识形态才能走向终结。那里，人们要么彻底抛弃意识形态这一概念，要么保留其名称而变更其内涵。

第二，阶级和国家走向消亡是一般意识形态终结的阶级基础与政治前提。马克思认为，阶级社会中的意识形态起源于阶级和阶级对立与国家的产生，阶级与国家既为意识形态的存在提出了必要性，又提供了可能性。在原始氏族社会中也存在社会意识，但它们并不具备意识形态的特征，因为这些意识是每个社会成员个体意识的直接集合，体现了集体的价值取向，不存在氏族中一部分人把自己个体的意识强加于整个社会，因而这些

社会意识弥漫着芜杂与混沌。意识形态是随着阶级与国家的产生而产生的，随着历史上最早的阶级对立——奴隶主阶级与奴隶阶级的对立的出现，社会阶级结构代替了原来的社会氏族结构，为了不至于与奴隶阶级同归于尽，为了维护自己对生产资料的占有和对奴隶的剥削，奴隶主阶级就建立起一个表面上超越各阶级利益之上的"社会公共权力机构"，即国家，并把自己阶级的意志上升为具有"公共意志外表的国家意志"。恩格斯指出："社会创立一个机关来保护自己的共同利益，免遭内部和外部的侵犯。这种机关就是国家政权。它刚一产生，对社会来说就是独立的，而且它越是成为某个阶级的机关，越是直接地实现这一阶级的统治，它就越独立。"① 这样，国家就成了凭借凌驾于社会之上的公共权力并进行阶级统治的工具。国家意志表面是公共意志，实质上是统治阶级的意志，国家的虚假性就成了意识形态的政治温床。对于被统治阶级的利益和意志，统治阶级常常运用意识形态的两手策略，要么将其解释为与统治阶级利益相一致的东西加以"同化"，要么将其宣布为与公共意识相背离的东西加以排斥。这样，阶级社会中的意识形态就披上了"合情"、"合理"、"合法"的外衣，之所以合情，因为它以维护社会全体成员的利益为其显性目标，之所以合理，因为它常常宣布自己是"真理"，是"科学"，之所以"合法"，因为它体现的是统治阶级的思想，与国家政权具有同质性。综上所述，意识形态产生的阶级根源是阶级利益的对立，意识形态作用的发挥离不开国家政权，任何统治阶级在政治上建立起自己的国家政权时，也必然在思想观念上建立起自己的意识形态，从而在思想观念上对整个社会进行统治，维护自己的政治、经济利益和国家政权的稳定。因此，在阶级和国家存在的阶级社会里，意识形态的存在就具有必然性、必要性、合理性与可能性。但是，任何阶级社会中的意识形态所具有的外表与本质、公共性与阶级性、显性与稳性的内在矛盾，又决定了无论是一般的意识形态还是某种特殊的具体的意识形态必然走向终结的命运。当然，应当指出，在阶级与国家尚未消亡以前，一般意识形态是不会终结的，意识形态的终结只能是指某种为已经丧失统治地位的阶级进行辩护的意识形态的终结。意识形态的彻底终结只有到阶级与国家已经消亡的共产主义社会才有

---

① 《马克思恩格斯选集》第4卷，人民出版社1995年版，第253页。

可能实现。恩格斯在《路德维希·费尔巴哈与德国古典哲学的终结》中有一个深刻的洞察：无论是某种具体的意识形态的变化，还是一般意识形态的变化都必须以"国家"为轴心进行动态考察。恩格斯指出，当加尔文教尚未与国家权力相结合而在民间流行的时候，它是进步的资产阶级革命的意识形态外衣，当它与国家权力相结合时，其性质就从进步变得保守，成了统治阶级用来迫使下层就范的手段。同样，恩格斯预见一般意识形态将会终结，也是以国家的消亡为前提的，只要国家存在，意识形态就必然存在，而当国家消亡后，意识形态也必然走向终结。因此，阶级和国家的消亡是意识形态终结的阶级基础与政治前提。马克思、恩格斯在《共产党宣言》中指出："不管阶级对立具有什么样的形式，社会上一部分人对另一部分人的剥削却是过去各个世纪所共有的事实。因此，毫不奇怪，各个世纪的社会意识，尽管形形色色、千差万别，总是在某些共同的形式中运动的，这些形式，这些意识形式，只有当阶级对立完全消失的时候才会完全消失。"① 这就表达了意识形态只有随着阶级对立的彻底消逝才会消逝的观点。

　　第三，无产阶级将人类的普遍利益与无产阶级的阶级利益和谐统一起来，是意识形态终结的物质基础。马克思认为，意识形态没有绝对独立的历史，"无论思想或语言都不能独自组成独立的王国，它们只是现实生活的表现"②。社会物质生活条件是意识形态的物质基础，意识形态作为一种精神现象是人们物质和社会存在方式的反映，这是马克思意识形态理论的基本观点。因此，在阶级社会里，不同的阶级在整个社会生产关系和经济结构中所处的地位是不同的，它们所面临的社会物质条件和利益追求是有差异的，这种差异表现在意识形态上就是不同的阶级根据这一阶级赖以存在的经济关系和物质利益的不同而产生不同的阶级意识。法国的启蒙学者在批判种种谬误与偏见时也看到了"利益"的诱因，如爱尔维修指出："利益支配着我们的一切判断。"③ 可惜的是，他在"利益"维度上并没有做更深入的思考，而马克思在唯物史观的指导下，深刻揭示了阶级社会

① 《马克思恩格斯选集》第 1 卷，人民出版社 1995 年版，第 292～293 页。
② 《马克思恩格斯全集》第 3 卷，人民出版社 1960 年版，第 525 页。
③ 《十八世纪法国哲学》，商务印书馆 1979 年版，第 457 页。

中意识形态的物质根源，马克思指出："统治阶级的思想在每一时代都是占统治地位的思想。这就是说，一个阶级是社会上占统治地位的物质力量，同时也是社会上占统治地位的精神力量。"① 这就是说，每一时代占统治地位的意识形态始终是统治阶级的意识形态，这种意识形态从根本上来说是统治阶级根本利益的体现，只有深入指出这种意识形态和统治阶级的生存要求之间的内在联系，把握统治阶级的根本利益所在，才能把握意识形态的本质。然而，在剥削阶级社会里，剥削阶级的根本利益和全体人民的普遍利益是矛盾与冲突的，于是，统治阶级的意识形态为了维护本阶级的特殊利益就"把自己的利益说成是社会全体成员的共同利益，抽象地讲，就赋予自己的思想以普遍性的形式，把它们描绘成唯一合理的、有普遍意义的思想"②。因此，在阶级社会里，即使新的、革命的阶级在反对统治阶级时，也总是以全社会的代表的身份出现，其思想、观点、口号也具有这种思想普遍性的形式，也自觉不自觉地运用意识形态对该阶级的特殊利益进行隐蔽。在《共产党宣言》中，马克思将资产阶级的意识形态称为是"掩蔽资产阶级利益的资产阶级的偏见"。

　　既然在共产主义实现之前一切阶级社会的意识形态都是剥削阶级根本利益的观念体现，而剥削阶级的根本利益与全体社会成员的普遍利益是矛盾和冲突的，要使阶级社会中这种伪普遍性意识形态走向彻底终结，就必须使阶级利益和全人类的普遍利益和谐统一起来。这一历史使命只有无产阶级及其所发动的共产主义革命才能承担。因为"过去的一切运动都是少数人的或者为少数人谋利益的运动。无产阶级的运动是绝大多数人的、为绝大多数人谋利益的独立的运动"③。无产阶级是一切被压迫阶级利益的忠实代表，他们只有解放全人类，才能最后解放自己，无产阶级的阶级意识所反映的无产阶级的阶级利益与全人类的普遍利益是和谐统一的，它去除了剥削阶级意识形态所具有的伪普遍性、伪人民性的特质。无产阶级革命与以往一切阶级革命的区别不在于需不需要意识形态，而在于无产阶级的阶级利益是人类根本利益的体现，无产阶级的阶级意识将扭转人类分

---

① 《马克思恩格斯选集》第 1 卷，人民出版社 1995 年版，第 98 页。
② 《马克思恩格斯全集》第 3 卷，人民出版社 1960 年版，第 54 页。
③ 《马克思恩格斯选集》第 1 卷，人民出版社 1995 年版，第 283 页。

裂为阶级后共同利益不断弱化的趋势，而具有真正的全人类性和普遍性，一旦人类普遍利益真正成为现实，意识形态作为统治阶级利益体现的观念上层建筑就失去了存在的根基而将走向终结。"只要那种把特殊利益说成普遍利益，或者把一'普遍的东西'说成是统治的东西的必要性消失了，那么，一定阶级的统治似乎只是某种思想的统治这种假象当然也就会完全自行的消失。"① 总之，作为本体论意义上的意识形态终结是一个随人类社会发展而实现的客观历史过程，只有通过无产阶级的革命实践，消除强制性的脑体分工，消灭阶级与国家，阶级利益与人类普遍利益的差异，本体论意义上的一般意识形态就会丧失其存在的社会基础、阶级基础和物质基础而走向终结。

第二个层次的意识形态终结是指认识论意义上的意识形态的终结，其含义是指阶级社会的某一特定历史时期为某一特定阶级利益服务的某种特定的意识形态的终结。是针对某种具体的意识形态而言的。马克思认为，由一定剥削阶级的思想家根据本阶级的特殊利益而自觉不自觉地编造的意识形态总是难逃被终结的命运，那么，这种与阶级社会特定历史时期相联系的意识形态又将在什么条件下终结呢？

第一，从阶级条件来看，当一种意识形态所代表的阶级已经退出或正在退出历史舞台时，这种意识形态也将丧失思想的统治地位而走向终结，但是这种意识形态作为一种精神性存在依然停留在人们的记忆中，从而以思想文化的角色成为后继意识形态的素材与来源，也成为阶级社会人类思想文化发展的一个环节。

第二，从认识条件来看，由于人们认识的程度是受一定生产力水平的社会物质条件制约的，每一时代的认识都只能达到这个时代生产条件所限定的力所能及的水平。随着生产力水平的提高，原有的意识形态在新的生活条件下已成为一种赤裸裸的谎言时，新兴的革命的阶级就诉诸于意识形态的批判，从而驱使这种过时的、保守的意识形态走向终结，新的意识形态社会取而代之。马克思在谈到 17～18 世纪的工业革命所造成的大工业的迅猛发展时指出："只要可能，它就消亡意识形态、宗教、道德等，而

---

① 《马克思恩格斯全集》第 3 卷，人民出版社 1960 年版，第 54～55 页。

当它不能做到这一点时，它就把它们变成赤裸裸的谎言。"①

第三，从物质条件来看，任何意识形态都有其特定的经济基础，体现特定阶级的经济利益，而新兴的革命阶级的意识形态要取代原有的意识形态，就必须在革命的实践中彻底摧毁原来意识形态的经济基础，在阶级社会中，这种新旧经济基础与意识形态的交替是通过社会革命来实现的，适应解放和发展生产力的要求，建立起与新的生产方式相适应的生产关系，摧毁阻碍和束缚生产力发展的原来意识形态所赖以存在的经济基础，是任何革命意识形态终结一切过时的、保守的，反动的意识形态的根本要求。

四、意识形态神话终结的过程就是人类社会历史进步的过程

在阶级社会中，任何意识形态之所以在认识论层次上是虚假的，除了缺乏唯物史观的理论基础之外，就其主要内容而言，主要是由于其制造的是伪真理性、伪人民性、伪永恒性的神话，正是由于这三大神话赋予了一种思想观念、理论体系以意识形态的特质。伪真理性是指意识形态总是以真理的面目出现，获取一定历史条件下社会大部分成员的认同，所有阶级社会的意识形态家们都把自己看作真理的发现者，都把他们精心编制的意识形态说成是唯一的社会真理，从而为统治阶级的合法性作辩护，而统治阶级又千方百计确保自己意识形态的真理性，但是统治阶级的权力、利益并不会成为真理的保护者，相反是真理的损害者。马克思认为，代表一定统治阶级的意识形态的目的不是揭示现实世界的真相，而是以神秘的，扭曲的方式去反映现实世界，从而掩蔽统治阶级的特殊利益与价值取向。意识形态的"真理性"实质是服务于统治阶级的"合目的性"的。伪人民性是指意识形态总是以社会全体成员的普遍意识的面目出现的，而人民也往往把它看作独立于一定阶级的特殊利益的具有"社会公正性"的观念体系。然而在实质上，意识形态没有也不可能成为人民的普遍意识，它的内核永远是统治阶级的利益与意志。意识形态这种伪人民性在阶级社会里渗透于理论体系、社会心理、大众文化等各个层面，成了统治阶级在精神上统治、控制人民的工具。意识形态的伪永恒性是指几乎所有的意识形态都把自己看成是人类认识发展的终结，都热衷于把它们所维护的社会称作是最美好的社会，把这个社会看作历史的终结，人类经过漫长的跋涉达到

————————

① 《马克思恩格斯全集》第3卷，人民出版社1960年版，第68页。

这个社会后，一切福祉都在这里展现，一切遗憾都在这里消失。然而，任何意识形态都只代表人类精神发展史上的一个时代，任何社会都只是人类历史长河中的一个片断，无论是意识形态还是这种意识形态所维护的社会都只具有历史性，而不具备永恒性。伪真理性、伪人民性、伪永恒性是阶级社会中意识形态的标志性特征，当一种意识形态的伪真理性、伪人民性、伪永恒性的面纱在社会发展的铁的事实面前被无情地撕去后，这种意识形态终结的命运就来临了。正如马克思所指出的那样，"如果从观念上来考察，那么一定的意识形式的解体是以使整个时代覆灭。"① 然而，只要人类社会仍然处于阶级社会之中，当一种意识形态终结之后，后继的意识形态又会重新开始这种自欺欺人的游戏，人们走出了一种意识形态的虚幻，又会重新沉浸于对新的意识形态的"真理性"、"永恒性"、"人民性"的希望与憧憬之中。但是，从整个人类历史长河来看，每一次划时代意义的意识形态的终结，都标志着朝意识形态本身终结的目标的逼近，当阶级与国家走向消亡，人类的普遍利益与阶级利益走向统一，共产主义社会实现之时，伪真理性、伪人民性、伪永恒性就会彻底破灭，意识形态就会寿终正寝。从这个意义上说，无论是某种具体的意识形态终结的过程，还是一般意义上的意识形态终结的过程，都代表着人类社会历史上的进步过程。

---

① 《马克思恩格斯全集》第 46 卷（下），人民出版社 1962 年版，第 35 页。

第三章　西方意识形态终结论
思潮的基本谱系

　　马克思、恩格斯的意识形态终结思想无疑是关于意识形态终结的唯一科学的阐释，然而西方学者却按照反马克思主义、非马克思主义的逻辑路线，在 20 世纪催生了一股颇具声势的意识形态终结论思潮。要弄清这一思潮到底是一种什么样的思潮，就必须首先勾勒出这一思潮的基本谱系，从而为考察这一思潮奠定基础性的理论图景。

第一节　西方意识形态终结论思潮
演进的三条逻辑路线

　　从整体上来说，西方意识形态终结论思潮是沿着非理性主义、科学主义和反马克思主义三条逻辑路线而展开的。沿着这三条逻辑路线，在不同的历史语境下，出于不同的理论动机，又产生了西方自由主义、西方马克思主义和后现代主义三大意识形态终结论流派，西方自由主义主要从反马克思主义的角度提出意识形态的终结，但其中也包含着科学主义的逻辑；西方马克思主义者从意识形态批判的角度提出意识形态在发达的工业化民主社会中已完全终结，取而代之的是科学技术，比如，哈贝马斯就认为科学技术已承担起传统意识形态的功能；后现代主义认为意识形态遵循着理性的信仰，因而从反理性的角度提出了意识形态的终结。这三大流派的观点相互借鉴、相互影响甚至相互对立，因而在这一思潮的内部呈现出多音争鸣、相互缠结的理论景观，但是都表达了意识形态终结的主题，汇成了一股强大的西方意识形态终结论思潮，在这一股思潮中，西方自由主义是主流，西方马克思主义和后现代主义是支流。

一、反马克思主义

如果说非理性主义与科学主义是在"理论"层面支撑西方意识形态终结论思潮的两条逻辑路线，反马克思主义则具有"理论"与"政治"的双重色彩。诞生于19世纪中叶的马克思主义是关于无产阶级解放的学说，马克思深刻分析了资本主义生产方式的矛盾，揭露了资本主义制度无限美好、永恒存在的神话，阐述了人类社会发展的普遍规律。马克思主义从此成为了全世界无产阶级和广大人民群众争取自身解放斗争的强大理论武器。在马克思主义的指导下，以列宁为首的布尔什维克党领导俄国无产阶级利用第一次世界大战之机发动了十月社会主义革命，并取得了胜利，在全球1/6的土地上建立起第一个社会主义国家，开辟了人类历史的新纪元。在十月革命的推动与鼓舞下，亚非拉国家掀起了风起云涌般的民族解放运动，帝国主义的殖民体系遭遇到空前的危机。第二次世界大战爆发以后，斯大林领导苏联军民顽强抗击德国法西斯的入侵，成为世界反法西斯战争的中流砥柱，并取得了伟大的胜利。这一胜利不但产生了多米诺骨牌效应，使一大批国家走上了社会主义道路，形成了以苏联为首的社会主义阵营，而且也激起了一大批西方知识分子对苏联社会主义的迷恋与向往。

马克思主义的深入人心，国际共产主义运动从理论到现实，从一国到多国波澜壮阔的发展，引起了西方资产阶级的极大恐慌与不安，他们视马克思主义为眼中之钉，视共产主义运动为洪水猛兽，西方资本主义国家不但在军事上进行威胁，在经济上进行封锁，在政治上进行孤立，而且在意识形态领域也进行全面渗透。由于列宁在领导俄国革命的实际进程中提出了将马克思主义意识形态化的主张，他认为，用马克思主义这种"科学的意识形态"来教育工人群众，发展工人群众的政治意识，对抗资产阶级的意识形态，对于促进革命的胜利是极为重要的。西方马克思主义的理论家卢卡奇、葛兰西等人也从无产阶级革命的角度将马克思主义看作为一种意识形态即无产阶级的意识形态，因此，在世界范围内，马克思主义就成为与西方自由主义、保守主义相对峙而存在的意识形态，自由主义与保守主义在资产阶级的内部虽然也常常争吵不休，但在敌视、反对马克思主义的立场上常常结成"神圣同盟"，来围剿、封堵马克思主义，从而在20世纪国际风云变幻的历史进程中，马克思主义与西方资产阶级在意识形态领域的争斗就成为贯穿始终的理论景观，而坚定不移地反马克思主义也成了资产阶级在意识形态领域中基本的思维取向。

　　第二次世界大战以后，东西方冷战在军事、政治、经济、思想文化和意识形态的各个层面上全面展开。在苏联为首的社会主义阵营方面，随着1953年斯大林的逝世，斯大林时代也走进了历史，过去在斯大林模式的高压统治下蒙在社会表面的面纱被无情地拉开。一些正直的人所不愿意看到的，一些邪恶的人如获至宝的历史事实大白于天下。尤其是1956年赫鲁晓夫在苏共二十大上所作的《关于个人崇拜及其后果》的神秘报告，就如一颗政治原子弹在社会主义阵营形成了巨大的冲击波，使社会主义阵营的离心倾向趋于表面化和明朗化，而西方一些曾经迷恋苏联共产主义的知识分子也从此打消了幻想。而在意识形态领域，马克思主义意识形态化后的后遗症也日益凸显。在马克思主义被形而上学地确立为正统信仰体系之前，俄共布党内的理论家曾群星璀璨，然而在此之后，本来充满生机与活力的马克思主义却日益教条化，与马克思的本意，与人民的真实思想，与现实革命和建设之间的距离越拉越大，最后蜕变成一种马克思所强烈批判的"虚假意识"。而苏联理论界对于这种状况的反思并没有恢复马克思主义与时俱进的理论品质，而是把问题归结于领袖的人格缺陷，最后使人道主义成了苏联共产党意识形态的灵魂与核心。1960年3月，苏联《共产党人》杂志提出，社会主义以关心人为最高原则："人道主义、人性是社会主义国家活动的主导原则之一。"[①] 戈尔巴乔夫就任总书记后提出"改革与新思维"，实质上并非什么新思维，而是秉承了这种人道主义的衣钵。以人道主义为核心的意识形态不但钝化了马克思主义意识形态理论对资产阶级意识形态的批判锋芒，而且最终成了资产阶级意识形态的同路人。在意识形态的理论研究日益贫乏的同时，苏联高度集中的政治、经济、文化模式也逐渐暴露出严重的内在缺陷，对科学技术革命应变不力，对市场信号反应不灵，对人民的积极性、主动性和创造性严重压抑，这就使苏联的经济、社会、科技发展在与美国的对峙中开始显露败迹。

　　在20世纪五六十年代以苏联为首的社会主义阵营发生以上变化的同时，西方资本主义国家在科学技术革命的刺激与推动下，生产力水平不断

---

　　① 李延明：《基本理论和基本路线在苏联演变中的作用》，《国史研究参阅资料》（9），当代中国研究所办公室编，1993年，第9~10页。

提高，经济发展进入了资本主义发展的"黄金时期"。在经济发展的同时，其社会结构、阶级结构不断分化，阶级矛盾趋于缓和，传统的产业工人阶级反对资产阶级的斗争走向委靡。面对冷战格局下东西方阵营的这种变化，西方右翼知识分子从反马克思主义的顽固立场出发，认为共产主义的幻想已经破灭，资本主义的意识形态在与共产主义、马克思主义的对抗中已经胜利，从而在国际范围内掀起了一鼓"意识形态终结"的思潮。1955 年，西方右翼知识分子在米兰召开了一次"争取文化自由大会"，其矛头直指共产主义思想的传播。雷蒙·阿隆在其《知识分子的鸦片》一书中，从露骨的反共立场出发提出意识形态是否已经终结的问题成了这次大会的主题。在他看来，"意识形态的终结"应该意味着马克思主义对广大居民阶层，首先是对知识分子影响的终结。① 作为五六十年代西方意识形态终结论的主要代表丹尼尔·贝尔，一方面对 20 世纪的革命运动，尤其是无产阶级的革命运动表现出近乎本能的厌恶和恐惧，"社会主义的神话已经变成了一个幽灵"②，认为建立一个常规的市民社会比建立一个反常的无产阶级专政的国家更加符合 20 世纪后半个世纪的世界状况，因而极力鼓吹意识形态的终结。另一方面，又指出："正当 19 世纪旧的意识形态和思想争论已经走向穷途末路的时候，正在崛起的亚非国家却正在形成一些新的意识形态以满足本国人民的不同需要。"③ 因此，贝尔等人所鼓吹的意识形态的终结并非指意识形态本身的终结，而是指"左"派意识形态特别是马克思主义意识形态的终结，具有极其鲜明的反马克思主义的政治倾向，正如阿尔肯指出："我们当代西方反意识形态者的主要靶子是马克思主义。预言意识形态的终结也是他们所梦想的马克思主义的终结。"④ 在东西方冷战格局背景下兴起的这股意识形态终结论的思潮，既是冷战在观念上的反映，又是西方右翼知识分子参与冷战的一个理论武器、招牌和口号。在不同历史条件下，意识形态终结论虽然以"不战而

---

① 参见《现代外国哲学文选》1984 年第 2 期，第 33 页。

② ［美］丹尼尔·贝尔著，张国清译：《意识形态的终结：五十年代政治观念衰微之考察》，江苏人民出版社 2001 年版，第 501 页。

③ 同上书，第 463 页。

④ H. D. Airken：《反抗意识形态》，载于 C. Z. 瓦克斯曼编《意识形态终结的辩论》，第 237 页。

胜论"、"社会主义失败论"、"历史终结论"、"文明冲突论"等话语出现，但却一以贯之地体现了反马克思主义、反社会主义的逻辑路线和冷战思维。尤其是 20 世纪八九十年代出现的意识形态终结论思潮，由于全球社会主义走向低谷，贝尔认为"我们正处于新一轮打消对共产主义世界抱有幻想的时期"①，因而在给人们展现出西方资本主义歌舞升平的伪黎明幻象、以居高临下的姿态颐使全球的同时，其反马克思主义的色彩也更加浓厚。

二、科学主义

"科学主义"（Scientism，国内又译为"唯科学主义"）是源于西方社会的一种独尊自然科学、贬低甚至否定非科学主题价值的信念或思潮。据学者刘明根据权威的韦氏英语大词典考证："科学主义是指自然科学的方法应该被用于包括哲学、人文科学和社会科学在内的一切研究领域的理论观点，和只有这样的方法才能富有成果地被用来追求知识的信念。"② 作为一种广泛的社会思潮，科学主义的意蕴主要有两个方面：一是自然科学知识是人类知识的典范，它可以推广并用来解决人类面临的所有问题。二是自然科学的方法应该用于包括哲学、人文学科和社会学科在内的一切研究领域，并规范这些学科的内容。

在人类文明的早期，自然哲学是一切知识的总汇，科学只是自然哲学的一部分，到中世纪，在宗教神学的淫威之下，科学俯首称臣，直到文艺复兴时期，科学与人道主义并肩作战，砸碎了神学的至高地位，科学也由昔日的奴仆成为了新的上帝。到 18 世纪，科学的观念已在西方人心目中深深扎根，并在社会生活中取得了举足轻重的地位。到 19 世纪，由于三个方面的原因：一是以牛顿力学为基础的经典科学此时已基本建成，已能对自然现象给出大致协调一致的解释。尤其是像海王星这种"笔尖上的发现"被观测到以后，更使人们相信，自然科学知识就是关于自然的实际知识。二是将自然科学的方法适当加以推广移植获得了巨大成功，比如，将力学和物理学中形成的把观察实验与数学推导相结合的研究方法推

---

① ［美］丹尼尔·贝尔著，张国清译：《意识形态的终结：五十年代政治观念衰微之考察》，江苏人民出版社 2001 年版，第 506 页。

② 刘明：《试论科学主义及科学主义批判》，《自然辩证法研究》1992 年第 5 期。

广到化学、电磁学等领域都取得了成功，更使人们增强了自然科学方法无所不能的信心。三是自然科学通过技术释放出来的巨大能量大大改善了人类的生活，给人类带来了极大的实惠。总之，"科学的成功把哲学家们催眠到如此的程度，以致认为，在我们愿意称之为科学的东西之外，根本无法设想知识和理性的可能"①。正是在这种情况下，科学逐渐被人们认为是全知全能的上帝而受到崇拜，似乎科学能解决所有的问题，对科学作用的重视与崇拜日益泛化为一种科学主义思潮。15世纪的科学主义者们宣称要以自然科学为典范，去改造其他知识领域。虽然学术界一般都认为科学主义发端于培根的"知识就是力量"和他对归纳方法的推崇以及他对知识的分类②。但是，培根哲学中的科学主义思想至多只是一种倾向和萌芽。据学者李醒民考证，"科学主义一词在英语世界出现于1877年"③，最初是指一种侧重于科学方法万能论的思潮。作为一种哲学形态，19世纪初，孔德及其实证主义哲学是其滥觞。按照孔德的实证原则，除了以观察到的事实为依据的知识外，没有任何真正的知识。具有自然科学特征的实证主义哲学是唯一超乎唯物主义和唯心主义之外的科学哲学。伴随着实证主义的兴盛，科学主义观念日益越出科学的疆域，向所有人文社会科学领域渗透，任何学科如果拒绝科学主义的渗透，就被指责为非科学。这种摈弃形而上学、独尊科学的唯科学主义思潮导致了20世纪以逻辑实证主义为主的唯科学主义思潮的泛滥，后来又进一步演化为逻辑经验主义。继科学经验主义之后，证伪主义学派的代表人物波普尔又将证伪标准作为科学与非科学的界定标准，而且外推至社会科学领域，用来否定历史决定论，以试错法构造渐进的社会工程，将资本主义社会看成永恒的开放社会，这是第二次世界大战后科学主义的重要表现。同时，随着西方资本主义国家在第二次世界大战后进入一个科学技术和工业经济空前高速发展的时期，科学技术淋漓尽致地显示其无所不在的巨大威力。虽然科技进步导致了一系列的问题，使技术悲观主义曾盛极一时，但是对于科学技术的乐

① ［美］希拉里·普特南著，童世骏译：《理性、真理与历史》，上海译文出版社1997年版，第196页。

② 刘明：《试论科学主义及科学主义批判》，《自然辩证法研究》1992年第5期。

③ 李醒民：《有关科学论的几个问题》，《中国社会科学》2002年第1期。

观情绪仍然占据社会思潮的主导地位，西方大多数人仍然陶醉于后工业社会的发达文明之中，于是哲学界又出现了要求将哲学吸收进科学的呼声，他们主张随着现代科学的发展，哲学可以归结为某一自然科学，可以以科学代替哲学，对于这一思潮国外学术界称之为新科学主义，其代表人物是蒯因、丘兰奇等。20 世纪六七十年代之后，随着后现代文化思潮的兴起，人们开始怀疑科学主义是否真的是拯救人类的灵丹妙药，科学主义成了人们反思的对象，但仍然具有很大的渗透力，并有人为地上升为意识形态的趋势。法兰克福学派的代表人物哈贝马斯所说的科学技术异化为意识形态就是针对这种情况来说的。

尽管科学主义在不同哲学体系中有不同表现形式，在其演进过程中也出现了众多流派，但是，追求科学认识的绝对真理性、科学方法的普遍有效性和科学价值的无限至上性是其理论基点。这一基点又通过其科学观、哲学观、价值观得以体现。科学主义的科学观的总特征是推崇自然科学和相信科学方法，其观点主要有：第一，信仰科学是合乎理性的；第二，信奉科学知识是客观的；第三，确认科学是程式化的事业，追求一种终极的科学方法是一切科学主义者的企图；第四，相信科学和科学方法可以推广到一切领域；第五，主张科学的价值是至上的。科学主义的哲学观拒绝形而上学，力图使哲学科学化，主张用确定、精确、严格的逻辑判断和明晰的科学模式来回答认识论的问题，追求科学方法的统一性与普遍性，科学主义的价值观把科学作为评价事物和其他文化样式的标准，科学是知识合理性的评判标准，又是知识合法性的衡量尺度，文学、艺术、宗教等因为不具备科学的特征而被排除在知识领域之外。科学成了社会发展的主导力量，是调节和改善社会关系的唯一有效的指导思想。在科学主义的形式下，科学被顶礼膜拜成为信仰的对象，它以科学至上和科学万能的观点武装人，以科学的方法要求人，以科学的标准评判人，科学主义视野中的科学成了另一种意义上的宗教或类宗教。

科学主义思潮无论是对西方马克思主义的意识形态理论还是对西方自由主义的意识形态理论都产生了不可忽视的影响。正是沿着科学主义的逻辑路线，现代西方哲学中的意识形态概念被规定为与科学、真理相对立的精神范畴。因而无论是西方自由主义还是西方马克思主义都对意识形态概念基本上持否定态度，只不过西方自由主义将意识形态的标签主要贴在马克思主义和共产主义的头上而加以批判并宣布其终结，而西方马克思主义则侧重于对发达工业社会意识形态的批判。20 世纪西方社会出现的意识形态终结论思潮在理论上就受到了科学主义的支持。从第二次世界大战后的 50 年代开始，随着科学技术的迅猛发展，资本主义黄金时期的到来，科学技术的社会功能发生了巨大变化，许多传统的界限和疆域在科学技术的冲击下已荡然无存，科学技术以无形的方式渗透于大众的日常生活与思维方式之中。在科学主义思潮的驱动下，整个西方，从理论家到政治家，从学术界到社会生活领域，对科学技术的赞誉之声不绝于耳，而视意识形态为消极之物，认为它只是反映特定阶级的偏见和充满诱惑的幻想，它只能使人们固执己见，相互攻击，造成社会秩序的混乱和阻碍文明的进步与社会的发展，因而必须从根本上加以排斥和终结。正是由于科学技术的发展所带来的物质文明的巨大发展，西方众多知识分子从 20 世纪五六十年代开始，逐渐放弃了激进理想和革命立场，鼓吹"意识形态终结论"，从丹尼尔·贝尔到亨廷顿，从民主社会主义的多元思想到"第三条道路"，其主导思想都是不谈政治、主义，只关注现实和具体问题。而冷战后西方国家一些政党为了争取选民、上台执政，也提出"淡化意识形态"和"淡化左右之争"的主张。总之，在东西方冷战的大格局下，西方科学技术的发展及其所取得的巨大成就，使科学主义思潮在 20 世纪继续获得了延续和发展的意义空间，西方右翼自由主义知识分子沿着科学主义的逻辑路线得出了与意识形态终结相关的三个结论：

第一，西方科学技术的巨大优势与威力为资本主义的统治提供了合法性辩护，从而在西方知识分子中结束了何种制度更优越的讨论，激进知识分子手里已没有可以说服人的真理，西方知识分子对于有关共产主义与资本主义的争论已失去热情，人们对于资本主义的优越性及其光明前景深信不疑。因此，贝尔指出："古典自由主义已经不再反对国家不应在经济中起作用，而保守主义也不再认为福利国家是通往奴役之路，知识分子已经对接受福利国家、混合经济体系和多元政治体系达成了共识，已不再去考虑其他发展模式和政治体系了。"① 在这个意义上，"意识形态这个术语的

---

① ［美］丹尼尔·贝尔著，张国清译：《意识形态的终结：五十年代政治观念衰微之考察》，江苏人民出版社 2001 年版，第 467 页。

史学解释已经丧失了其语境，存在的只是充满恶意和令人厌恶的遁辞，而不是清晰的概念"①。

第二，科学技术所带来的巨大成就终结了马克思主义关于阶级斗争的论述，不但在西方社会的内部已没有重大的社会矛盾和冲突，人们对资本主义的反抗、否定和批判都消解于科学技术所带来的巨大物质文明之中，而且，资本主义的市场经济与民主政治模式凭借科学技术的巨大优势已获得了全球性的普遍认可，而"社会主义的神话已经变成了一个幽灵"②。

第三，科学技术的发展引起了社会结构的新变化，产业工人阶级已难以承担改造社会的生力军的角色，马克思主义的社会发展理论，无产阶级专政理论已经失败，资本主义与社会主义正在日益趋同。

如果说西方自由主义者是陶醉于科学技术的辉煌成就而沿着科学主义的逻辑路线得出了"意识形态终结"的命题，那么，西方马克思主义则是由于对意识形态大多采取否定性理解，把意识形态看作是科学、真理相对立的事物（卢卡奇除外）而得出意识形态终结的结论。他们认为，在资本主义社会，信仰、大众文化、艺术、法则等哲学、道德、宗教的活动都是从对资本主义的整个社会框架的认可和接受出发的，因而都具有意识形态性质。古典资本主义时代所具有的意识形态主要表现为政治意识形态的形式，主要是由阶级利益制造的骗局与政治空想等。而在晚期资本主义，由于科学技术的不断发展与应用成为了保持经济增长的唯一手段，而经济的合理性又成为社会政治合法性的根基，这样，科学技术就取代了传统的意识形态，成了社会统治合法性的基础，传统的阶级对抗已不存在，传统意识形态的冲突已经结束。而科学技术发挥意识形态功能时采取的是一种非政治化的形式，渗透于广大居民的意识中，从而造成了当代西方社会的"一体化"倾向，对资本主义的批判之声消失了，重大社会矛盾缓和了，因为虽然"人们可以看到客观上多余的压制。但是，这种压制又可以自相矛盾地从人民群众的意识中消失，因为统治的合法性具有一种新的性质，即'日益增长的生产率和对自然的控制，也可以使个人的生活

---

① ［美］丹尼尔·贝尔著，张国清译：《意识形态的终结：五十年代政治观念衰微之考察》，江苏人民出版社 2001 年版，第 519 页。

② 同上书，第 501 页。

愈加安逸和舒适'"①。这样，西方马克思主义从"意识形态批判"走向了"意识形态终结论"。其代表人物是马尔库塞和哈贝马斯。

西方马克思主义肇端于 20 世纪 20 年代，其创始人是卢卡奇、葛兰西等人，其关注的焦点是资本主义进入垄断阶段以后人的存在、人的命运和人的出路问题，具有浓郁的人本主义旨趣。从整体来说，西方马克思主义理论是一种社会批判理论，这一理论的出发点是"渴望一种更加美好的生活和正当的社会，不愿顺从现存事物的秩序"②。而其批判理论的核心思想是通过意识形态批判来体现的，因为西方马克思主义把意识形态看作是发达工业社会批判的核心，意识形态批判也就成为社会变革的先决条件。第二次世界大战以后，西方马克思主义中影响范围最广、人数最多的法兰克福学派以一种否定的态度对发达工业社会的意识形态进行了最为彻底的批判。资本主义进入垄断阶段以后，科学技术功能的日益强化，科学主义思潮的影响与日俱增，科学技术理性渗透到社会生活的整体领域，并成为了社会生活方式，从而具有了意识形态功能。"关于科学技术是意识形态的论断，霍克海默早在 20 世纪 30 年代初就已明确表述过"，"马尔库塞也在很多地方提及类似于科学技术作为意识形态的观点"③。马尔库塞通过对于理性自身嬗变为"肯定理性"、"技术理性"这一逻辑过程的分析，得出了这样一个结论，即技术理性与肯定理性是极权主义产生的土壤。马尔库塞在其名著《单面人》中指出，一个社会的思想应当是开放的、多向度的，既有建设性的、肯定的、积极的方面，又有破坏性的、否定的和批判性的方面，但是，在发达资本主义社会，由于科学技术的功能向社会各个领域渗透并成为社会统治的合法性基础，执行着意识形态的功能，它同化了所有反对派别和反抗力量，压制了一切与资本主义不协调的声音，成功地消除了否定性、批判性的力量，因而当代资本主义社会演变成一种新型的极权主义社会，其思想是"单向度"的，"以技术为媒介，文化、政治和经济合并为一种无所不在的制度，这种制度吞没了或排斥了

---

① ［德］哈贝马斯著，李黎、郭官义译：《作为"意识形态"的技术和科学》，学林出版社 1999 年版，第 40 页。

② ［德］霍克海默著，李小兵译：《批判理论》，重庆出版社 1993 年版，第 4 页。

③ 衣俊卿等：《20 世纪的新马克思主义》，中央编译出版社 2001 年版，第 259 页。

所有选择"①。由于在科学技术的刺激下，生产力和物质财富每天都在增长，生活水平和社会福利不断提高，人们虽然处于被奴役状态之中，但是对现状非常满意，从而滋长了一种"幸福意识"，即"相信现实的就是合理的，并且相信这个制度终会不负所望的信念"②。与之并行的就是"顺从主义"，即人们没有能力拒绝资本主义带来的高标准的生活方式，没有能力拒绝日益增加的金钱、舒适和享受，资本主义通过满足个人需要，使社会与个体的利益目标实现"一体化"并深入心灵的层次，人们根本就没有任何试图改变现实的愿望。这样，传统的政治意识形态终结了，阶级对抗不存在了，一个以科学技术统治为基础的合理的极权社会形成了，科学技术承担起了传统意识形态的功能从而发挥着"思想灌输与操纵的作用"。

哈贝马斯传承了马尔库塞关于科学技术执行着意识形态功能的思想，在他1968年出版的论文集《作为"意识形态"的技术与科学》中明确指出：在晚期资本主义社会，科学技术就是意识形态本身，社会统治的合法性是通过科学技术的成果与惊人的发展速度来获得的。"因为现在，第一位的生产力——国家掌管着的科技进步本身——已经成了［统治的］合法性的基础。［而统治的］这种新的合法性的形式，显然已经丧失了意识形态的旧形态。"③ 这种技术统治论的意识形态同以往一切旧意识形态相比不再具有多少意识形态性质，因为它不再具有虚假的意识形态的要素和看不见的迷惑人的力量。与马尔库塞不同的是，哈贝马斯认为科学技术作为意识形态、发挥作用的方式与传统意识形态是不同的，传统的意识形态在资本主义社会已成为一种陈词滥调，科学技术的意识形态为统治进行的辩护或论证的方法是非政治化的，它要求广大人民群众做到事不关己，高高挂起。他说："在我看来，更为重要的是，技术统治论的命题作为隐形意识形态，甚至可以渗透到非政治化的广大居民的意识中，并且可以使合

① ［美］赫伯特·马尔库塞著，左晓斯译：《单面人》，湖南人民出版社1988年版，第11页。

② 同上书，第84页。

③ ［德］哈贝马斯著，李黎等译：《作为"意识形态"的技术与科学》，学林出版社1999年版，第68~69页。

法性的力量得到发展。"① 马尔库塞与哈贝马斯关于科学技术意识形态化的论述中实际上暗含着意识形态终结的思想，归纳起来主要有三点：第一，资本主义以公平交换观念为核心的旧意识形态已经终结，科学技术已取而代之。第二，科学技术的迅速发展与巨大成就导致广大群众生活的非政治化，产生了顺从意识和幸福意识。第三，科学技术导致了政治的技术化倾向，意识形态政治逐步过渡为科学技术政治，科学技术成了现代社会统治合法性的基础。使旧意识形态宣传失去了作用和吸引力。

应当指出，西方自由主义所说的"意识形态终结"是针对马克思主义、社会主义的，其着眼点是美化资本主义制度，而西方马克思主义则是针对科学技术承担其传统意识形态的功能，其着眼点是进行意识形态批判。两种意识形态终结论的共同点是都具有科学技术功能日益强化，科学主义思潮广泛兴起的背景。

三、非理性主义

由一代哲学天才克尔恺郭尔及其他一些思想家发轫的西方非理性主义哲学思潮曾对西方几代人思维方式的转变产生了广泛而深刻的影响。尽管在非理性主义家庭内部众说纷呈，有激进派、温和派和保守派之分，但在批判和非难传统理性这一点上则是一致的。一百多年来，特别是在第二次世界大战以后，随着后现代主义思潮的奔腾而起，非理性主义对理性的批判由零散的、不相关联的批判发展为日益系统的批判，由涓涓细流最终汇聚成颇具声势的非理性主义大潮，表现出舍得一身剐、誓把理性拉下马的气势。

非理性主义对理性主义的批判主要在两个维度上展开：首先是从认识论上挑战理性的权威。自启蒙运动以来，理性主义有一个不证自明的假定：人是理性的动物，理性是人的本质，理性具有至高无上的权威。洛克将理性看作指导所有事物的大法官，费希特也断言："人类尘世生活的目的即是用依照理性的自由，去把所有人类关系都安排得井井有条。"② 理性主义哲学家对理性的崇拜，在非理性主义者看来是一种"绝对真理的

① ［德］哈贝马斯著，李黎等译：《作为"意识形态"的技术与科学》，学林出版社 1999年版，第 63 页。

② 转引自霍克海默著，李小兵译《批判理论》，重庆出版社 1989 年版，第 73 页。

幻想"，理性的自立为王，是与它以绝对真理的化身自居相联系的。尼采将其讥讽为"幻影崇拜症"，当他宣布"上帝死了"的时候，也意味着宣告了绝对真理的终结与理性的死亡。尼采认为，对理性体系的迷恋是孩子气的，不成熟的表现。因为人的存在是变动的、开放的，而体系是封闭的，理性、真理的体系一旦形成，思想自身就成了理性与真理的囚徒。

　　针对黑格尔等理性哲学家产生的"绝对真理的幻想"，早期非理性主义侧重于从认识论上颠覆理性的权威，在非理性主义者看来，理性主义哲学家们的认识论错误在于他们把理性这样一种有限的东西自觉不自觉地夸大为可以说明一切、解释一切、宰制一切、创生一切的无限的东西。海德格尔认为，传统的西方形而上学本体论哲学，一向从现成的，被规定了的东西——"在者"入手来讲本体论，而哲学家们在谈论"在"时，实际上是指存在着的东西即"在者"而不是"在"本身。这样，形而上学从开端到终结都将"在者"与"在"相混淆。虽然传统哲学家都将哲学研究的对象定格为无限物而不是有限物，但是由于都从"在者"入手来讲本体论，因而他们的无限物归根到底是一种有限物。因为，"在者"是有限的，而"在"是无限的。这就势必扭曲事物的本来面目，理性的无限权威就是建立在对非理性的压制与扭曲基础上的。柏拉图认为理性是灵魂中最名贵的、不朽的部分，斯宾诺莎认为理性只有克服了非理性才能达到自由。然而，非理性主义者认为理性并没有至高无上的权威性，理性并非人的本质，弗洛伊德的精神分析学证明，统一的理性人是由原我、自我、超我三部分组成的，"我们"是由无法控制的力量即非理性的东西统摄着的。在认识论上颠覆理性的权威之后，以混沌、流动、无序为特征的各种非理性的东西，如尼采的"权力意志"、海德格尔的"思"、拉康的"欲望"等纷纷走向了前台。

　　非理性主义对理性发难的第二个维度是批判理性的工具价值的有限性。在理性主义那里，理性既是研究对象又是研究方法，非理性主义指出：作为对象的理性在形式上是无限的，而本质上是有限的，因此，作为方法的理性在本质上也注定是有限的，而理性主义思想家却把这样一种有限的方法夸大为无限的甚至是唯一的认识方法。柏格森指出：传统理性主义思想家都犯了"一种根本性的错误，认定任何一种认识都必须从一些有固定界限的概念出发,才能用这些概念去把握流动的实在"①。正如胡塞尔指出:"所有要求作为一门严肃科学的当代哲学,都认为一切科学,包括哲学,只有一种共同的认识方法,这几乎已成为老生常谈。这种信念完全符合十七世纪哲学的伟大传统,这种信念认为,对哲学的所有拯救都依赖于这一点,即:哲学把精密科学作为方法楷模,首先把数学和数学的自然科学作为方法的楷模。"② 比如,斯宾诺莎将几何方法搬到哲学中来并将其视为唯一正确的方法。即使对斯宾诺莎持批判态度的黑格尔也将自己的方法绝对化了,他声称哲学的目的即在于用思维和概念去把握真理,从而武断地排除了一切非理性的方法。对此,非理性主义通过强调非理性的情感思维和直觉方法提出了强有力的挑战。与黑格尔同时代的叔本华就对理性方法的万能性提出了质疑:"如我们已经看到的,人类虽有好多地方只有借助于理性和方法上的深思熟虑才能完成,但也有好些事情,不应用理性反而可以完成的更好些。"③ 海德格尔对理性主义把哲学变成一种从最高原因来进行说明的技术也表示愤慨,他认为要少说些哲学,多注意去思,其心中真正的哲学应该是用"超常的方法"对"超常事物"作"超常考察"的学问。在超越了理性主义的证明的、概念的、体系的有限方法之后,海德格尔进入了诗的、非概念的无体系的领域。

第二次世界大战以后,非理性主义从认识论和方法论的双重维度上对理性权威的诘问与责难随着后现代主义的真正崛起而得以薪火相继。由于后现代主义是以反现代性的面目出现的,而理性又是现代性的重要旗帜,因此,尽管后现代主义流派纷呈,但在对待理性的问题上都继承了非理性主义的衣钵。这里需要明确的问题是,后现代主义为何沿着非理性主义的逻辑路线提出了意识形态的终结呢?这主要因为意识形态概念的降生是近代资产阶级思想解放运动的产物,是颠覆神秘主义的结果。在非理性主义者看来,意识形态体现了启蒙的精神,恪守着理性的信仰,是对社会进行的理性渗透。因此,对理性主义在认识论与方法论上的批判与非难必然要

----

① 洪谦主编:《西方现代资产阶级哲学论著选辑》,商务印书馆1982年版,第147页。

② [德]埃德蒙德·胡塞尔著,倪梁康译:《现象学的观念》,上海译文出版社1986年版,第25页。

③ [德]叔本华著,石冲白译:《作为意志和表象的世界》,商务印书馆1982年版,第100页。

波及到意识形态。同时，第二次世界大战以后，随着冷战在各个领域的展开，西方右翼自由主义知识分子在意识形态领域掀起了意识形态终结论思潮，矛头直指马克思主义和斯大林模式，他们将马克思主义和苏联共产主义称之为极权主义的意识形态而试图予以终结。这样，后现代主义中的非理性主义者在政治上对理性的极权性和压迫性的揭露，对于西方此时出现的意识形态终结论思潮就起到了推波助澜的作用。后现代主义在认识论层次上将理性与权力、极权主义相联系，是其理性批判的重要特点，在《理性的黯淡》中，霍克海默指出，在理性话语的核心包含着一种暴力的因素、一种极权主义的因素，正因为理性自身这一毒瘤的存在，使最初作为神话的解毒剂而出现的理性最终转变成一种新式神话、一种奴役人的力量。另一位后现代主义者福柯通过考察不被传统哲学家所注意的领域——"疯狂"后指出，一部疯狂史，就是一部残酷监禁、野蛮驱逐疯人的历史，是人类以理性的名义对无理性的疯人进行血腥镇压的历史，理性面南而王的时代，正是对非理性的压制达到巅峰状态的时代。后现代主义者在认识论上展开对理性的批判时，在方法论上，也试图突破理性方法的一统天下，解构主义的后现代思想家德里达就从根本上摒弃了根据一种包罗万象的框架去提供某种探讨一切问题的统一方法的企图。对此，英国学者R. J. 安德森写道：德里达的抱负不是要构建某种普遍概念的体系，"而是要批判那种渴望这类图式的西欧思维方式。他采用的方法是非正统的，基本上是对本文和它们形而上学的假定的批判。他把这一程序称为'分解阅读'。他的写作风格也同样是非正统的。他利用双关语、笑话和不协调等文学手段把不能结合的意义结合起来，以便破坏和推翻本文和读者的假定，因此使他的论述常常变得无法理解。但这正是他想让我们认识的事物的一部分。条理清楚不是写作应该有的唯一美德，有时它甚至是有害的，因为条理清楚的表达与毫不费力的理解容易使我们相信语言是可以控制的。德里达还拒绝一般学术著作的常规束缚。他坚决向我们的期望挑战，从而突出暴露了我们阅读本文时的所作所为"①。正因为后现代主义思想家在认识论上都普遍认为西方理性必定导致使世界的知识与控制趋于极权化，在方法论上试图突破理性方法的一统天下的局面，而意识形态又与理

---

① 　R. J. 安德森，史亮译：《后结构主义》，《哲学译丛》1990 年第 6 期。

性之间又有着内在的逻辑关联，这就使后现代主义在理论上比雷蒙·阿隆、丹尼尔·贝尔等西方意识形态终结论者更进一步地论述了意识形态终结的问题。施奈德尔巴赫指出："传统意义上的意识形态始终是这样一种尝试，对于社会整体进行启蒙，进行理性渗透，证明出某种合理的东西。……这样一种努力今天已经不复存在，因为某种条件使它变得十分困难。"① 在后现代主义者看来，意识形态不仅是终结的问题，而且它早已不复存在，终结的不仅是意识形态，而且包括各种各样的乌托邦。最激进的后现代主义者让·博德里拉早在 1979 年就提醒人们不要再对意识形态抱有什么期待，"无论是革命乌托邦的实现，还是核爆炸事件，反正终点就在我们的身边"② 。这位激进的后现代思想家后来与 20 世纪 90 年代的另一位意识形态终结论者弗朗西斯·福山成了同路人，加入到保守主义的行列也就不足为奇了。总之，20 世纪后半叶崛起的后现代主义沿着非理性主义的逻辑路线，在批判、解构理性的过程中提出了意识形态终结的观点，这既为同期西方崛起的意识形态终结论思潮提供了重要的理论资源供给，又成了这一思潮的重要组成部分。

第二节　西方意识形态终结论思潮
演进的历史轨迹

20 世纪勃兴于西方的意识形态终结思潮围绕"意识形态终结"这一主题，利用人们浅层次的心理意识，产生了既连理相通，又各具特色的众多理论话语，从而形成了一条纵贯西方 20 世纪的意识形态终结论思潮的历史轨迹。如果从更宏大的历史视野来看，这一历史轨迹发源于黑格尔的历史终结论，经过 20 世纪初的帕累托、涂尔干、马克思、韦伯、曼海姆以及 20 世纪五六十年代的丹尼尔、贝尔、利普塞特等，到 20 世纪 80 年代末、90 年代初以福山的"历史终结论"、亨廷顿的"文明冲突论"的

---

① 转引自［德］塞巴斯蒂安·赫尔科默著，张世鹏译《后意识形态时代的意识形态》，《当代世界与社会主义》（双月刊）2001 年第 3 期。

② 同上。

问世为标志达到了高潮。根据这一思潮在不同历史时期的发展程度的不同，我们可以将这一思潮的发展划分为四个阶段：理论孕育期、理论探索期、思潮形成期和思潮复兴期。

一、理论孕育期

如果单纯从理论的角度来考察，黑格尔的"历史终结论"是西方意识形态终结论思潮理论孕育期的典型话语。

德国古典哲学泰斗黑格尔第一个自觉地从哲学历史观的角度，运用其辩证法，比较系统地提出了"历史终结论"。黑格尔认为，绝对理念或世界精神是世界历史的基础与本质，这种精神在历史中表现为"自由意识"，世界历史的发展就是"自由意识"的进步，世界精神自我发展，自我解放的过程就是自由意识不断向顶峰迈进的过程。在黑格尔看来，历史的终结不是可望而不可即的彼岸世界，而是一个可以实现并正在实现的过程。世界发展所要实现的终极之物就是精神的自由。正如太阳升起于东方，沉没于西方，世界历史的发展也开始于东方的中国，经过希腊王国、罗马王国，最后终结于西方的日耳曼世界。东方世界是历史的幼年时代，希腊世界是历史的壮年时代，而日耳曼世界是历史的老年时代。但在黑格尔看来，历史的老年不同于人的老年，"自然界的'老年时代'是衰微不振的，但是精神的'老年时代'却是充满成熟与力量"①。黑格尔以经典简朴而又充满诗意的笔调写道："历史是有一个决定的'东方'，就是亚细亚。那个外界的物质的太阳便在这里升起，而在西方沉没。这里同时升起那个自觉的太阳，撒播一种更为高贵的文明。"② 从此，整个世界都渐渐达到了西方的水平，达到了日耳曼世界所实现的原则。日耳曼世界实现了的"这个形式上绝对的原则把我们带到的历史的最后阶段，就是我们的世界，我们的时代"③。这就是黑格尔的西方中心主义，日耳曼民族中心主义的偏见所宣布的历史的终结。按照黑格尔历史终结论的逻辑，既然历史终结于日耳曼民族，那么人类意识形态的进化也将终结于日耳曼世界。正是在这个意义上，我们可以把黑格尔的历史终结论作为西方意识形

---

① ［德］黑格尔：《历史哲学》，生活·读书·新知三联书店1956年版，第154页。
② 同上书，第148~149页。
③ 同上书，第489页

态终结论思潮的理论母体。这也正是 20 世纪八九十年代弗朗西斯·福山在发表《历史的终结及最后之人》一书中引黑格尔为同道的原因。他指出:"对历史的这种领悟与伟大的德国哲学家黑格尔有着密切的联系。"①

由于历史的发展并没有按黑格尔预想的那样终结于近代社会,终结于日耳曼世界,资本主义也只是人类社会发展进程中的一个阶段,人类社会继续在资本主义的基础上向更高级的阶段迈进。因此,黑格尔的"历史终结论"也就成了历史烟云中的匆匆过客,并没有在现实中掀起惊人的波澜。但是,当历史进入到 20 世纪之后,特别是第一次世界大战以后,马克思主义已成长为在现实中与资产阶级意识形态相对立而存在的意识形态力量,于是,西方学者在与唯物史观相背离的路径上对于"意识形态的终结"进行了比较系统的理论探索,其中以帕累托、涂尔干、韦伯、曼海姆为典型,这种探索为 20 世纪五六十年代的意识形态终结论思潮提供了直接的理论支持。

二、理论探索期

意大利著名社会学家维尔弗雷多·帕累托(Vilfredo Pareto, 1848—1923)在其著作《普通社会学》中提出了"派生物"(Derivation)的概念。这里的"派生物"就是与意识形态概念的内涵大致相同的一个概念。帕累托认为,"派生物"划分为四种类型:一是"断言",指对事实做出的简单的判断;二是"权威",指从权威理论家、传统和习俗中获得的具有说服力的见解;三是"与情感或原则的一致",指与大多数人的感情或一般原则的一致;四是"口头证明",指口头上或书面上用语词作出的承诺或申辩。应当看到,帕累托的"派生物"尽管与意识形态概念的内涵大致相同,但是,他的"派生物"概念撇开了马克思所倡导的阶级分析方法,没有看到派生物与社会各阶层的关系,更没有提出社会各阶层是各种意识形态的主体,同时,他也没有关注到派生物的历史特性。因此,他实质上就否定了意识形态的阶级性与历史性特点,而去寻找超阶级超历史的永恒观念。而这正是后来西方右翼知识分子一方面宣布意识形态的终结,另一方面又极力鼓吹资产阶级意识形态永恒性的惯用手法,正是在这

---

① [美]弗朗西斯·福山著,黄胜强、许铭厚译:《历史的终结及最后之人》,中国社会科学出版社 2003 年版,代序第 2 页。

个意义上，我们可以将帕累托视为西方意识形态终结论的早期探索者之一。

　　与帕累托同时代的法国著名社会学家爱弥儿·涂尔干（Emile Durkheim，1858—1917）从价值判断与实在判断的角度表达了终结意识形态的思想倾向。在《价值判断与实在判断》一文中，他指出："当我们断定物体是重的或气体的压力与它的体积成反比时，我们是在做判断，这些判断仅限于表达既定的事实。它们说的是存在的东西，人们因而称它们为存在的或实在的判断。"① 这种判断与判断者本人在感情和观念上的好恶毫无关系，它们只是以完全客观的方式陈述事实。而"另一类判断的目的并不是关于事物本质的陈述，而是关于对一个有意识的评述者来是有价值的陈述，是关于这一主体赋予它们的有意义的陈述。人们把这样的判断称之为价值判断"②。当人们作出某种价值判断时，并不是某一事物自身自在地具有某种价值，而是指某一事物相对于判断者的理想而言具有价值和意义。涂尔干认为，当人们在观察研究与宗教、法、道德、美学、经济学、社会学等学科相对应的社会现象时，由于受判断者理想的导引而容易陷入具有主观倾向性的价值判断之中。那么，如何避免价值判断中的主观倾向性呢？涂尔干认为只有理想具有科学性时，价值判断才具有客观性。涂尔干关于"价值判断"的思想实际上将具有特定价值倾向的意识形态归之于带有主观倾向性的价值判断范畴，而随着理想走向科学化，价值判断也将向客观化方向运动，因而带有价值倾向的意识形态也将走向终结。

　　如果说涂尔干从消解价值判断中的主观倾向性的角度蕴涵着对意识形态的否定，那么，同时代的德国社会学家马克斯·韦伯（Max Weber，1864—1920）的"价值中立性"学说则直接导致了"意识形态的终结"。在《"伦理的中立性"在社会学和经济学中的意义》一文中，马克斯·韦伯提出了"价值中立性"和"价值联系"的学说。韦伯认为，价值判断完全是根据个人主观上的情感与价值取向，在科学研究中，如果渗透了这种带个人倾向的价值判断，就不是严格的科学研究，因此，在社会科学的

　　① ［法］爱弥儿·涂尔干：《社会与哲学》，法兰克福1935年德文版，第137页，转引自俞吾金《意识形态论》，上海人民出版社1993年版，第201页。
　　② 同上。

研究中要撇开个人的主观臆想和情感，中止价值判断，本着完全尊重事实的态度从事科学研究，这就叫"价值中立性"。然而，在韦伯看来，社会科学的研究要完全撇开价值是不可能的，关键是要看撇开的是对谁有效的价值取向，如果是对个人有效的价值取向则是要撇开的，如果是人性中最高的、最内在的普遍有效的价值取向则是可以保留的，也是必须保留的。"只有这样的价值取向才不会与客观事物相冲突，只有当这些价值判断对我们表现是有效的，是从我们最高价值中得出的并且是在与生命现存的疑难的斗争中发展出来的时候，我们才能真正地采纳这些价值。"① 而韦伯所说的"价值关系"也就是社会科学研究者要自觉地同这种普遍有效的最高价值保持联系。韦伯的价值中立学说将矛头指向历史主义、功利主义和马克思主义，这一学说从三个方面直接导致了"意识形态的终结"。

第一，由于其价值中立学说主张科学研究要中止价值判断，而意识形态显然是一个具有阶级性、历史性的内含价值倾向的概念，这就将意识形态置于科学的对立面而试图予以终结，其后的实证主义者把意识形态与科学尖锐地对立起来，正是以此为滥觞的。

第二，韦伯主张在科学研究中撇开只对个人有效的价值取向，保留普遍有效的最高价值，这实质上是追求一种超阶级超历史的永恒观念，而意识形态从来就是一个具有阶级性、历史性的概念，这就必然导致以一种虚幻的抽象的所谓"最高价值"取代具体的、历史的、阶级的意识形态。

第三，由于资产阶级思想家极力给其自由、平等、民主的价值观念披上普世价值的外衣，因此，韦伯所要撇开的只不过是与西方资产阶级价值观念相对立而存在的意识形态，而将资产阶级意识形态却作为普遍有效的价值观念予以保留。正是在这个意义上，哈贝马斯认为韦伯的学说不但不能破坏意识形态的迷惑力，反而强化了它。

总之，韦伯的"价值中立性"与"价值关系"学说已经具有"意识形态终结论"的雏形理论图景，正如社会学家 T. 帕森斯认为，这一学说会导致意识形态的终结。而在韦伯提出"最高价值"、突出价值理性的时候，他也同时认为，自从近代西方社会开启现代化进程以来，出现了从强

---

① ［德］马克斯·韦伯：《社会科学方法论》，1949 年英文版，第 55 页，转引自俞吾金《意识形态论》，上海人民出版社 1993 年版，第 203 页。

调价值理性以实现最高理想到强调工具理性以谋求实现目标的有效手段的转变，各种价值理性遭到工具理性的无情去魅，这在客观上预示着意识形态的整体衰落是现代化进程的必然结果。因此，无论是从学术研究还是现实关怀的角度，马克斯·韦伯是西方社会较明确地涉及意识形态终结的思想家。

继韦伯之后，德国社会学家、知识社会学的创始人和代表人物卡尔·曼海姆（Karl Mannheim，1893—1947）是第一个系统提出意识形态终结论的西方学者。第一次世界大战后的西方世界，到处弥漫着悲观主义的情绪，知识分子阶层对现实政治陷入了普遍的失望和空前的迷茫，一些曾被认为是绝对的、永恒的、普遍的真理观与信仰体系愈来愈受到人们的普遍质疑。面对社会现实与思想理论的严重错位，西方学者都把目光聚焦于意识形态问题，以卢卡奇、葛兰西为代表的西方马克思主义者强调在西方工业社会里要取得革命的胜利就必须开展意识形态斗争，夺取意识形态的领导权，而以曼海姆为代表的知识社会学则企图把意识形态变为一种超阶级、超党派的形而上学的知识，淡化意识形态的阶级归属，从而退回到德国古典唯心主义的立场上去。

曼海姆虽然在意识形态的产生、内容和批判方法上传承了马克思意识形态理论的某些方面，但是他并不情愿扮演为马克思作注释的角色，因而在意识形态的价值、虚假意识等诸多方面背弃了马克思开启的革命性思路，而是按纯科学的意义来进行演绎。其理论对第二次世界大战后的意识形态终结论思潮产生了重要影响。那么，曼海姆又是怎样来阐述其意识形态终结的思想的呢？

首先，曼海姆通过对各种意识形态的含义分析整理后，提出了两种意识形态概念，即"个别的意识形态概念"（The particular conception of Ideology）和"总体的意识形态概念"（The total conception of Ideology）。他指出："'意识形态'这个术语一般来说存在两种独特的不可分离的意义——特定的意义和总体性意义。"[1] 前者是指他人或论敌为了从观念上掩盖其利益而提出的具有虚假性和可疑性的观点和陈述。"这些观念和表象是对手对一种情境的现实本性的，多少带有一些故意成分的掩饰，因为

---

① ［德］卡尔·曼海姆，艾彦译：《意识形态与乌托邦》，华夏出版社 2001 年版，第 66 页。

对于这种现实本性的真实认识不符合他的利益。这些歪曲不仅包括故意撒谎，而且还包括部分是故意的和不知不觉的掩饰；既包括精心策划的欺骗他人的尝试，也包括自欺。"① 后者是指一个时代或一个团队为了用观念维护其根本利益所持有的总体世界观及其要素。即一个时代或团队的总的意识结构。"在这里，我们指的是一个时代或一个具体的历史——社会群体所具有的意识形态。" 即它涉及的是"这个时代或者这个群体所具有的总体性精神结构的构成和各种特征"②。

其次，曼海姆又分析了这两种意识形态概念的异同。他认为，这两种意识形态概念的共同点在于它们都是从个体的或集体的主体存在状况出发的，都具有功能性的特征。它们之间的差异主要表现在三个方面。

第一，持个别的意识形态观念的人，只把对手的一部分断言称之为意识形态，而且只涉及这些断言的内容；而持总体性意识形态观念的人，则对其对手的整个世界观提出质疑，并且试图把这些概念当作他所参与的集体生活的某种发展结果来理解。

第二，持个别意识形态观念的人，只是在某个纯粹的心理学层次上对各种观念进行分析，在这种情况下，即使谣言被揭露，欺骗的根源被发现，这种意识形态的怀疑的目的仍然是不彻底的，仍然停留在心理的层面上。但在总体的意识形态那里，功能化的活动则出现在理论的层面而非心理学的层面。比如，当人们说，某一个时代生活在某一个观念世界中的时候，就意味着我们是生活在另一个观念的世界中。或者说，某一个历史的具体的阶层以与我们不同的范畴进行思维，在这里人们指的并非单一的特殊的思维内容，而是指整个确定的思想体系，指经验形式和陈述形式的一种类型，或指范畴体系的内容和形式。

第三，个别的意识形态概念主要带着一个利益心理学起作用，各种各样的利益是驱使人们说谎或掩盖事实的直接原因，而总体的意识形态则带着一个以前构成的、可能具有客观的结构联系的意向性的功能概念起作用，虽然也有利益的分析，但其与经济利益之间的关系是间接的，更重要的是理论思维的总体的结构。由于曼海姆研究意识形态的目的是要建立一

① ［德］卡尔·曼海姆，艾彦译：《意识形态与乌托邦》，华夏出版社 2001 年版，第 66 页。
② 同上。

门超阶级、超经济利益的关于意识形态的客观科学理论——知识社会学，因此，从知识社会学的角度看，个别的意识形态没有多大的研究价值，只有总体的意识形态才既有研究的价值，又有从知识社会学的角度加以改造和提高的可能。意识形态研究的眼光也应集中于总体的意识形态。

再次，曼海姆通过分析总体意识形态形成和发展的过程，提出了如何防止总体的意识形态蜕变成"虚假意识"的问题。曼海姆认为总体的意识形态概念是通过人类意识发展的三个主要步骤形成的。

第一步是在意识哲学中出现并完成的。如果人们从心理感受的角度看待世界，通常观察到的总是世界的无穷无尽的多样性，从而破坏了世界图式在本体论上的客观统一性，而意识哲学所要寻求的正是要从主体的角度来拯救世界图式的统一性。也就是说，通过意识哲学对心理层面的剥离，总体的意识形态概念开始在理论层面发挥作用。"当人们废除了这个世界的客观本体论统一体以后，他们便试图以不断进行感知活动的主体所强加的统一体取而代之。取代中世纪基督教关于这个世界的客观本体论统一体的，是已出现的启蒙运动的绝对主体的主观统一体——'意识本身'。""从此以后，这个世界作为'世界'，便只是在与不断进行知识活动的主体有关的情况下才存在，而主体的心理活动则决定这个世界的显现形式。实际上，这就构成了处于萌芽状态的总体性意识形态观念，尽管这种观念在这时尚不具备它那些历史学含义和社会学含义。"①

第二步是以黑格尔哲学为代表的将总体的意识形态概念历史化、具体化的阶段。在第一步中作为产生一切精神现象根源的主体还是抽象的，但黑格尔认为，世界图式从主体方面来看所具有的统一性并非超时间的，静止的，而是在历史生成过程不断转换的统一性。在启蒙阶段作为抽象的、超时间、超社会的统一体的一般意识，在历史生成过程中就具体化、历史化为不同时期的"时代精神"或"民族精神"，它的完成了的较高的统一就是黑格尔的世界精神。

第三步是人们创造这种总体性意识形态观念的最后和最重要的步骤，这一步骤是在历史——社会的运动中出现的，当"阶级"取代"民族"或"国家"成为不断历史地进化的意识的承担者时，民族精神的概念也

---

① ［德］卡尔·曼海姆，艾彦译：《意识形态与乌托邦》，华夏出版社2001年版，第75页。

就为阶级意识的概念取代，这种阶级意识就是"阶级意识形态"。曼海姆认为，由于马克思用"阶级"的概念取代了黑格尔的"民族精神"的概念，因而他不仅能解释历史上不同时代、不同民族的人们在意识上的差异，也能解释同一社会中不同人们之间意识形态的差异。随着个体意识形态概念消融于总体的意识形态概念之中，人们对意识形态的批判也从纯粹心理学的层面出发去批评敌对者的意识形态转向于从理论层面分析意识形态的总体结构是否正确。那么如何才能使总体的意识形态保持结构的正确性而成为科学呢？曼海姆认为，知识社会学是唯一的出路。

最后，曼海姆指明了一条把总体意识形态从困境中拯救出来，使之成为真正科学的道路与方法——知识社会学。曼海姆认为，尽管马克思提出了"阶级意识"，但他只达到了意识形态的"特殊领悟"，即只把敌对的观念看作是其利益、社会处境的产物，而没有达到对意识形态的"普遍领悟"，即把敌对和自身的观念都看成是利益和社会处境的产物，因为马克思主义只把资产阶级的思想当成一种意识形态来分析，而不把自身的思想也当成一种意识形态来分析，只看到资产阶级意识形态的虚假性，而没有看到自己理论的虚假性，因而它只是阶级斗争的工具，也是一种意识形态而非"真正的科学"。只有超越一切阶级，党派立场而达到对纯粹"存在"认识的理论才能是真正的科学。因此，要超越意识形态，使总体的意识形态保持正确性，就必须按照知识社会学的要求，先把一切知识都看作意识形态，再把意识形态中与阶级利益、政党立场相关的部分去掉，而挖掘和保留其中与阶级、政党无关的内容，从而实现意识形态概念的价值中立化，这就构成了知识社会学的全部内容。像曼海姆所指出的那样，通过"存在的联系的思维"这一术语，把意识形态概念的纯粹的知识社会学的内容从特殊的政治鼓动的框架中分离出来，才能达到对总体意识形态的普遍领悟。正是随着这种普遍领悟的出现，知识社会学从纯粹的意识形态学说中产生了。

总之，在20世纪20年代，曼海姆从知识社会学的角度传承了韦伯、涂尔干等人的"价值中立"思想，主张消解意识形态的阶级性、价值性，并将其与科学相对立，这种忽视意识形态的价值导向和阶级分析，夸大意识形态的知识性的思想倾向，必然导致意识形态的知识化，或者将意识形态等同为一般的社会科学，或者将意识形态贬斥为一种虚假的意识，这无疑为"意识形态终结论"开辟了一条理论通道。而且，在面对现实社会时，曼海姆也按其自身的逻辑论证了韦伯的观点，他认为，完整的理论正让位于务实的学说。他预料一个社会如果发展到较优越的工业化结构，能在一定程度上使底层的人生活得好一些，那么，因欲望得不到满足而谋求共产主义的下层阶级的冲动就会削弱，而不管这种优越的工业化的社会组织形式是在通过给下层人民一些权利从而能充分保障其较好的生活水平的资本主义社会，还是在共产主义社会都没有太大的区别，而知识阶层也将日益失去其意识形态与乌托邦的激情。当曼海姆所预见的这种社会趋势在第二次世界大战以后的西方社会似乎成为现实的时候，当人们在政治、经济、宗教方面不再相信各种价值理性的超凡魅力，而集中于世俗性的工具理性的时候，西方社会的意识形态终结论思潮就应运而生了。因此，曼海姆、韦伯等人在这一时期对意识形态理论的研究和探索无论是在理论上还是在实践中都对20世纪五六十年代西方社会兴起的意识形态终结论思潮产生了不可低估的影响。

　　三、思潮形成期

　　理论的本身并非思潮，但是理论是思潮的重要支撑，思潮是理论的现实表征。当一种理论掌握了相当规模的群众并产生重大现实影响的时候就会成为思潮。20世纪初期，韦伯、曼海姆等社会学家对意识形态终结问题的理论探索，在20世纪三四十年代，由于社会主义力量的壮大，西方资本主义的经济大危机，法西斯主义的兴起和第二次世界大战的爆发等原因，尚未形成具有社会影响的社会思潮，并一度归于沉寂。然而，到20世纪五六十年代，随着两极格局的形成和西方社会政治、经济、文化的一系列新变化，在利普塞特、贝尔等学者的推动下终于演化为一股颇具声势的社会思潮。身处冷战中的具有自由主义倾向的西方学者基于对斯大林模式控制下的苏联社会主义的恶感，同时看到欧美进入了相对和平的后工业社会发展阶段，出现了许多知识分子放弃了激进理想和社会变革立场的社会现象，因而再次提出了"意识形态终结"的论断。1945年，法国阿尔伯特·卡莫斯在批评法国社会主义党的"绝对乌托邦主义"时指出，意识形态是一种"欺骗"，已经宣告终结。因而在第二次世界大战后西方第一个使用了"意识形态终结"的提法。随后围绕着苏联和斯大林主义的前景与人类社会的未来，越来越多的东西方知识分子在世界范围内展开了一场规模浩大、影响深远的大论战。在论战中，加缪第一个使用"意识形态的终结"一语，他在 1946 年就提出意识形态已经走向了自我毁灭，在他看来，意识形态是一种骗人的把戏。这一论题被西方右翼加以重大发展。1949 年，克罗兹曼主编的《失败的上帝》一书收集了西方右翼学者对苏联社会中存在的虚假性的各种证明，1953 年，米洛兹在《被囚的心灵》一书中又证明了苏联知识分子教条化马列主义所导致的一些消极后果，于是一些西方学者明确地将攻击的矛头指向斯大林和当时的苏联，并把苏联的无产阶级专政与纳粹德国的法西斯主义相提并论。1955 年在米兰召开的国际会议上，阿隆、利普塞特、波拉尼、希尔斯、贝尔等人都一致认为，19 世纪的传统意识形态已经过时，已经被新的历史事实和社会条件所否证。正如利普塞特所说，会上谈论最多的是那个息事宁人的话题，即"意识形态的终结"。1956 年，赫鲁晓夫又全面披露了斯大林的重大错误，接着又发生了波兰十月革命和匈牙利的 1956～1957 年革命，这一切都为这一时期产生的意识形态终结论思潮推波助澜。在这样的历史背景下，利普塞特等学者提出要用"社会趋同论"和"科技治国论"等强调中性、功能性为特色的"新意识形态理论"来"终结"马克思主义和其他一些过于极端化、尖锐化地拥护资本主义制度的理论。他们认为：随着后工业社会的来临，"社会主义作为一种政治信仰已差不多被摈弃了……'法西斯主义'这个词已几乎丧失了它的恐怖……甚至连'民主'一词也已在失去它原有的神圣光辉……真正诱人的是对社会平等的允诺"[①]。"因为没有能使人折服的意识形态，社会现实便充当了指导自己的意识形态，故而意识形态和社会现实更以此种方式融合。"[②] 这一时期在西方兴起的意识形态终结论思潮中，雷蒙·阿隆与丹尼尔·贝尔是其典型的理论代表。

　　法国的雷蒙·阿隆（Raymond Aron）在法兰西那种过分热衷于主义之争的文化氛围中虽感到"身处边缘"，但是他在信念问题上却喜欢作出有关时代命运的终审判决，为此甚至敢于直接诉诸人的灵魂，为其提供这

---

　　① ［美］S. M. 利普塞特著，张华青译：《一致与冲突》，上海人民出版社 1995 年版，第101 页。

　　② 法兰克福社会研究所：《社会学面面观》，灯塔出版社 1972 年版，第 203 页。

样或那样有关自我拯救或群体拯救的许诺。虽然他的同窗萨特称他为那种同火热的历史运动似乎总保持着一段历史的距离的人，即使在第二次世界大战这种需要宣传的时候，他也能保持不带情绪的客观。但他在德国研习韦伯的经历却影响了他的一生，他认为一个学者首要的职责是讲明事实、传授知识，而不是编织和灌输信仰，因而他以"介入的旁观者"的角色成了西方工业社会"意识形态终结"的最早预言者之一。当然他所指的是从 50 年代开始发生在欧洲各国政党之间的事情，与许多左翼思想家抱着惋惜之情来谈论意识形态的终结不同，他对此由衷地欢迎。他相信韦伯所说的现代社会的合理性只能来自价值理性向工具理性的转换，这既是一个客观的过程，又是一种可喜的变化。"人们拒绝种化一个阶级、一种斗争技术、一种意识形态体系。"① 并不妨碍他们去追求一个比较公正的社会和一个不那么令人痛苦的共同命运。阿隆认为，二十世纪的种种罪恶的要害不在于大规模杀戮，而是在于为这种集体暴行进行合法性辩护的意识形态神话，阿隆认为意识形态这种知识分子的鸦片可以使法国杰出的才智之士失去判断，放弃常识，在意识形态极端化的环境里，人们就像被施了催眠术一样，莫名其妙地放弃了对集体行为独立的价值评判权，他们对日常行为的判断力只要一遇到历史的必然性和代表这种必然性的集体意识就甘愿臣服地宣布失效。阿隆向深陷意识形态泥潭的人们发出警告：政治还没有发现避免暴力的秘诀，而且，暴力一旦自认为是在服务于历史的绝对的真理，就会变得惨无人道。各种形式的极权主义有一个共同点，那就是他们都需要一种"特别接近真理的信仰体系"。为此，阿隆肯定怀疑主义的价值，并寄希望于怀疑论者能扑灭疯狂的崇拜之火，对各种模式和乌托邦的怀疑，至少能够减轻以信仰的名义而同类相残的可能。阿隆在《意识形态的终结？》一文中分析了现代社会中民族主义、自由主义和马克思主义三种主要的意识形态，他认为经济与军事相互依赖程度的加深，使民族主义正在弱化，自由主义因不能提供共同体的意识也正在走向失败。而马克思主义也正在走向消亡，因为，它是虚假不真的，它名义上是无产阶级的意识形态，实际上却是资产阶级知识分子在他们反对贵族统治的最后战斗中的武器，在社会主义国家中普通的工人仍然受着资产阶级统治精

① 冯克利：《阿隆与意识形态的终结：五十年代政治观念衰微之考察》，《读书》，1998 年。

英的剥削和压迫，因此，他得出结论，意识形态的社会结构基础业已消失。

　　美国社会学家丹尼尔·贝尔是推动这一时期意识形态终结论思潮的另一位著名理论旗手，在1960年出版的《意识形态的终结》一书中，他根据如下判断完整地比较系统地阐述了他的"意识形态终结论"。

　　第一，西方社会已不再是一个阶级社会，资产阶级与无产阶级的概念与内涵都发生了很大变化，资产阶级内部的自由主义与保守主义已经就重大政治问题达成一致与共识，"大众社会"已经取代阶级社会，家庭资本主义已经瓦解，国家已成为经济仲裁者的角色。因此，传统意识形态的争论已变得多余，应该存封于博物馆，根本没有存在的必要。对于曾经是意识形态实际承载者的激进知识分子而言，旧的意识形态已失去了其真确性与感召力，人们已不再相信可以规划一个蓝图并进而通过社会工程实现一个新的和谐融洽的乌托邦。

　　第二，从世界范围来看，法西斯主义、斯大林主义已告结束，资本主义与社会主义正在彼此接近并相互补充，并且趋向于发展成为本质上同一类型的社会，即后工业社会，在政治思想领域也在进行着这种趋同的过程，马克思主义作为一种"意识形态的偏见"正在瓦解，统一的社会知识将取代意识形态。

　　第三，科学技术的巨大进步，经济发展的辉煌成就使人们已厌倦空幻的意识形态之争。因此，贝尔写道："今天，在充满激情的话语旋风中，各种头绪纠缠在一起，而意识形态逐渐理清了推崇信仰意志，推崇教条主义或嘶喊的几乎每一个宗派——黑人权利的意识形态，新右派的意识形态，女权主义的意识形态。意识形态这个术语的史学解释已经丧失了其语境，存在的只是充满恶意的令人厌恶的遁词，而不是清晰的概念。意识形态已经变成了一个堕落到不可救药的地步的词汇。"① 他还引用著名的瑞典政治评论家赫尔伯特·廷格斯顿的见解来为自己佐证："重大的（意识形态的）争论……已经在各种事例中得到了清算……无论是在保守党中间，还是在自由党内部，古老意义上的自由主义已经死亡；社

---

　　① ［美］丹尼尔·贝尔著，张国清译：《意识形态的终结：五十年代政治观念衰微之考察》，江苏人民出版社2001年版，第519页。

会民主思想几乎已经丧失了纯粹马克思主义的所有特点……'社会主义'或'自由主义'这些实际的词汇正在蜕变为仅仅是一个空洞的称谓而已。"①

作为对 20 世纪五六十年代这股意识形态终结论思潮的反弹，在 60 年代中期和 70 年代，激进主义再度兴起，它包括以各种新左派形式出现的左翼政治和以少数民族、妇女、学生为主力的群众运动，西方学术界首先发起了对这股意识形态终结论的批判，并提出理论研究要变"非意识形态化"为"再意识形态化"，以解决社会道德信仰体系的缺失问题，大批新的意识形态理论也应运而生，并从不同的角度拓展着意识形态理论研究的范围，这在客观上表明了意识形态在西方工业社会不是终结了，而是仍然占据要津，意识形态终结论思潮也暂时平静下来。

四、思潮复兴期

20 世纪 70 年代末 80 年代初以后，西方发达资本主义国家在经历石油危机的打击与滞胀阴影的困扰以后，一度占据西方主流经济学地位的凯恩斯主义已黯然失色，而主张贸易自由化、价格市场化、财产私有化、全球一体化的新自由主义经济学成了政策设计的主要理论依据，资本主义国家主导的经济全球化进程进入了强势推进的历史新阶段，西方社会中，由于青年文化的出现，黑人权利运动的崛起，解放运动的泛滥和越南战争的爆发而导致的激进主义运动也转瞬即逝地走向了失败。凭借经济、政治、军事、科技等方面的优势，资本主义文化也披上了普世文化的外衣，对其他社会主义国家和发展中国家进行文化侵略，充盈着资产阶级意识形态的新自由主义全球化理论也成了全球化进程中的霸权话语。而其他发展中国家和社会主义国家由于理论准备不足，实践应对仓促，因而在经济全球化进程中陷入了被动应付、惨淡经营的局面。西方资本主义国家所极端敌视的社会主义国家在这一时期也发生了一些新的变化，苏联进入 20 世纪 80 年代以后在经济实力居于劣势的情况下与美国展开的军备竞赛更使其雪上加霜。1985 年，年仅五十四岁的戈尔巴乔夫就任苏共中央总书记后，提出改革与新思维，强调全人类的利益高于一切，推行其民主的人道的社会

---

① ［美］丹尼尔·贝尔著，张国清译：《意识形态的终结：五十年代政治观念衰微之考察》，江苏人民出版社 2001 年版，第 481～482 页。

主义。中国从十一届三中全会以后开始实现从以阶级斗争为纲向以经济建设为中心的转变，全方位实行对外开放。面对世界格局的这种变化，西方社会从政府到民间都普遍洋溢着一种盲目乐观的情绪，正如贝尔所说，他们认为又进入了一轮打消共产主义幻想的时期。这种盲目乐观的情绪促成了意识形态终结论思潮的复兴与高涨。

1988 年是这种思潮新一轮高涨的起点，这一年有三件标志性的事件值得一提。

第一是在 1988 年的法国总统选举前，美国《华盛顿邮报》1 月 31 日发表了该报记者发自巴黎的文章，标题是《法国的选举菜单：全是肉和土豆，没有意识形态的调味汁》。文章说，几十年来，法国各政党及其旗手在意识形态方面都是独树一帜的，一些政治家一向是靠意识形态方面的斗争和慷慨陈词而平步青云。可是这次选举中三位总统候选人在意识形态上并没什么差别，在总统选举辩论中，既无夸夸其谈的承诺，也没有政治纲领，选民们也比以前更注意其候选人的品格，而不怎么关注其意识形态。因此这是一次无意识形态的选举活动。选举结果是淡化意识形态和党派色彩，奉行"共处政治"战略的密特朗获胜，法国分析家认为，法国进入了一个"意识形态色彩柔和的"时代。这次选举正是当时世界范围内淡化意识形态倾向的一个缩影。

第二是就在法国总统选举的同年，丹尼尔·贝尔为纪念雷蒙·阿隆而写了《重读意识形态的终结》一文，在该文中，贝尔重温了《意识形态的终结：五十年代政治观念衰微之考察》一书写作的政治和思想背景，一一反驳了对于本书存在的五种不同层面的批评，再次肯定了意识形态终结的论点。他认为"这些批评都没有对有关结构变化的基本分析提出挑战"，正是"那些变化危及到了经典马克思主义的核心：马克思主义关于西方社会的描绘和预言，关于在资本主义条件下日益加深的经济危机和两极分化的阶级冲突的不可避免性的信念"[1]。同时，他非常明显地将矛头指向了马克思主义、共产主义。他认为，五六十年代马克思主义、社会主义意识形态的终结是由于其道德的、思想的、政治的理想的粉碎，而

---

① ［美］丹尼尔·贝尔著，张国清译：《意识形态的终结：五十年代政治观念衰微之考察》，江苏人民出版社 2001 年版，第 485 页。

"现在这种被迫承认的失败首先是经济的"①。在这里，贝尔以近乎侮辱的语言攻击布尔什维克和社会主义。他写道："借助于一种更高的道德的名义，布尔什维克撒谎、欺骗、处死了成千上万的人。在诋毁资产阶级民主为一个伪装的过程中，共产主义者同纳粹携起手来在 20 世纪 30 年代推翻了魏玛共和国。痛惜啊，痛惜，社会主义者从第二次世界大战期间及其后才知道，民主和法权是正常社会的不可侵犯的条件，并且，必然地，自由甚至务必先于社会主义。"②

　　第三是曾经作为美国总统的尼克松在 1988 年中发表了《1999：不战而胜》一书，提出了"不战而胜论"，这是一本在政策建议层面彻头彻尾地试图以西方自由主义意识形态终结马克思主义意识形态的著作，在该书中，他从美国的战略利益出发，回顾第二次世界大战后世界形势的发展，分析了美国与苏联对抗与对话过程中的利害得失、战略策略，顽固地坚持反共立场，攻击共产主义是极权主义，马克思主义已不能对世界提供什么新思想，是毒品，他力图表达的是，世界各国的意识形态都必将万流归宗、终结于西方自由主义的旗帜下，他指出："我们与苏联的竞争是军事、经济和政治性的，但美苏之争的根源在于意识形态。苏联想要传播共产主义和自由，而美国则想要阻止共产主义和传播自由。如果我们在思想意识中败北，则我们所有的武器、条约、贸易、外援和文化关系都毫无用处。"③

　　1988 年发生的这三件事情，预示着在全球化背景下一股影响更为广泛而深远的意识形态终结论思潮即将复兴和高涨。

　　1989 年，当苏联解体，东欧剧变尚未最后完成之际，美国前国家安全事务顾问布热津斯基发表《大失败——二十世纪共产主义的诞生和死亡》，他在书中断言，尽管苏联社会制度的表面胜利逐渐产生的重要影响，几乎把 20 世纪变成一个以共产主义的崛起和影响为主的时代，但由于共产主义在意识形态和体制两个方面都陷入了总危机，因此，到 21 世

　　① ［美］丹尼尔·贝尔著，张国清译：《意识形态的终结：五十年代政治观念衰微之考察》，江苏人民出版社 2001 年版，第 507 页。

　　② 同上书，第 518 页。

　　③ ［美］尼克松著，朱家穗等译：《1999：不战而胜》，长征出版社 1989 年版，第 86 页。

纪，共产主义将不可逆转地在历史上衰亡，它的实践和信条将不再与人类的状况有什么关系。1993 年，又发表《大失败与大混乱》，抛出了"社会主义失败论"。布热津斯基荒谬地把列宁主义和希特勒主义说成是马克思主义在 20 世纪的"衍生物"，是"20 世纪出现的两个最强有力的最具破坏性的超凡神话"，"二者统治了 20 世纪的大部分的政治生活，同时造成了在该世纪内所遭受的历史上空前大死亡中的大部分死亡。"他声称，"共产主义气数已尽，世界正进入历史上共产主义之后的阶段"①。

　　苏东剧变以后，西方右翼知识分子开始欢呼资本主义在全球的胜利，与此同时，意识形态的终结论也甚嚣尘上，其典型代表是弗朗西斯·福山，塞缪尔·亨廷顿。早在 1989 年，福山就在美国新保守主义期刊《国家利益》上发表了一篇题为《历史的终结》的论文，1992 年又在此基础上整理成《历史的终结和最后的人》一书，其中心思想是：西方的自由民主制度已解决了人类的两大基本需求：一是现代科学技术和市场经济的发展，满足了人们的物质需求；二是自由民主给予人的尊严和价值，满足了人类渴望被承认的精神需求。冷战的结束意味着西方自由民主制度成为了人类意识形态进化的终结和人类政府的最后形式，人类对于其他社会制度的尝试已经失败。西方的包括政治制度、经济体制在内的意识形态体系已经彻底击败了非西方的意识形态体系，自由民主的理念已无可匹敌，历史的演进过程已走向完成，因此而构成历史的终结。从此以后，世界进入了天下大同的新时期，西方社会已经或正在走向其他国家和民族都迟早要走向的唯一目标和终点。人类历史只会在平面上进行量的完善，不会再有质的发展，面对西方社会中的财政赤宗、通货膨胀、犯罪、毒品等现实，福山认为那只是"问题"，西方社会没有矛盾，意识形态以及意识形态的冲突也从此终结。

　　在福山以"历史终结论"的话语表达意识形态的终结之后，亨廷顿为了反驳福山的世界大同欣慰症，于 1993 年在《外交》季刊上发表了《文明的冲突》一文，1996 年又出版了《文明的冲突与世界秩序的重建》一书，提出了名噪一时的"文明冲突论"，尽管亨廷顿并不赞同福山的

---

　　① ［美］兹比格纽·布热津斯基：《大失败与大混乱》，中国社会科学出版社 1995 年版，第 37～39 页。

"历史终结论"，但仍然表达了"意识形态的终结"这一主题，其所说的意识形态的终结主要包括三层含义：

第一，冷战时期，人们理解世界政治的主导性范式是意识形态，根据政治、经济意识形态的差异，人们把世界政治理解为美国及其盟国，苏联及其盟国，以及在其中发生了大量冷战的由不结盟国家组成的第三世界。意识形态是在世界政治中寻找各自归属与认同的主要标志，而以苏联为首的共产主义的意识形态是与西方相对立的最大的意识形态的敌人。苏联的解体，意味着社会主义的失败，马克思主义的死亡。从这个意义上说，意识形态的终结是指马克思主义、社会主义意识形态的终结，意识形态冲突的终结是指马克思主义与西方自由主义冲突的终结。

第二，冷战结束以后，对峙中的两极不复存在，原来理解世界政治的意识形态范式已失去了现实的依托，共产主义的意识形态已经终结，西方意识形态取得了无可争议的胜利，世界政治中的主要矛盾已发生了变化，在"一超多强"的国际政治格局中，对美国构成现实挑战的不再是马克思主义、苏联共产主义，而是来自具有异质意识形态的"多强"，在这种形势下，人们迫切需要重新确立理解世界政治的主导性范式和分析框架，需要重新确立划分敌人和朋友的标准，需要重新寻找认同与归属的标志。从这种意义上说，"意识形态的终结"是指理解世界政治的意识形态范式的终结，正如亨廷顿指出："随着冷战的结束，意识形态不再重要，各国开始发生新的对抗和协调模式。为此，人们需要一个新的框架来理解世界政治。"[1]

第三，"文明冲突论"所表达的第三层意识形态终结论思想是指冷战后世界政治结合、分裂和冲突模式不再是以意识形态模式为主导，文化和文化认同的模式将取而代之，即意识形态的差异不再是导致政治、经济结盟，引起世界冲突的主要根源，文化的区别与差异将成为区别敌我的标准，引发冲突的根源。亨指出："20 世纪 80 年代末，随着共产主义的崩溃，冷战的国际体系成为历史。在后冷战的世界中，人民之间最重要的区

---

① ［美］塞缪尔·亨廷顿著，周琪等译：《文明的冲突与世界秩序的重建》，新华出版社 2002 年版，序言第 1~2 页。

别不是意识形态的，政治的或经济的，而是文化的区别。"①　"全球政治开始沿着文化线被重构。"②　"对于那些正在寻求认同和重新创造种族性的人们来说，敌人是必不可少的，而潜在的最危险的敌人会出现在世界主要文明的断层线上。"③　从这个意义上说，意识形态的终结是指世界意识形态冲突的终结，文明冲突的开始。

第三节　西方意识形态终结论思潮的基本特征

自从黑格尔提出"历史的终结"到亨廷顿"文明冲突论"的问世，西方社会每当处于大转折、大动荡的时期，就会涌现出一股挥之不去的"终结"情结。"意识形态终结论"从不同路径的理论探索到形成拥有一定群众基础和影响力的社会思潮，成为"终结论"一族中的重要一员，它既反映了20世纪时代主题与世界格局的演变，又折射出西方资本主义社会发展变化的自身逻辑。西方意识形态终结论思潮不是一种严格的理论、规范的学说、确定的流派，也没有统一的纲领、明确的规划、一致的观点，甚至意识形态终结论思潮的各种典型话语之间也存在着对立、分歧与冲突。因此，这股思潮只是西方学者针对时代变迁与社会发展进程中的种种问题，沿着不同的思维路径，根据各自的学术背景与研究方法所表达的关于"意识形态终结"的主题。这些不同时期不同历史条件下怀有不同思想动机的思想家之所以能拧成一团，共同表达"意识形态终结"的思想、观点和看法，是缘于其共同的文化身份和背景，共同的思想旨趣与价值取向以及相似的思维范式，从而使西方意识形态终结论思潮呈现出共同的基本特征。

一、阶级性

西方右翼自由主义知识分子和社会民主党人是"意识形态终结"论

---

①　［美］塞缪尔·亨廷顿著，周琪等译：《文明的冲突与世界秩序的重建》，新华出版社2002年版，第6页。

②　同上书，第1页。

③　同上书，第4页。

的积极鼓吹者，由于社会民主党人在西方资产阶级政府对社会主义国家进行包围封锁、实施和平演变战略方面扮演着积极支持者的角色，因此，在鼓吹意识形态的终结方面也成了资产阶级知识分子的同路人。尽管意识形态终结论者自认为超然于党派、阶级之外，并从反阶级、反党派性的角度否定意识形态，但是西方意识形态终结论思潮却有着鲜明的资产阶级特性。这主要表现在哲学倾向上，这股思潮反对马克思主义的唯物史观，具有鲜明的唯心主义倾向，它崇拜自发性与多元论，以折中主义、相对主义为基调；在政治倾向上，它鼓吹和美化资产阶级自由、民主、人权等价值观，推崇庸俗进化论和社会改良主义，反对马克思主义，敌视社会主义；从客观效果来看，它自觉不自觉地充当了资本主义实施和平演变战略的理论武器，各种意识形态终结论的典型话语代表着西方国家的冷战思维在不同历史条件下的观念表现，同时也成了冷战的重要组成部分，正因为这种鲜明的资产阶级特性，这股鼓吹意识形态终结论的思潮本身就具有浓厚的意识形态色彩。

二、开放性

这里的开放性主要表现为三个方面：

第一，围绕着"意识形态的终结"这一开放的、富有争议的问题域，不同历史条件下的不同学者基于不同的动机，以不同的话语形式表达了"意识形态终结"的看法和观点，这些看法和观点尽管各有差异，但是，它们在不同的历史时空中共同演绎了"意识形态终结"的主题，构成了西方意识形态终结论思潮的基本知识谱系。

第二，从学科来看，尽管这一思潮的理论代表大多是一些社会学家，但是它并非为这一门学科所专断和独享，而是广泛蕴涵于哲学、政治学等人文社会科学乃至自然科学等学科领域。

第三，从学术研究的角度看，不同时代背景下反复出现的意识形态终结思潮既没有专门的学术研究传统，也没有定义清晰的概念系统、完整的理论分析框架和特定的方法论，各种意识形态终结的话语都是纷繁的社会文化心态和复杂的思想体验的表达与反映。

三、实践性

实践是一种主观见之于客观的对象性活动，它包括主体客体化和客观主体化两个方面，意识形态终结论之所以从一种理论转化为思潮，一个非常关键的原因就在于其实践性特征，这种实践性主要表现为三个方面：

第一，这一思潮的产生和发展是基于一系列的社会实践问题。比如西方社会结构的变化；社会主义与资本主义的两大力量的此消彼长；科学技术的发展及其与意识形态的关系等实践问题，都是这一思潮的诱发因素。因此，对这一思潮的分析必须寻找其赖以产生的物质根源，马克思指出：我们判断一个变革时代"不能以它的意识为根据；相反，这个意识必须从物质生活的矛盾中，从社会生产力与生产关系的现存冲突中去解释。"①

第二，这一思潮所内含的基本理念在西方国家的内外政策中付诸了实践。比如贝尔所表达的意识形态终结论的主题及其所提出的社会改良主义方案，都在肯尼迪总统的言论和信念中得到体现。肯尼迪在 1962 年 6 月发表演讲时指出："现在，我们国内的主要问题已经变得越来越微妙和复杂。这些问题虽然无关乎哲学和意识形态的基本冲突，但是却关系到去实现共同目标的途径的手段——关系到去探索解决各种复杂而棘手的难题的经过推敲的方案。在我们今天的经济决策中所面临的危险，不是来自将以激情扫荡整个国家的那些相互竞争的意识形态的重大论战，而是来自对现代经济的实际管理……各种政治标签和意识形态的途径都同解决这些难题的方案无关。"② 再比如，冷战结束后，美国正是认为共产主义已经死亡，社会主义已经失败，西方的自由、民主制度已成为全球意识形态的灯塔，从而在全球范围内掀起了新一轮扩展民主的浪潮，企图借经济全球化之机，用美国式的自由市场经济模式和民主制度取代其他社会主义国家和发展中国家的意识形态和社会制度，以"全球共同价值"、"全球公民社会"、"全球意识"消解人们对国家主权的认同。

第三，这一思潮的泛滥引起了一系列的实践后果。从历史的角度看，苏东剧变固然有多方面的原因，但是意识形态终结论的误导和影响是其重要原因，而从现实来看，20 世纪 90 年代在全球化背景下勃兴的意识形态终结论思潮，一方面激活了与此相关的"公共知识分子思潮"、"新自由主义思潮"；另一方面又直接影响着发展中国家与社会主义国家的精神脉

---

① 《马克思恩格斯选集》第 2 卷，人民出版社 1995 年版，第 33 页。

② 肯尼迪的这个演讲发表在《美国总统公报》第 234 号，美国政府印刷局，第 470～475 页，1963 年，另请参阅 Bell, Daniel, *The End of Ideology*, p. 419。

络和政策选择，干扰着这些国家的改革、建设和发展的进程。

四、导向性

西方意识形态终结论思潮中的种种话语往往抓住时代变迁的现实问题，利用各种自发的、尚未定型的、日常的、普通的社会意识，制造出具有迷惑力和欺骗性的所谓"理论"，因而容易为大众所接受，这不但对人们的思维方式、行为方式和价值观念起着潜移默化的导向作用，而且对于与意识形态相关联的学术理论研究的范式转换也有着或潜或显的导向与规范作用。比如，在这一思潮的影响下，我国理论界和社会上一部分人鼓吹"消解主流意识形态"、"躲避崇高"、"告别革命"，在影视文学作品中宣扬文学与政治"离婚"、"分家"，热衷于描写庸俗生活的情感，渲染、制造感官刺激；在理论和史学等领域歪曲和丑化国际共产主义运动和中国革命的历史，诬蔑马克思主义为"乌托邦主义"、"极权主义"、"法西斯主义"等，这就是意识形态终结论思潮导向性特征的表现。其实，这一股思潮从黑格尔、韦伯、曼海姆到贝尔、福山、亨廷顿等人都在有意识地将全人类的意识形态导向西方资产阶级意识形态的轨道，从而将社会的发展纳入资产阶级的预设轨道。

五、复杂性

就这一思潮的逻辑线索而言，反马克思主义虽然是其主线，但是同时又带有明显的非理性主义和科学主义的痕迹，体现出主导性与兼容性的特点；就其历史发展的轨迹而言，这一思潮既是不同时代的观念反映，又体现出前后相连的思维惯性，从而体现出继承性与发展性的统一；就其主要观点而言，既反映西方资产阶级知识分子的价值选择，也道出了某些实情，体现了价值性与事实性的统一；就这一思潮所关涉的理论与实践问题来看，既是人类社会在 20 世纪的发展进程中所涌现的时代问题，这些问题在不同的国家与民族又有不同的体现，因而具有时代性和民族性相统一的特征。正因为如此，西方意识形态终结论思潮就具有错综复杂的特点。

第四章　西方意识形态终结论
思潮的现实根源

马克思有一个本体论式的经典命题，即社会存在决定社会意识，必须从社会存在去解释社会观念，而不是相反。在《德意志意识形态》中，马克思根据这一命题又明确指出："我们的出发点是从事实际活动的人，而且从他们的现实生活过程中还可以描绘出这一生活过程在意识形态上的反射和反响的发展。甚至人们头脑中的模糊幻象也是他们的可以通过经验来确认的、与物质前提相联系的物质生活过程的必然升华物。因此，道德、宗教、形而上学和其他意识形态，以及与它们相适应的意识形式便不再保留独立性的外观了。"① 从这一论述我们可以得出结论：

第一，"意识形态终结论"无论是作为一种意识形态还是模糊幻象，都是意识形态终结论的鼓吹者和提倡者现实生活过程的反射和反响。

第二，这一现实生活过程不是在孤岛上的现实生活过程，而是置于晚期资本主义政治、经济、文化等社会关系中的现实生活过程。

因此，必须深入到政治、经济、文化的现实土壤中去寻找意识形态终结论的立论根基。具体地说，就是要回答两个相互关联的问题：一是晚期资本主义政治、经济、文化的客观存在是什么？二是面对新的社会物质前提，资产阶级的主观诉求是什么？只有从这主客观相统一的高度才能找到求解西方意识形态终结论思潮现实根源的钥匙。

---

① 《马克思恩格斯选集》第 1 卷，人民出版社 1995 年版，第 73 页。

第一节　资本主义政治的新变化是西方意识
形态终结论思潮兴起的重要原因

第二次世界大战以后，西方一部分知识分子对 20 世纪前半期的国际国内政治进行反思，立足于晚期资本主义的现实土壤，试图在悲观与罪恶、悲剧和绝望中寻找走向未来的政治智慧。意识形态终结论正是这种反思与前瞻的心路历程的产物。正如俞吾金教授指出的："这一思潮的兴起与蔓延还有各种各样的原因，其中最重要的则是政治方面的原因。"① 具体地说，引发意识形态终结论思潮的政治原因主要有以下几个方面：

一、时代主题的转换

纵观整个 20 世纪，第二次世界大战之前的时代主题是战争与革命，与这一时代主题相适应，意识形态论域内的主要声音是意识形态革命论，资本主义与社会主义的对立也首先直截了当地表现为自由主义与马克思主义在意识形态领域的分歧和争斗，都相互声称要革对方意识形态的命，实现自身意识形态的一统天下。以卢卡奇、葛兰西为代表的早期西方马克思主义者认为，在发达资本主义国家进行无产阶级革命，革命的重点应该由传统的政治经济方面转向意识形态方面，革命的方式也应由传统的暴力革命转向争夺意识形态的领导权。他们认为，革命的胜利取决于无产阶级是否拥有成熟的阶级意识，是否取得了意识形态的领导权。

第二次世界大战以后，虽然美国凭借其在战争中膨胀起来的政治、经济、军事实力，疯狂地推行霸权主义与强权政治。苏联也滋长了民族利己主义和民族沙文主义，东西方的意识形态仍然严峻对峙，但是，世界要和平，国家要发展，人民求富裕已成为世界性的潮流，相对于双方抽象的意识形态争论来看，和平与发展更具有现实性、紧迫性。正如邓小平同志指出的：现在世界上真正大的问题，带全球性的战略问题，一个是和平问题，一个是经济问题或者说发展问题。在和平与发展成为时代主题的背景下，资本主义与社会主义并存与对立的形式就由过去意识形态的论战，进

---

① 俞吾金：《意识形态论》，上海人民出版社 1993 年版，第 268 页。

行军备竞赛，争夺军事政治优势转化为争夺以经济与科技为基础的综合国力优势，进行以发展经济与科技为主要内容的和平竞赛。东西方开始超越社会制度与意识形态的差异而相互吸收对方有利于增强自身实力的因素。比如资本主义经济的计划化，资本主义社会的福利制度化，资本主义政治制度民主化，就是资本主义吸收"社会主义因素"的结果，从而验证了列宁当年所作的论断："社会主义现在已经在现代资本主义的一切窗口中出现，在这个最新资本主义的基础上前进一步的每项重大措施中，社会主义已经直接地、实际地显现出来了。"① 而社会主义国家也在和平与发展的环境中不断吸收世界文明成果，不断增强自身实力与发展潜力。与这一时代主题转换相呼应，意识形态终结论也就成了意识形态论域的主要声音。贝尔正是在时代主题转换的背景下，提出了传统的意识形态已经终结，"新的意识形态的驱动力则是为了发展经济与民族强盛"②，资本主义与社会主义正在趋同的见解，他认为："意识形态的明显差异中蕴涵着 20世纪 50 年代所面临的一些重大的政治问题与社会问题。"③ 因此，具有不同意识形态的东西之间以及西方内部的自由主义与保守主义之间，在谋求发展的目标下，不仅有对抗性的一面，也有相互借鉴的一面。因为，"发展经济也已经变成了一种新的意识形态，它冲洗掉了人们对过去的幻灭记忆。要想对迅速发展经济和现代化的要求进行辩论是困难的，并且很少有人会对这个目标表示异议，正如很少有人会对平等和自由的要求表示异议一样"④。如果说贝尔的意识形态终结论是基于在和平与发展成为时代主题的背景下，不同民族与国家在意识形态领域结束冷战状态的可能性的估计，那么，20 世纪 90 年代福山和亨廷顿所表达的意识形态终结论就是西方右翼知识分子根据苏东剧变的事实，认为西方已经在"发展"问题上彻底战胜了东方所作的事实与价值判断，他们踌躇满志地认为西方自由民主的意识形态由于最能促进人类与社会的发展而成为其他国家与民族意识形态的灯塔。福山写道："20 世纪最后 25 年最令人瞩目的变化是，不论

---

① 《列宁全集》第 32 卷，人民出版社 1985 年版，第 219 页。

② ［美］丹尼尔·贝尔著，张国清译：《意识形态的终结：五十年代政治观念衰微之考察》，江苏人民出版社 2001 年版，第 463 页。

③ 同上。

④ 同上。

是军事管制的右翼，还是极权主义的左翼，人们都发现，在世界貌似最专制的核心地带都存在着巨大的致命弱点。从拉丁美洲到东欧，从苏联到中东和亚洲，强权政府在 20 年间大面积塌方。尽管他们没有都千篇一律地实行稳定的自由民主制度，但自由民主制度却始终作为唯一一个被不懈追求的政治理想，在全球各个地区和各种文化中得到广泛传播。此外，经济学范畴中的自由原则——自由市场——也在普及，并且不论在工业发达国家还是在那些二次大战结束时普遍是贫困的第三世界中已经成功地创造出前所未有的物质繁荣。"① 因此，自由民主制度在全世界涌现了合法性，并战胜了世袭君主制，法西斯主义与共产主义，"自由民主制度也许是'人类意识形态发展的终结'和'人类最后一种统治形式'"②。亨廷顿在 1997 年出版的《第三波——二十世纪后期的民主化浪潮》中也认为以西方文明为基础的现代资本主义民主将成为人类普遍的民主形式，他指出："西方文明的民主获得了普遍性，并促进了民主在其他文明中的传播。如果第三波有一个未来，这个未来就在于民主在非西方社会的扩展。"③

　　综上所述，我们不难得出结论：时代主题的转换显然是西方意识形态终结论思潮产生的重要政治原因，正是在不同历史语境下对和平与发展目标的憧憬以及对自身已经取得的发展成就的主观感受，导致了不同历史语境下的意识形态终结话语。

　　二、社会主义与资本主义两大力量的消长

　　20 世纪的世界政治格局中最引人注目的风景线就是资本主义与社会主义两种社会制度的对立、竞争与并存，尽管在和平与发展成为时代主题的背景下，双方存在相互借鉴的一面，但是，资本主义从来没有放弃消灭、演变社会主义的企图，社会主义也从未停止证明自身优越性的尝试。两种社会制度在政治、经济、文化、军事等领域内的全方位的大比拼，必然反映到意识形态领域内。面对社会主义这一新生事物的不断发展壮大，西方右翼知识分子既十分恐惧，又相当仇视，他们攻击社会主义、共产主

---

　　①　[美]弗朗西斯·福山著，黄胜强、许铭原译：《历史的终结及最后认识》，中国社会科学出版社 2003 年版，代序第 4 页。

　　②　同上书，代序第 1 页。

　　③　[美]塞缪尔·亨廷顿著，刘军宁译：《第三波——二十世纪后期的民主化浪潮》，上海三联书店 1998 年版，第 5 页。

义是极权主义、法西斯主义，是一种诱发激情的乌托邦理想，因而必将或已经走向终结。尽管意识形态终结论在不同时期具有不同的话语形式，但是在冷战思维的支配下，攻击马克思主义、仇视社会主义、颂扬资本主义则是前后一致的。从贝尔的意识形态终结论，尼克松的不战而胜论，布热津斯基的社会主义失败论，到 20 世纪 90 年代福山的历史终结论，亨廷顿的文明冲突论，既是以美国为代表的西方国家的冷战思维在不同历史条件下的不同反映，又是自觉参与冷战的西方右翼知识分子的理论武器。

穿越西方意识形态终结论的理论迷雾，我们不难发现，其主要矛头是对准以马克思主义为指导的社会主义意识形态的，是资本主义向社会主义进行意识形态进攻的策略与手段。因此，可以说东西方的长期冷战是催生意识形态终结论的国际政治背景。早在第二次世界大战以前，由于莫斯科大审判对于老一代布尔什维克领导班子的可怕处理，由于《苏德互不侵犯条约》的签订，西方知识分子打消了对苏联的迷恋。但是，第二次世界大战中苏联成了抵抗德国法西斯的中流砥柱，并付出了巨大的牺牲，苏维埃政权的确立不仅赢得了战争的胜利，而且带来了种种生机勃勃的新气象，这又使人们重新萌发了对社会主义苏联的向往，有的甚至认为历史将选择苏联而非美国作为通向未来的继承人。然而第二次世界大战以后，泾渭分明地形成了社会主义与资本主义两大阵营，并全面展开冷战。西方右翼知识分子明确地把意识形态攻击的矛头指向斯大林与当时的苏联，并把苏联的无产阶级专政与纳粹德国的法西斯主义相提并论。而恰在此时，赫鲁晓夫在 1956 年苏共二十大上的秘密报告全面披露了斯大林的错误，从而引发了一场全球性的政治大地震，使社会主义阵营出现了迷茫和骚乱，而资本主义阵营则趁机掀起反苏反共的浪潮，西方知识分子认为共产主义的幻象破灭了，斯大林的神话消除了，以马克思主义为代表的激进运动所信奉的政治观念走向了衰落，意识形态终结的时代来临了。因此，正是在这样的背景下，西方意识形态终结论思潮兴起了。作为这一股思潮的理论代言人贝尔在其 1976 年出版的《资本主义的文化矛盾》一书中，曾对这一思潮的政治起因做了如下论述："五十年代是政治幻灭的时代。当时正值知识分子同斯大林主义的最后决裂，他们对苏联自称是社会主义的进步信仰也经历了破灭。所以，有不少社会学家——如雷蒙·阿隆、爱德华·希尔斯、S. M. 利普塞特和我自己——开始把五十年代看作是'意识形态的终结'。"① 这就说明，这一时期的意识形态终结论主要是指斯大林主义的终结，是终结论的鼓吹者冷战思维范式的反映。雷蒙·阿隆认为，苏联存在极权主义的综合征，比如党对政治活动的垄断，对传媒与暴力机器的全面控制，党具有绝对权威的意识形态，政治、经济活动的界限被取消，并使经济与职业活动统一于意识形态的目标。贝尔的意识形态终结论实际上代表着西方右翼知识分子对 20 世纪政治运动，尤其是无产阶级暴力革命的厌恶与恐惧，他们几乎本能地反对一切革命运动，他认为，纳粹的死亡集中营，表现出了一种超乎所有文明人想象的野蛮，而苏联的集中营，它们使所有乌托邦景象都蒙上了一层死亡的阴影。如果说 20 世纪 50 年代的西方意识形态终结论思潮是斯大林神话破灭之后的短暂的局部性反映，面对强大苏联还多少有点底气不足，并且在随之而来的五月风暴中被击碎，那么，苏联解体、东欧剧变之后的意识形态终结论思潮则带着冷战胜利的光环，终于肆无忌惮、信心百倍地粉墨登场，并产生了全球范围内的持久的反应。

通过上述分析，我们不难看出，反苏反共反马克思主义的情结尽管不是西方意识形态终结论思潮产生的全部原因，但是，资本主义与社会主义长达半个世纪的冷战却不容置疑地构成了这一思潮兴起与流变的国际政治环境与条件，透过这一思潮的流变轨迹，我们甚至可以发现一个规律性的现象：当现实社会主义的力量凯歌行进的时候，西方意识形态终结论喧嚣就归于沉寂，当社会主义世界中出现灾难性事件时，意识形态终结论就会趁机而起，并汇聚成产生巨大影响的理论思潮，因此，西方意识形态终结论思潮与两大社会制度的对峙及其力量的此消彼长呈现出一种函数关系。

三、西方发达国家国内政治状况的演变

正如其他理论一样，意识形态终结论也是起源于其创立者、倡导者对其国内实际生活的深切感受。对于 20 世纪五六十年代意识形态终结论思潮产生影响的国内政治原因主要是西方资本主义国家进行的民主化、福利化改革所引起的社会结构的变化与阶级矛盾的缓和以及实用主义的改良主义的兴起。第二次世界大战后西方国家在马克思主义的批判中，为缓和国

---

① ［美］丹尼尔·贝尔著，赵一凡等译：《资本主义的文化矛盾》，生活·读书·新知三联书店 1989 年版，第 87～88 页。

内阶级矛盾，比较普遍地推进了管理民主化，国家福利化的政策。在英国，艾德礼工党政府在短短的七年时间内就确立了国家保障和国家卫生体系，从而奠定了建立一个以公正、平等、机会与美德为核心目标的福利国家的基础。在德国，在贝德·戈德斯贝格领导下的社会民主党在1959 年就采纳了已经抛弃了正统马克思主义的新纲领，这个党声明自己不再是一个"阶级政党"，它寻求的是改良而非革命。这些改革也得到了各国理论上的支持，德国社会学家拉尔夫·达伦多夫（Ralf Dahrendorf）在《工业社会的阶级与阶级冲突》一书中认为，阶级不可能再像第二次世界大战以前那样是按照一个单一的尺度来对社会进行两极划分的东西。

这些国家的政策实施与理论支持成了这一时期意识形态终结论的实践与理论依据，贝尔对美国社会的阶级结构变化、职业结构变化、社会流动、劳工运动、政治意识等进行社会学分析，在《意识形态的终结》一书中，他以"美国：理论的模糊性"和"美国：生活的复杂性"为题，用较大篇幅强调美国社会结构与阶级结构变化的独特性。他认为美国社会结构和阶级结构的变化主要体现为：国家作为经济仲裁者的角色已经出现；家庭资本主义已经或正在走向瓦解；显赫的上层社会集团作为一股政治力量正在形成；就业形式正在多样化发展；产业工人阶级委靡不振，工会停滞不前，社会阶级结构正在发生变化，作为社会职业基础的工薪阶级取代了传统的无产阶级，多元社会取代了阶级社会，资本主义国家内部的社会主义运动已经平静，因此，西方社会学理论，尤其是马克思主义的社会发展理论、阶级斗争理论、无产阶级专政理论都不适用于美国，马克思主义作为一种观念的社会历史决定论已经失败。贝尔指出，今天这个历史时期呈现在人们面前的一个显而易见的事实是，对于曾经是各种意识形态的实际承载者的激进知识分子而言，旧的普遍性的意识形态已经失去了它们的正确性与感召力，从而不再相信可以规划出一个蓝图并进而通过社会工程而实现一个新的和谐社会的乌托邦。过去的那些对立的信念也在知识分子中失去了市场，自由主义者不再坚称国家在经济事务中不应发挥任何作用，保守主义者也不再继续相信福利国家是"道德奴役之路"，因此，在今日的西方世界，在知识分子中间关于政治问题存在着粗略的共识：接受福利国家，期望分权，肯定混合经济体制和政治多元化体制。因此，资本主义与社会主义的论战已经丧失意义，意识形态的对立与冲突的年代也就已经终结。据此，贝尔推崇走一条有利有节的合法的工会主义道路，主张实在地改善民众的生活条件和福利待遇，在政治上采取温和的改良主义。

如果说20世纪五六十年代贝尔等人根据西方发达资本主义国家所实施的政策及其所引起的社会结构、阶级结构的变化提出了意识形态终结的主题，八九十年代的意识形态终结论思潮则反映了西方国家内部另一番社会政治状况，一方面，冷战的胜利，使西方社会从政府到民间都弥漫着千禧年来临般的喜悦与自信；另一方面，在全球化强势推进的背景下，意识形态终结论思潮的代表人物在关注阶级、社会制度、财产权等传统问题的同时，更多地关注种族、性别、民族主义等问题对西方自由主义的挑战，他们发现，与社会主义的历史实践相比，当代世界围绕这些问题而出现的政治、经济、文化诉求严重地冲击着自由主义的诸多前提，因而这一时期的意识形态终结论思潮反映了西方社会在"数量优势下的恐惧"①。亨廷顿认为，社会主义与资本主义的冲突不过是西方文明的内部冲突，而当代的文化冲突则具有不可调和的性质。福山也是一方面为社会主义的失败而欢呼"历史的终结"，另一方面又不得不面对当代世界的新挑战。这就使他在欢呼民主和自由主义普遍价值的同时，又对西方文化与价值观念的衰落表示了充分的担心和忧虑。

第二节　资本主义经济的新变化是意识形态终结论思潮产生的物质基础

经济活动最具有突破意识形态壁垒的力量，对于天生就以全球为着眼点的资本主义生产方式而言，更要求不断复制出资本主义的生产关系与价值观念，使其他一切国家与民族都成为其国际资本扩张链条上的一个环节，从而实现利润诉求最大化。只有这样，资本积累的步伐才不至于停顿，资本主义经济的发展才不会终止，利润的源泉才不会枯竭。资本主义

---

①　李慎之：《数量优势下的恐惧》，《太平洋学报》1997年第2期。

国家也才能作为理想的总资本家运用剥削来的大量利润来推进国内的各项政治、经济、文化、科技改革，消解资本主义国家内部的意识形态冲突与分歧。进入 20 世纪以后，垄断成了资本主义全部经济生活的基础，而且从私人垄断发展到国家垄断和国际垄断，列宁关于垄断资本主义的揭示和分析告诉我们，垄断统治所具有的普遍性、世界性使资本主义的剥削关系由一国发展成为一个世界性的剥削体系。因此，20 世纪垄断资本主义的发展，不仅在一定程度上促进了其国内经济的繁荣，也使国际垄断资本的扩张具备了可能性、必要性与现实性。20 世纪西方出现的意识形态终结论思潮既是资本国际扩张意志的反映，又是直接服务于这种扩张的，因而具有深厚的经济根源，具体来说，以下三个因素与意识形态终结论思潮具有直接关联。

一、20 世纪资本主义与社会主义推行的经济改革

资本主义自从 20 世纪二三十年代大萧条的噩梦之后，走出了市场万能论的误区，西方国家普遍放弃了自由放任的政策，以强调国家对经济进行宏观干预、调节和控制为特点的凯恩斯主义经济学成了西方经济政策的指导思想，国家的经济职能大大强化，国家垄断资本主义对经济的发展起到了重要的推动作用。手段主要有三个：第一，实行国家所有制，即资本主义国家直接经营企业，参与经济活动。第二，国家与私人垄断资本在企业内部进行结合，比如国家以财政拨款的方式购买私人企业的股票，私人企业购买国有经济的股票，国家参与私人垄断资本同盟等。第三，国家对国民经济和对外经济关系进行监督与调节。国家垄断资本主义的发展为私人垄断资本所不能容纳的社会生产力开辟了新的空间，缓和了资本主义生产方式的矛盾，在一定时期内促进了资本主义经济的迅速发展，带来了战后资本主义经济发展的"黄金时期"。

在国家垄断资本主义迅速发展的同时，资本主义面对社会主义的压迫性挑战，尽管不断地诋毁和攻击社会主义，但他们也注意吸收某些社会主义因素来克服自身的弊端。从经济上来说，主要有两大手段：一是实行经济的计划化。为了适应第三次技术革命的要求，克服整个社会生产的无政府状态，减少市场运行中的自发性破坏作用，西方资本主义国家对经济生活的干预从局部调节发展为总体调节，从临时性的调节发展为中长期调节，各资本主义国家对政府干预推行"计划化"。二是推行社会福利化。

第二次世界大战以前的资本主义国家虽然采取了社会福利措施，但那只是零星的带有"济贫"性质的措施，第二次世界大战以后，资本主义社会资本再生产过程社会性的显著增强，使社会福利制度由单纯的"济贫"发展为具有社会规模的公民的权利，社会福利原则由"选择性"发展为"广泛性"。资本主义国家在战后 50～70 年代经济发展的"黄金时期"，都加大了社会福利化的力度，70 年代末以来，由于滞胀现象的存在，福利开支过大，各国开始削减福利开支，但遭到工人阶级的反对，于是资本主义国家开始在失业者的劳动技能培训上，在为失业者寻求新的工作岗位上投入更多的精力，这使社会福利制度从单纯提供"救济"、"补助"的道义性质转变为提供技术、文化、机会的"制度"性质。

尽管战后西方国家所采取的改革措施仅仅是资产阶级维护自身统治利益的产物，是资本主义生产关系的局部性调整，但是这种改革客观上造成了三个结果：

第一，在理论层面导致了"趋同论"的产生，正如美国学者鲍特说："完全可以有根据地预料，世界上的经济制度的基本趋同现象，是朝着某种共同的特征前进。……这是我们这个时代正在发生的极其重要的事情。个人主义和集体主义的极端思想，在一个多世纪的难以平息的冲突后，已相互投降了。"① 意识形态终结论的倡导者阿隆认为，随着经济的增长，西方类型的经济应当吸收苏联经济的某些成分，而苏联类型的经济应当吸收资本主义经济的某些成分。

第二，在社会现实的层面，造成了阶级矛盾的缓和与阶级斗争的弱化。英国社会学家什博托莫尔就把战后世界意识形态冲突的低落视为阶级斗争变化的反映。他指出："尽管民主国家仍然有阶级性质，但这已经不再像在 19 世纪所常见的那样，是其最显著的特征……还应当看到，在大多数现代民主国家，主要政党在社会政策上有一致意见的领域很快，而且在不断扩大。这种对整个社会利益达成一致意见的程度，是尖锐阶级对抗低落的量度，特别是特权群体放弃其特权，放弃纯个人利益追求的量度，

---

① 转引自王霁主编《马克思主义与当代社会思潮》，中国人民大学出版社 1994 年版，第337 页。

因而也是阶级差别真正减少的量度。"① 他认为，在美国要发展一场广泛的激进运动是很困难的，在经济日益繁荣，工会运动日益衰退的条件下，工人阶级几乎看不到激化的希望。

第三，在社会心理层面上，形成了单向度的"幸福意识"和"顺从主义"，消除了一切否定性、批判性、超越性的声音。西方马克思主义者马尔库塞认为，一个社会的思想应该是开放的多向度的，既有建设性、肯定性、积极性的一面，也有破坏性、否定性、批判性的一面，但是，当代资本主义市场同化了所有反对派别和反抗力量，有效地压制了一切与他不相协调的声音，形成了单向度的思想。就个人而言，"单向度思想"表现为"幸福意识"，即"相信现实的就是合理的，并且相信这个制度终会不负所望的信念"②。随着生产力和物质财富的增长，生活水平和社会福利的提高，人们对现状不是不满，而是非常满意，以至于到了无忧无虑、忘乎所以的地步了。与"幸福意识"并存的就是一种新型的"顺从主义"，它表现为人们没有能力抗拒资本主义社会高标准的生活方式，没有能力拒绝日益增加的金钱、舒适和享受，也没有能力拒绝这种生活方式所带来的好处与地位，在这种状况下，人们根本丧失了任何改变现实的愿望。发达工业社会的这种意识形态，也就意味着传统意义上的意识形态差异与冲突的终结。

上述三个方面既是战后资本主义国家推行经济改革的必然结果，也是西方意识形态终结论思潮赖以产生的现实原因。

二、第二次世界大战后经济全球化进程的强势推进

我们从经济的角度发现西方意识形态终结论思潮起伏升降有一个规律性现象：经济全球化趋势越强势推进，意识形态终结论思潮就越泛滥，反之则不然。那么，经济全球化为什么会成为西方意识形态终结论思潮泛起的动力呢？资产阶级要追求利润最大化与个人消费最大化的双重目标，这就必然要求资本的扩张要冲破包括意识形态在内的一切抵抗而走向全球

---

① 转引自［美］利普塞特著，张绍宗译《政治人：政治的社会基础》，上海人民出版社1997年版，第477页。

② ［美］赫伯特·马尔库塞著，左小斯译：《单面人》，湖南人民出版社1988年版，第84页。

化。因此，终结一切与资本全球扩张相悖的一切非西方意识形态就成了资产阶级主导经济全球化进程，进行资本全球扩张的主观价值诉求。

第二次世界大战以后，东西方冷战开始，两极对峙格局形成，第三世界的许多国家通过民族解放运动走上了政治独立的道路。因此，在国际舞台上活跃着三支重要力量，即以美国为首的资本主义阵营，以苏联为首的社会主义阵营，还有一大批第三世界的发展中国家。但是，以苏联为核心的社会主义阵营在20世纪五六十年代随着苏共二十大所引起的冲击波和中苏论战的爆发而走向分裂。西方学者以此为背景，首先探讨了在意识形态领域结束冷战的可能性，其意识形态终结论实际上内含着较早的"全球化"观念。70年代以后，中国实行改革开放政策，实行社会主义市场经济体制。八九十年代，苏联解体、东欧剧变，两个平行市场消失，社会主义遭到严重挫折，剧变后的俄罗斯、东欧都采用了新自由主义的改革方案，实行向资本主义经济的转型。从发展中国家来看，虽然大量的帝国主义殖民地获得了独立，增强了第三世界国家的影响力，但是，这些国家经济发展水平落后，为促进本国经济的发展，一些经济相对落后的国家都先后主动选择了以开放的方式来发展经济，这一方面有利于发展中国家利用后发优势发展本国经济，但同时也加重了发展中国家对发达国家的依赖性，在面临国内经济问题时往往需要借助于发达国家的帮助，这又影响了这些发展中国家经济的独立性。80年代初，拉美国家遭遇债务危机，被迫接受新自由主义结构性改革方案，最终导致"失去十年"的悲剧。而从资本主义国家来看，战后格局是一超多强，美国特别强，而欧洲诸国和日本都不同程度地要借助于美国的帮助。战后发达资本主义国家在政治上为了对抗社会主义而越来越重视相互合作，经济上为了成功地化解危机，避免衰退而需要各国的协调行动。战后以信息革命为核心的科技革命加快了国际资本主义的资本积累过程，大量的资本必须寻找增值的出路，而社会主义国家和发展中国家的现代化、工业化却需要大量的资金，这就引发了资本的大规模跨国运动，资本的扩张从商业资本、信贷资本的国际化到产业资本的国际化，资本主义生产方式几乎覆盖了全球大部分地区，特别是20世纪八九十年代以后，资本扩张的社会制度、意识形态壁垒进一步消除，经济全球化趋势更加汹涌澎湃。

20世纪后半期的经济全球化浪潮从以下三个方面对西方意识形态终

结论思潮产生了重大影响：

第一，战后世界政治经济格局中的经济全球化是由发达国家主导的，经济全球化的规则是由发达国家制定的。以美国为首的发达国家借助于它们强大的经济、军事实力，操纵着世界贸易组织、国际货币基金组织、世界银行等国际性经济组织。在国际经济交往中以自身利益为准绳，对内对外实行双重标准。而广大发展中国家和社会主义国家在经济全球化进程中难以起主导性作用，这就滋长了西方资产阶级在意识形态上的傲慢与偏见，以经济实力为基础的资本主义文化、价值观和意识形态的输出成了帝国主义国家对发展中国家进行掠夺的重要手段。而且夹带着沉重意识形态包袱的帝国主义国家的教育、传播、出版、音像制品等文化产业本身也可以创造高额的利润。借助于这些产品的传播，资本主义的文化、价值观和意识形态也向全球扩散，形成资本主义在全球范围内的文化认同，这种扩散与传播正是福山所说的"争取认可的斗争"。这就造成了西方自由市场经济与民主价值观已经击溃了其他一切非西方的意识形态体系而获得了终极意义的合法性，从而造成国际范围内意识形态终结的假象。这一点表现最明显的是福山的历史终结论。

第二，战后经济全球化造成了"中心—外围"式的结构，即以西方发达资本主义国家为"中心"，以欠发达的第三世界国家为"外围"，在这一结构中，资本国际循环中的发达国家通过不等价交换以及其他形式的剩余价值转移，从发展中国家进行资本积累。发达国家凭借资本、技术、信息等方面的垄断优势，使资本流向全球，利润流向西方，经济全球化也仅仅只是资本运动的全球化，而非经济福利的全球化。发达资本主义国家利用经济全球化所获取的巨额利润，推进国内的各项社会改革，缓和阶级矛盾与社会矛盾，从而造成了资本主义国家内部意识形态冲突已经终结的假象。

第三，在第二次世界大战后的经济全球化进程中，跨国公司成了经济全球化的主角，它们是全球范围内生产的组织者，商品、技术、资本流动的主要参与者。而跨国公司的兴起正是以摧毁已有的社会结构和意识形态为基础的，在西方左翼知识分子看来，西方从一个处于高度竞争状态下以中小型公司为主体的资本主义社会演变为今天的高度活跃于全球的垄断性跨国公司为主导的后现代社会，就意味着意识形态的终结。

总之，发达资本主义国家正是利用经济全球化的历史机缘，大幅度增加对外出口和投资，充分利用市场经济内在的竞争机制创造的高效率以及全球国际分工和资源配置机制获取的巨大收益，使全球财富不断向自身集中。而且，西方发达资本主义国家凭借自身的政治、经济、科技、军事优势，通过主导世界贸易规则的制定来影响世界市场，进行全球经济、政治、文化扩张。正是在这种全球化进程强势推进、经济快速增长的背景下，西方学者抛出了资本主义战胜社会主义，历史将终结于资本主义的所谓"意识形态终结论"。

三、第二次世界大战后科学技术的进步及其在经济增长中作用的提升

资本主义几百年的发展历史，既是在科技革命的推动下不断发展生产力的历史，也是不断创新社会意识形态以缓和资本主义生产方式与生产力的矛盾的历史，科学技术对资本主义发展的作用不但体现为科学技术转化成物质产品产生对社会的影响，而且表现为科技革命所诱发的非物质的精神产品对社会的影响。从这个意义上我们可以把战后的西方意识形态终结论的产生看作是西方垄断资产阶级为适应第三次、第四次科学革命而进行的意识形态创新。那么，第二次世界大战后的科技革命与意识形态终结论之间又是怎样内在相关呢？

第一，第二次世界大战后迅猛发展的科技革命使科学技术成了第一生产力，知识、技术、信息成了资本主义经济增长最强劲的杠杆，一些发达国家率先进入知识经济时代。相反，包括土地、自然资源、资金在内的物质资源在生产中的作用大大下降。国际竞争越来越取决于科技水平和综合国力。正如阿·托夫勒在《权力的转移》一书中指出，知识、技术、信息已取代暴力和资本成为最主要的权力形态。在资产阶级看来，科技革命作用的凸显似乎否证了马克思关于阶级矛盾与阶级斗争是社会发展动力的论断。因此，贝尔虽然把马克思当成其精神导师，但并不赞成而且极力反对其阶级斗争理论。福山也认为，后冷战时期，北美、西欧、日本的三大角文化将成为世界第一的文化，人类未来的挑战主要是经济、技术的问题，再也没有与共产主义、法西斯主义的生死搏斗。

第二，科技革命引起社会产业结构、就业结构、社会阶级结构的变化，传统产业阶级日益萎缩，知识分子成了社会统治阶级。科学技术的持续发展是产业结构变革的不竭动力，第二次世界大战后的科技革命使第

一、第二产业在 GDP 中比重下降，第三产业、第四产业迅速发展，尤其是作为第四产业的信息产业成了资本主义社会经济发展的新的增长点，也是 GDP 中贡献率最高的产业部门。这种产业结构的变化表现在就业结构和阶级结构上就是第一、第二产业的就业人口绝对下降，一些西方学者认为，曾被马克思寄予厚望的传统工人阶级的队伍已委靡不振，从而对于工人阶级的革命性产生了怀疑，在他们看来，发达资本主义国家的工人阶级已经变成了工人贵族，其革命斗志已经衰退，因而不再是革命的动力了。西方马克思主义者马尔库塞指出，当代资本主义社会是一个"没有对抗的社会"，在这个社会中，无产阶级与资产阶级的对立已经消失并融为一体。这种融合是以无产阶级丧失革命性为前提的。资本主义社会技术的进步创造了富裕和新的生活方式，解除了工人阶级物质上的匮乏，使他们的需要得到满足之后丧失了批判思维的能力，从而变成了统治制度的消极工具。原来激烈对抗的无产阶级与资产阶级，"在资本主义世界里，它们仍然是基本的阶级。然而，资本主义的发展已经以这样一种方式改变了这两大阶级的结构与作用，即它们不再以历史转变的动力出现。一种维护和改进现存制度的压倒兴趣，把当代社会中最发达地区从前的对手联合起来"①。在传统产业工人地位下降的同时，第三、第四产业的知识型劳动者的比重大大提高，代表先进生产力发展方向的是那些掌握信息技术、具有较高文化素质的知识型劳动者。随着科技革命所引发的阶级结构以及阶级内部阶层的分化，阶级之间的联系与关系也发生了新的变化，"老中间阶层"趋于没落，"新中间阶层"不断发展，阶级力量的对比也发生了新的变化，这就导致西方学者对阶级的划分有了新的标准与认识。贝尔认为，未来资本主义社会是一个后工业社会，只有职业和知识才是划分阶级的标准，专业技术日益成为一种胜任职务和地位的主要条件，因而兴起了一个主要以知识为基础的专业知识分子阶级，包括科学阶层、技术阶层、行政阶层、文化阶层等。而曼海姆和贝尔都认为，知识分子是飘浮无限的，能够超越党派和阶级的局限性，因此，随着掌握着专业技术的专业知识分子成了社会的统治阶级，传统的阶级划分也失去了意义，而以阶级为

---

① ［美］赫伯特·马尔库塞著，左小斯译：《单面人》，湖南人民出版社 1988 年版，第 4 页。

依托的意识形态也必然无法避免地走向终结。应当指出，贝尔等人虽然看到了科技革命导致了知识分子的作用在扩大，但是把知识分子说成是超阶级的飘浮无根的社会阶层，进而可以摆脱集团和阶级利益的束缚，则是完全错误的。因为在阶级社会里，任何阶级都拥有自己的知识分子，知识分子对于知识的选择、接受都受到阶级立场与视野的制约，因此，根本不存在超党派、超阶级的知识分子，知识分子本身既受到一定阶级意识形态的左右，又是意识形态的制造者、传播者。

第三，科技革命推动着资本主义基本矛盾及其运动形式发生了变化，促进了国家垄断资本主义的产生和发展，资产阶级国家和私人垄断资本在反共和获取利润的目标下实现了意识形态上的统一。在资本主义的发展史上，科技革命始终是资本主义基本矛盾及其运动形式发生变化的潜在动因，科学技术所导致的生产力的每一步变革和社会化程度的提高，都必然导致资本主义生产关系的局部性调整，使资本主义得以继续生存。18世纪70年代发生的第一次科技革命使资本的占有关系从个体占有转化为集体占有，管理形式也从单个资本的管理形式转化为股份资本的管理形式，而19世纪70年代的第二次技术革命又对资本的联合提出了更高的要求，资本的集体占有关系又发展成为私人垄断资本的占有关系，股份资本的管理形式也转化为以股份制为基础为联合制、参与制度。第二次世界大战以后，随着新技术革命的爆发，生产社会化的程度提高到了一个前所未有的高度，生产力的发展水平几十倍甚至几百倍地增长，垄断资本为了维护自身的统治，维护整个资本主义制度，对资本占有关系和经营管理形式做了进一步的变革。资本占有关系从私人垄断资本发展为国家垄断资本，出现了国有垄断资本，国私共有垄断资本以及国有垄断资本与私人垄断资本在剩余价值的生活、实现、分配等方面的结合，资本管理形式也就出现了国家经营或国家与私人共同经营。

国家垄断资本的占有表明资本主义国家与私人垄断资本的命运更加紧密地结合在一起，它们共同参与社会资本的生产和再生产，加强垄断资本集团的实力，缓和垄断资本主义的各种矛盾，为资本主义制度的生存与发展创造条件。而国家经营与国私共同经营的管理形式则造成了一种假象：似乎资产阶级国家已不再是一个阶级压迫和统治另一个阶级的工具，不再只是上层建筑，而是一个进行社会经济活动的经济实体。西方学者据此断言，国家垄断资本主义的资本占有关系和管理形式改变了资本主义的性质，它不再是单纯的私人经济，而是公私混合经济了。

国家垄断资本主义的产生，意味着资本主义国家的政府与私人垄断资本结成了伙伴关系，从而在反共和获取全球利润的目标下消除了它们根本的意识形态冲突，这在美国表现得很典型。第二次世界大战后，利用美国国内反对共产主义的舆论和国际上对红色阵营的惧怕气氛，在第二次世界大战中经济上得到壮大，意识形态上越来越主动的美国大公司甚至不能容忍任何反对大公司的呼声，美国政府和大公司之间显然也为一些具体的事情比如税收而争论，但已没有 19 世纪后期的意识形态争论。因为美国大公司的发展得到了美国政府的持续支持，美国政府把维护和支持美国公司的海外扩张视为捍卫美国的国家利益，并为这些公司在海外铺路搭桥，从艾森豪威尔、肯尼迪、约翰逊、尼克松，到里根、布什都是如此。特别是到了里根、布什时代，不但对工商业采取自由放任政策，而且以强调"全球商业"和"全球经济"的方式进一步协助以美国为母国的跨国公司在"全球经济"中占据地盘。美国经济史学家里尔康认为，为了打开日本的市场，布什 1992 年带了 21 位公司总经理随行，就是美国政府与跨国公司伙伴关系的明证。① 因此，第二次世界大战后，美国政府对那些被第二次世界大战所毁坏但与美国亲善的国家实行经济援助的方针，为美国公司的海外扩张提供了良好的经济环境，东西方的冷战又使美国大公司的投资方向更加明确，美国政府和大公司之间在意识形态上没有根本的利害冲突，在全球范围内反对共产主义和获得更多的市场是它们共同的奋斗目标。在这种背景下，西方社会之所以出现意识形态终结论思潮也就不难理解了。

第四，科技革命所导致的资本主义生产关系的局部性调整，进一步掩盖了资本对工人雇佣劳动的剥削，淡化了资产阶级与工人阶级的意识形态冲突。这一点主要表现在三个方面：

首先，股权分散化、资本民主化的形式掩盖了雇佣劳动者受剥削、受奴役的地位，造成了"人人都可以成为资本家"的假象。随着股份公司的发展，金融资本为了最大限度地集中社会的闲散资金，开始大量发行小

① Hohn Reardom: *American and the Multinational Corporation*, Praeger, 1992, p. 11.

额股票，而工人阶级在工资水平和物质生活状况有所提高的情况下，购买一定数量的股票也是力所能及的。据估计，美国大约有两千万人成为股票持有者，对于这一状况，西方学者鼓吹，资本主义社会中人人都是股东，人人都可以成为资本家，资本主义社会是"人民的"社会。

其次，科技革命促进了资本主义生产自动化的发展，资本家对雇佣劳动的剥削也更加隐蔽。在科技革命的推动下，资本主义生产中的自动化装置日益增多，出现了一些"无人车间"、"无人工厂"，结果工人以最少的人员、最大的劳动强度，被强制地进行不间断的劳动。在这种情况下，直接控制机器作用于劳动对象的普通工人减少了，工人的劳动形式也发生了变化，资本对雇佣劳动的剥削也不再显得那样赤裸，而是"一种更'巧妙'、更'文明'，因此也更为'有效'和更为残酷的剥削"[①]。

最后，国有垄断资本所进行的剩余价值的生产与实现过程比私人垄断资本更具有隐蔽性。由于国有垄断资本的所有者是国家，国家以全社会的代表出现，使资产阶级国有制取得了公有制的外貌，这就造成了一种假象：似乎全体社会成员都能平等地占有作为国有财产的生产资料，这就掩盖了剩余价值生产过程中雇佣工人与生产资料相分离的状况，而国家垄断资本也名正言顺地成了雇佣工人所创造的剩余价值的合理占有者。另一方面，国有垄断资本所经营的企业中工人创造的剩余价值也改变了实现形式，要在全社会范围内考察才能体现出来。因为国家为了实现宏观经济目标，往往通过价格等杠杆，规定国有企业的产品与劳务低价出售给私人企业，再高价购进私人企业的产品与劳务，从而使国有垄断资本所榨取的剩余价值的一部分并不直接体现为自身的增值，而是通过各种途径转移到私人垄断资本那里，然后，国家再以国民收入再分配的手段参与企业利润的分配，最终实现国有垄断资本的价值增值。

上述三个方面的掩盖与遮蔽，改变了资产阶级剥削工人阶级的形式、手段、方法与过程，使之不易觉察，从而进一步缓和了阶级矛盾，淡化了意识形态的冲突。

---

① 查理·贝特尔海姆在理论上的评述，载［美］伊曼纽尔著，文贯中译《不平等交换》，中国对外经济贸易出版社1988年版，第310页。

第三节　资本主义文化的新变化是西方意识形态终结论思潮产生的直接动力

西方意识形态终结论思潮不但是一个政治经济现象，而且是一个文化现象，正是在晚期资本主义文化的深刻嬗变中，西方意识形态终结论思潮应运而生，具体说来，对这一思潮产生直接影响的文化因素主要有三个：一是后现代主义文化思潮的冲击；二是西方理性主义文化精神的衰竭；三是全球化语境下西方文化帝国主义的扩张。

一、后现代主义文化思潮提供的话语平台与思维启迪

现代性观念发轫于16世纪初，此后科学观念的传播，启蒙运动的开展，人文主义思潮的勃兴，对宗教的猛烈批判，改变了人们对世界秩序的把握，形成了现代社会的世界观与思维模式，它以理性和主体性为核心，以自由、平等、博爱为价值取向，以社会的世俗化、祛魅化为主要过程，主导着西方资本主义社会的思想世界达几百年之久。然而，进入20世纪二三十年代以后，人们早已习惯的曾经一度稳固的社会秩序、生活方式和思维模式似乎难以适应和解释新的社会现实，由此而引发了广泛的社会不协调感、破碎感、混乱感、无序感，也驱使着不甘寂寞的思想家们在悲观、绝望、惊慌与夸张中去用新的观点、新的方法来解决已经认识到的社会和政治危机，在新的时空体验中寻找新的生存智慧。如果说这种社会转型在第二次世界大战以前还不是非常明显，那么第二次世界大战以后特别是20世纪60年代以后，西方社会政治的激烈变动，媒体、电脑、新技术的爆炸性发展，资本主义的重新调整、持续不断的文化焦虑与文化反叛，对现代社会结构、社会实践及思维模式的普遍怀疑，这一系列的社会政治、经济、技术和文化变迁表明与先前社会的决裂确实已经发生，现代社会组织模式也正在走向瓦解，人们对现代性的态度也由盲目崇拜转为冷静的审视与尖锐的批判，作为这种社会变迁与态度转变的文化结果就是后现代主义思潮的奔腾而起，后现代主义思想家们将新出现的社会状态标识为后现代社会，后现代主义的理论语境也就可以合理地理解为对社会转型所做出的反应，对动荡的经济和技术发展所做出的反应，对由先前稳定或熟悉的生活和思维模式的解体而发出的社会与知识骚乱的反应。后现代主义

所催生的文化语境既为西方意识形态终结论思潮的出场提供了话语平台和思维启迪，又使意识形态终结论思潮成为后现代主义思潮的组成部分，正如张国清教授在《后现代情境》一书中指出的：围绕"意识形态是否终结"的问题而展开的争论既构成了后现代主义思潮的一个理论来源，又构成了它的一个重要组成部分。后现代主义文化思潮对意识形态终结论思潮的影响主要体现在三个方面：

（一）后现代语境下西方终结论情结的泛起为意识形态终结论思潮铺就了话语平台

在时间的生存体验中，凡事都有其始终，历史王朝的更迭，人类生命的死亡，旧的终结意味着新的开始，新的开始又必然脱胎于旧的终结，正是在起始与终结环环相扣的永恒链条上，世界便演绎出一幅生生不息、螺旋式上升的绚丽图景，亚里士多德曾说过，所谓起始者，指事之不必上承他事，但自然引起他事发生者，所谓终结者，乃事之上承某事而下无他事其后者。基于此，西方思想界常常以形形色色的"终结论"作为理解"继往开来"、"终旧开新"的主导性范式，也常以"终结论"来指认某一事物的登峰造极之境，于是终结话语也就成了西方社会流行的语言叙事现象。自黑格尔宣布"历史的终结"之后，由于现代社会的发展并没有终结于黑格尔宣布为历史终点的近代社会，因为马克思的历史观证明，资本主义远非历史的终结，只是人类历史长河中的某一阶段，人类社会在19世纪、20世纪正在向着更高级的社会迈进，因此，西方思想界的"终结论"情结曾一度沉寂，但是，继尼采的"上帝的终结"之后，形形色色公式化的终结之声又开始不绝于耳。尤其在第二次世界大战后，现代社会向后现代社会转型产生了一种鲜明而强烈的断裂感，各种各样的终结似乎成了人类无法回避的生存境遇和生活世界的基础性图景。这就驱使着人们开始在一个充满不确定性的世界中重新审视和评估原来的一切。后现代主义思想家们以启示式的声调或津津乐道或忧心忡忡地抛出了形形色色的终结论调，比如，人文主义的终结、价值的终结、历史的终结、福利国家的终结、共产主义和社会主义的终结，等等。

正是在这种沉重的社会断裂感和浓郁的终结论氛围中，意识形态问题自然也无法绕开被重新审视的命运。在一些人继续主张意识形态在社会结构中具有本体性存在意义的同时，另一些思想家则主张意识形态不再是人类生命、行动、思维中必不可少的东西，相反，它妨碍理智的进步，掩蔽社会的真实现实，因而要么要彻底消除，要么要加以改造和替代，于是，西方意识形态终结论也应运而生了。尽管我们不能说每一个后现代社会的思想家都是意识形态终结论的拥护者，但是，每一个断言"意识形态终结"的西方思想家都不可避免地受到后现代社会氛围与思维方式的影响，其中有的既是杰出的后现代主义思想家，又是"意识形态终结"的主要代言人，最典型的要数丹尼尔·贝尔和让·博德里拉。

贝尔既是 20 世纪五六十年代西方意识形态终结论思潮的旗手，又是后工业社会理论的推崇者，贝尔正是从后现代主义的语言习惯与思维习惯，对后工业社会已经出现的某些特征进行社会学层面的推测性描绘的。在《资本主义的文化矛盾》（*The Cultural Contradication of Capitalist*）中，贝尔提出了政治、经济、文化三个领域各不相同的轴心原则：掌管经济的是效益原则，决定政治运转的是平等原则，引导文化的是自我实现、自我满足原则，这三大原则所产生的机制断裂形成了西方社会一百五十年来的紧张与冲突。后现代主义话语作为这种紧张与冲突的反映，其理论意义在于宣告中产阶级价值观的危机迫在眉睫，现代时期行将终结，人类正面临着对未来的根本性选择。克服这一危机的办法就是要重新回到对神圣意义的发掘上来。因此，贝尔认为后现代主义既是终结又是开端①。由此可见，意识形态终结论打上了深深的后现代痕迹，同时，也并非贝尔等人的个人见解，而是反映了置身于后现代场域中的西方知识分子对一个转型时代的根本看法，这一点从博德里拉那里同样可以说明。

博德里拉是迄今为止立场最为鲜明的后现代思想家之一，作为第一位研究高科技社会的理论家，他发展出了最引人注目也是最极端的后现代性理论，给后现代场景注入了汹涌的理论巨浪，因而其追随者将其称为新的后现代世界的"守护神"，是新的后现代性的超级理论家。然而，正是这位宣称比传统的马克思主义更激进、更具革命性的后现代理论家，在致力于将现代性的关键特征如生产、历史、真实、社会的终结予以概念化（Conceptionalizing）时，却成了福山等对现实做消极辩解的保守主义者的

---

① [美]道格拉斯·凯尔纳、斯蒂文·贝斯特著，张志斌译：《后现代理论——批判性的质疑》，中央编译出版社1999年版，第10页。

同路人。博德里拉提出的历史终结论，不是像过去上帝被宣告死亡那样地消亡掉，而是指现代性中可供我们去描述历史的轨迹与发展道路的稳定的结构、因果联系，具有重大意义的事件或某种确定的形式已不再有，一切受制于不确定性和难以预料、让人迷茫的偶然机缘。于是历史改变了其现代存在方式，峰回路转，成了一种活在类像状态中的一系列特殊效应或一种玩物。在《公元 2000 年已经来临》（*The Year 2000 Has Already Harnened*）一书中，博德里拉对历史的终结作了最详细的说明。他对历史的终结提出了三种假说：第一种假说认为，随着宇宙膨胀速度的加快，历史最终将消逝于一种超空间中，在那里，一切意义都将消失；第二种假说认为，根据物理学的熵概念，如果社会、大众达到了一种绝对被动和无聊的状况，历史就将内爆为一种惯性或凝滞状态；第三种假说认为，在技术日臻完善的情况下，实体将不再像过去一样存在，其最终结果是使人们远离真实而接受模拟的真实，从而进入一个性质迥异的经验领域。据此，博德里拉认为，人类正面对着一个新的没有未来的未来，一切都已完成，一切都已完美，并且注定只能无限地重复，而同样的事件无休止的重复，这就是西方的后现代命运，20 世纪剩下的最后一段时间犹如一片空荡荡的海滩。这一历史的进化已经走到终点，这就与宣扬西方自由民主理念既可匹敌的新保守主义者福山们合流了，因为他们都看不到除"科技社会"之外的任何未来的出路，他们都认为技术社会乃是西方乃至全人类的最终归宿，这是一个能够自我复制的、具有完备控制机制和功能机制的社会模型，西方的自由民主制度已是最理想的社会模型，其他的任何观念都已过时、破产和终结。

　　总之，正是后现代社会的来临所催生的种种"终结论"话语为意识形态终结论提供了富有刺激与张力的理论背景，搭建了必不可少的话语平台，而意识形态终结论的产生，又构成了后现代终结论话语体系的重要组成部分，因为它们具有一致的"家族相似性"，它们的内在逻辑关联还不仅如此，更重要的在于后现代思想家对现代性的批判为意识形态终结论提供了直接的理论营养与思维启迪。

　　（二）后现代哲学对现代性的多维批判为意识形态终结论思潮提供了思维启迪

　　在哲学领域，在关于现代哲学传统是否已经终结的争论中，尽管人们可以将尼采、海德格尔、杜威、后期维特根斯坦看作后现代主义哲学的来源，但将后现代主义对现代性的批判引向深入的则是在 1979 年利奥塔《后现代状况：关于知识的报告》出版之后，在该书中，利奥塔将"后现代"定义为"对元叙事的怀疑"。从而对现代理性主义哲学将知识的合法性建立在"元叙事"之上的规范模式提出了挑战。利奥塔认为，知识的合法性应当出自维特根斯坦哲学意义上的"语言游戏"，出自游戏者人们之间的约定，而不应当出自某种专断的话语霸权，这一思想在继海德格尔、阿多诺等对启蒙哲学的同一性、辩证法，对现代工业社会的技术统治，人的存在意义的丧失等现象进行了批判之后，进一步将对现代性的批判引向了有关知识的法则和社会规范的合法性问题，从而重构一种不同于现代性的后现代社会的知识与社会的游戏规则与合法性根基。后现代哲学对整个现代哲学的批判从四个方面为意识形态终结论提供了理论资源与思维启迪。

　　1. 西方意识形态终结论是后现代哲学对以"理性"为旗帜的现代启蒙精神进行批判的逻辑延伸。西方启蒙运动以"理性"为旗帜，试图通过唤醒人的理性使世界清醒，用知识代替神话进行"祛魅"，使人性复归。但是，在后现代思想家看来，这一"祛魅"的思想运动却导致了新的神话。比如，主体性是现代性的一个核心范畴，但是，在理性的旗帜下，表面上宣扬人的主体性，突出人的能动性、中心性和先验性，将人视为自然的主人、世界的中心，但实际上既在客观上导致了对自然的疯狂掠夺，又导致"主体"成为一种虚构。因为，后现代主义认为，主体不是一座孤岛，人总是处于复杂的社会关系网络之中，处于特定的政治体制与文化教育环境之中，他不但是能动的构造者，而且是被建构者。正是因为理性对主体性的极端推崇，使"主体性"在得到张扬的同时，人的存在意义却被忘却了，在后现代社会技术理性的支配下成了技术的附庸。因此，后现代主义认为，否定这种主体性，有利于消解有关人类干预、规划、操纵、控制社会和自然的所谓"合理性"企图，使人不作为世界的中心，而是作为世界系统的一部分，来切实关注自己生存的命运，重视与自然的和谐。应当说，这种对主体性的反思与否定，是对近现代以来对人类中心主义的超越，也折射出现代工业文明在推动生产力巨大发展的同时，也造成了贬损人的价值，压抑人的自由的现实世界状况。

　　这种对主体性的批判逻辑地延伸到意识形态论域就必然催生意识形态终结论，因为，首先，从意识形态的本身来看，意识形态终结论者认为意识形态正是启蒙运动以来现代性神话的典型代表，它以对社会前景的总体性设计，披着普遍利益的外衣，操纵和压制个体的意愿与行为，忽视和贬斥人的非理性、情感和意志，因而实际上成了一种专断性的霸权话语，因此，要消解主体性，就当然要终结支配主体行为与思想的意识形态。其次，从作为主体的人来看，意识形态是从自然存在物转化为社会存在物的许可证，意识形态通过语言的教化进入个体，始终支配着人的思想与行为，表面上看人是主体，但真正的主体是意识形态。阿尔都塞在研读《德意志意识形态》的基础上得出了一个富于创造性的命题：人本质上是一个意识形态动物（Man is An ideological Animal By Nature）。对于这一点，我国学者俞吾金在《意识形态论》中也有一段非常精彩的论述："一个人愈是与某种意识形态认同，他在以这种意识形态为主导思想的社会中生活就愈得心应手，与此同时，他的主体性的失落就愈严重。在极端的形式下，他成了一个装满意识形态象形文字的容器。他陶醉于对一种子虚乌有的主体性的盲目的满足感中。……实际上，这里的'我'不过是意识形态的代名词，真正的我，即有独立见解的我已经淹没在意识形态的硫酸池中，消失得无影无踪了。历史的讽刺在于，在主体性谈得最多的地方，我们见到的却是一种纯粹的客观性；在'我'字出现最多的地方，我们见到的却是一种无我之我，即我之死亡。"① 这就告诉我们将主体看作是人还是意识形态，后现代哲学对主体性的消解与批判，就必然提出意识形态终结的命题。最后，后现代主义对理性的批判与其他不同流派的哲学对理性的批判相比，有一个独特的批判视角，那就是知识社会学。而知识社会学正是意识形态走向终结的逻辑路线之一。从这一意义来看，意识形态终结论既是后现代主义对理性进行批判的重要组成部分，又是其必然的逻辑结果。后现代主义从知识社会学的角度将理性对非理性、情感、意志的贬斥与压制和"权力"相联系，认为这种理性概念成了权力的工具，它不但是在认识与行为上压制非理性的借口，而且成为有权力者用来压制不同思想观念、不同文化与种族的借口。福柯以近代法国疯人院里的"有

---

　　① 俞吾金：《意识形态论》，上海人民出版社 1993 年版，第 3 页。

理性"者对疯癫病人、理智失常者，乃至贫民不分青红皂白地加以关押、处置的事实说明理性对非理性的压迫性与集权性。利奥塔认为，人们将预知、意识形态、辩证法披上理性的外衣，对选择程序和公共利益进行限制。德里达认为，理性是一种压迫性的、集权性的生活方式，它和种族中心论、文化帝国主义是同一的。

2. 后现代主义对现代性的合法性即"元叙事"批判，对新的社会规范、社会秩序合法性基础的建构又必然为意识形态终结论推波助澜。任何社会制度的制定与执行，任何社会秩序的维护与改变，都需要具有一定的合法性。这里所说的合法性是指为社会所普遍接受和认可的，制定与执行社会制度，维护与改变社会秩序的根据。在不同时期的不同国家，这种合法性的根据是不同的，古代中国的程朱理学将合法性的根据定位于"天理"，陆王心学则定位于"心"。在西方文明的童年时期，合法性依靠的是神话，宗教出现以后，依靠的是宗教观念，而启蒙运动以后，依靠的是理性。这种理性表现为一些关于真理的话语，它们作为一种形而上学的理念，被用来引导整个现代性事业，赋予现代性的思想、行为与制度以合法性。利奥塔把这种"具有合法化功能的叙事"称之为"元叙事"。康德关于在知识与道德领域具有先天立法功能的理性，黑格尔用来论述从思维、社会到历史文化相统一的运动规律的辩证法话语，马克思关于"人的解放"的论说，都被利奥塔归于元叙事的行列加以批判。应当指出，在利奥塔那里，对元叙事的批判只是原因，其结果在于：随着元叙事本身发生信仰危机并趋向衰落，元叙事所引导的整个现代性事业也必然走向衰落。但是，这一批判辐射到意识形态论域内，现代性的衰落甚至毁灭又成了原因，以意识形态为代表的元叙事的衰落或终结又成了结果，因为随着现代性的衰落，赋予现代性以合法性的"元叙事"也失去合法性的根基。正所谓"皮之不存，毛将焉附"，作为"元叙事"的典型话语——意识形态也就难以避免不被终结的命运。利奥塔还以德国法西斯屠杀犹太人的罪行以及奥斯维辛集中营的设立作为民族主义意识形态丧失合法性的历史论证，同时也把它作为现代性本身走向毁灭的例证。而这一历史事实也曾经是 20 世纪五六十年代西方意识形态终结论思潮兴起的重要历史依据。

如果说后现代主义对元叙事的批判在理论上为意识形态终结论推波助澜，那么后现代主义对后现代性合法性基础的探索与建构又为意识形态终结论之后寻找新的替代性方案提供了重要启示。利奥塔认为，后现代社会的合法性来源只能是游戏者之间的契约。除利奥塔之外，其他几位富有影响的思想家都试图解决后现代社会合法性的来源问题。比如，哈贝马斯的"交往行为理论"认为，合法性应当来源于社会中各个成员进行平等的言论沟通，相互交换他们的不同意见，从而建立起共识。罗尔斯则以"公共理性"作为合法性的根据与源泉。罗尔斯之所以提出这一概念，是为了解决他所认为的自由主义的主要问题，即"一个自由而平等的公民——他们因各种合乎理性的宗教学说，哲学学说，道德学说而产生了深刻的分化——所组成的稳定而公正的社会之长治久安如何可能?"[①] 要解决这一理性多元化问题，就必须使持有各种不同思想的人们能够在某种社会正义的观念基础上，达到一种"重叠共识"。之所以能够达成共识，就在于公民所具有的"公共理性"。这种相对于个人理性的公共理性的作用就是它可以使人们作为平等的人进入一个"公共世界"，公开讨论，自由发表意见，形成"公共舆论"和"公共意见"，通过"公共舆论"与"公共意见"达到关于社会根本性的公正观念的共识，从而获得合法性。

从利奥塔的游戏契约理论，到哈贝马斯的交往理性理论、罗尔斯的公共理性理论，其所探讨的问题都是要为作为现代性的合法性的"元叙事"崩溃之后寻找社会规范和社会秩序合法性根据的替代性方案，他们所提供的方案尽管各具特色，但都强调"共识"、"公共"的特征。这为传统意识形态终结之后确立新的替代物提供了重要的路径选择。20世纪八九十年代福山的"历史终结论"、亨廷顿的"文明冲突论"所表达的意识形态终结论的思想倾向，与此有异曲同工之妙。福山把西方的自由民主理念作为世界各民族和国家或迟或早都必须达到的彼岸，这不正是把西方自由民主的意识形态确立为其他意识形态终结之后的全球公共意识形态吗？亨廷顿认为传统意识形态的冲突终结之后，取而代之的是文明的冲突，而西方文明显然是一种普世性文明，这不也是把西方文明作为意识形态终结之后世界文明演进的万流归宗的灯塔吗？

3. 后现代哲学对西方传统思维方式的批判为西方意识形态终结提供了直接的思维启迪。后现代主义对西方传统思维方式的批判锋芒主要指向

---

① ［美］罗尔斯著，万俊人译：《政治自由主义》，译林出版社2000年版，第13页。

现代西方的传统知识论模式。这种知识论模式遵循着逻各斯中心主义二光对立的思维模式。赫拉克利特认为，"逻各斯"是"共同的"、"一切都遵循着这个道"，它是"永恒不变"的，"片刻不能离的"，"支配一切的主宰"，人无论如何也无法"躲过"它①。在这里，"逻各斯"是宇宙万物所固有的本质和规律，它具有客观性、普遍性和必然性，是宇宙所从之出且向之归的终极存在，是判断事物真实性的依据，显然，"逻各斯"概念是建立在人与世界、感性世界与理性世界二元对立的思维方式基础上的，在本体论意义上古希腊自然哲学的经验性，将理性确立为事物背后的客观必然规律，从而确立了西方理性主义的客体性原则。柏拉图的"理念论"不但在本体论意义上将赫拉克利特的逻各斯精神予以绝对化，而且在认识论上确立了可见世界与可知世界的二元对立，强调理性认识能力的绝对基础地位，理性意味着摆脱感性束缚，不断回归理念的高级认识能力，在柏拉图看来，理性不仅是指世界背后的本体论存在，而且指理性认识能力。赫拉克利特、柏拉图的逻各斯精神，奠定了西方理性主义文化中的客体性原则。西方现代知识论模式就是建筑在这种先验理性主义传统的基础上。启蒙运动以后，西方这种现代性的知识论模式突出表现在两个方面：一是现代性的真理观；二是对各种普遍性、总体性和本质主义概念与话语的痴迷与追求。后现代主义对现代性思维方式的批判也主要指向这两个方面。后现代主义的代表人物尼采、德里达、福柯、利奥塔都先后从不同的角度批判了传统的具有逻各斯中心主义痕迹的真理观。尼采认为，真理是富有歧义性的，是解释性的结果。德里达认为真理的语义在"作者的意义"与"读者的意义"之间波动，福柯认为不存在某个绝对的、无差错的真理的实在可能性。利奥塔认为真理替有权力者辩护，因而成了政治压迫的工具。其批判的目的在于打破启蒙运动以来各种真理话语的形而上学的霸权，以人文真理取代传统的以自然认识为模式的真理观。

后现代主义对传统知识论的批判还指向了对普遍性、总体性概念和本质主义的批判。本质主义起源于亚里士多德关于"客体是什么"（What an object is）与它"是什么样的"（How it is）的区分。他认为不存在个别的本质，只有"普遍物"（the universal）才是使某物成为实体的本质，

---

① 《西方哲学原著选读》上卷，商务印书馆1981年版，第21页。

因此，对于本质主义者而言，在"普遍性"、"总体性"、"本质"这几个相互关联的概念中，"普遍性"是根本。西方哲学从柏拉图的理念论、中世纪的唯名论与唯实论之争，到康德的先验逻辑、黑格尔的概念逻辑，无不贯穿着个别与普遍的关系问题，其中占主导性的观念就是在科学主义的思维方式的支配下，以超验的普遍概念构成认识或事物的本质。这种追求普遍性、总体性与先验本质的哲学导致了双重结果：在理论上，这种哲学先验地确定了某种先验的本质，终极意义的本质，任何思维都必须符合这一本质，任何认识都是再现这一本质，这就形成了在西方社会具有强大惯性力的主体与客体、内在与外在、本质与表象相对立的思维模式。在现实中，启蒙运动以来的现代思想虽然都宣称以人类全体的自由、解放为目标，并把自我标榜为揭示了社会本质和发展规律的普遍真理。但是单一的理想目标却无法规制多元化发展的现实，相反，这种以单一目标为指归的普遍真理却成了压制和摧残异端的借口与工具，现代性的发展并没有达到自由解放的理想目标，反而滋生了 20 世纪不同类型的极权主义，造成了总体性恐怖。西文中的"极权主义"，英语是 totalitarianism，德语是 Total-italismns，其词根都与"整体性"（totality）有关。第二次世界大战以后，面对以法西斯主义为代表的种种极权主义，西方哲学中以法兰克福学派为代表，开始猛烈抨击整体性思维。这种批判在后现代哲学中就表现为对差异性的尊重，把差异从整体的"同一逻辑"中解放出来。福柯认为，认识的目的不是从差异中寻找同一，而应当是差异地理解差异。德勒兹认为哲学的方法论是多元论的，因而应有与"同一逻辑"相对应的"差异逻辑"来把握事物的多样性。利奥塔宣称讨论问题的目的是探求"悖谬推理"（paralogy），这种推理以"规则的异质标准"和"对歧见的探求"为视点[1]。他认为哈贝马斯所要求得的"共识"是"一条永远无法企及的地平线"，现在必须强调的是"歧见"（dissent）。

后现代主义哲学对传统真理观的批判，对普遍性、总体性、本质主义的批判对于意识形态终结论产生了重要的思维启迪：

首先，意识形态终结论者认为，意识形态的本来面目是一种虚假意

---

[1] Jean - Francois Lyotard, *The Post modern condition*：*A Report on Knowledge*，*Minneapolis*：University of Minnesota, 1984, p. 66.

识，是受阶级、政党利益左右的价值观念与乌托邦理想，但是，意识形态在思维方式上与现代真理观是相通的，任何阶级、政党都将自身的意识形态看作是真理，当这种意识形态与国家权力相结合时，就成了一种拒斥不同观点的霸权话语，成了在政治上进行精神控制与情感诱惑的工具。因此，随着现代真理观的倒塌，绝对真理的终结，按照同质的思维方式得以产生的意识形态也就只剩下残垣断壁了。

其次，意识形态的终结论者认为，任何阶级、政党往往将体现自身利益的意识形态披上普遍利益的外衣，称其目标是为了实现人类的自由与解放，宣称自身的意识形态洞见了人类社会的发展规律与本质，其结果是削足适履地要求生动活泼的社会现实服从于抽象而空洞的意识形态的单一目标，从而导致了苏联的斯大林主义和纳粹德国的法西斯主义等形形色色的意识形态恐怖。因此，在后现代社会中，随着"不变的本质"走向消解、普遍性神话的破灭，意识形态的终结也就在所难免。

最后，后现代哲学对"差异"与"歧见"的强调，对"差异逻辑"与"悖谬逻辑"的推崇，对二元对立思维模式的超越，都与意识形态终结论所提出的超域左、右的意识形态争论，资本主义和社会主义正在趋同的见解以及普遍性意识形态的衰落，新的地区性意识形态的兴起的观点，在思维模式上都有一致性。贝尔在《意识形态的终结》一书中有一个核心主张：发端于19世纪人道主义的普遍性意识形态已经衰落，新的地区性意识形态正在兴起，资本主义与社会主义之间存在的左、右论战已经丧失了意义。因此，"摆在美国和世界面前的问题是坚决抵制在'左派'和'右派'之间进行意识形态争论的古老观念，现在，纵使'意识形态'这一术语还有理由存在的话，它也是一个不可救药的贬义词"①。

4. 西方意识形态终结论思潮既暴露了西方右翼资产阶级知识分子对后现代主义文化侵蚀资产阶级传统价值观、世界观的忧虑，也表达了他们面对新的现实寻找新的社会整合源泉的渴望。自从启蒙运动掀起对宗教的猛烈批判后，"理性"就取代了宗教作为整合社会的价值源泉。然而，随着后现代主义对"理性"的激烈攻击，社会整合的价值源泉枯竭了，精

————————————

① [美]丹尼尔·贝尔著，张国清译：《意识形态的终结：五十年代政治观念衰微之考察》，江苏人民出版社2001年版，第467页。

神基础动摇了，一个理性、统一的、确定的世界不见了，代之而起的是一个虚无的、不确定的、碎片化的世界。贝尔认为，这种发展将预示着资产阶级世界观及其理性、节制、道德价值和宗教价值的终结。为了阻止后现代主义对传统价值观的侵蚀，面对后现代社会的现实，贝尔一方面认为，资本主义与社会主义正在趋同，自由主义与保守主义已达成妥协，恪守启蒙信仰的传统意识形态已经终结；另一方面又呼吁宗教价值的复兴，以重新确立社会整合的精神基础。而福山则雄心勃勃地把西方的自由民主理念作为全球化背景下进行全球精神整合的价值源泉。亨廷顿认为，冷战时期理解世界政治的主导性范式是意识形态，在冷战后应该根据文明的范式来理解世界政治，文明正成为国家和人民聚合的精神基础，而在诸文明因素中，他同样特别强调宗教的作用。因此，从贝尔到福山和亨廷顿所表达的意识形态终结的主题来看，既反映了他们对于后现代社会中资产阶级传统价值观念正在走向衰落的忧虑与恐惧，又体现了他们在全球化背景下试图以西方为中心，寻找社会整合新源泉的渴望与追求，从而在一个不确定的后现代世界中寻找新的确定性。

二、20 世纪西方理性主义文化精神衰竭的深层动因

20 世纪人类历史内涵的演绎波澜壮阔，惊心动魄，从消极的方面看，有两次世界大战的搏杀，经济大危机的困扰，法西斯主义的悲剧，原子弹的恐怖，而从积极的方面看，则有生产力水平的巨大提高，科学技术的飞速发展，物质文明的空前繁荣，全球范围内对话与契约机制的建立等，所有这些使 20 世纪的人类文明成为历史绵绵山脉里高耸的奇峰，傲立于历史长河之中。然而，20 世纪的西方发达工业社会却始终被一种挥之不去的文化危机和文化焦虑所笼罩，而这种社会危机本质上是西方源远流长的理性主义文化精神的衰竭。

西方文化有两个主要的渊源：一是在理性层面的古希腊理性；二是在信仰层面的希伯来精神，古希腊理性的核心是赫拉克利特提出的"逻各斯"概念和阿那克萨戈拉提出的"努斯"概念，它们分别奠定了西方理性主义的客体性原则和主体性原则。希伯来精神集中体现在基督教的教义里，透过《圣经》中所蕴涵的上帝创世说、原罪说、灵魂不朽说等人类学思想可以洞彻希伯来精神的理性主义内蕴。这两个源头都以二元对立的理性主义思维方式为基础，在主体与客体、"逻各斯"与"努斯"、自由

与必然、灵魂与肉体的对立统一中确证人在宇宙中的位置。只不过，古希腊理性在自然界与人类精神中寻找统一的支点，当西方冲破中世纪的黑幕之后，文艺复兴、宗教改革、社会契约等一系列的精神整合和文化创造，使上帝从天国降到人间，从此，古希腊理性与希伯来精神就现实地契合而成一股强大的理性主义思潮，在飞速发展的科学技术的刺激下，以技术理性与人本精神为基本内涵的理性主义历史意识就成了近现代西方社会的主导性文化精神。这种文化精神以理性化、世俗化、人的个体化为基本内涵，相信理性万能，理性至善，理性的进步，技术的发展，人对自然统治的加强都毫无疑问地确证了人在宇宙中的中心地位，随着理性和技术的进步，现有社会中的不幸与弊端都只是暂时性的历史现象和时代错误，人类终究可以进入完善完满的境地。

然而，这种理性主义文化精神在其自身内部包含着难以避免的紧张与冲突，主要表现为技术理性与人本精神，有限工具和无限目的之间的矛盾与张力。在相当长的历史时期内，人们相信技术理性与人的自由之间可以同步协调发展，技术的发展必然导致自由的增强，然而这种理解和信念包含着不可克服的局限性，它导致了理性主义文化精神的自残裂变和人类不计后果的极端化行为。在传统的界定上，"技术"是人可以自由抉择与取舍的有限的工具与手段，但是在技术理性主义的文化信息深处包含着人更为远大的目标：人试图凭借技术这种有限的工具达到自身的完善与完满，彻底摆脱有限的存在境遇。这样，人就面临着一个二律背反的难题：作为有限的工具，技术在一定状态下可以改善人的具体存在状态，有助于人自由、全面发展，但无法实现无限的目的，人如果要运用技术这一有限的手段实现无限的目的，就必须改变技术作为有限工具的性质，使之成为一种超人的自律的力量，一种可以把人提升为神的力量，而一旦技术突破了有限工具的地位，变成一种自律运行的超人的力量，它就会使自身成为万能的统治者，而这就越势必威胁到人的自由，导致技术理性与人本精神的矛盾与冲突。在这种情况下，技术和技术理性一方面成为人不得不臣服和依赖的上帝；另一方面又成了扼杀和束缚人的主体性与自由的异己力量，成为人为自由不得不与之抗争的"恶魔"。

对于这种西方理性主义文化精神的内在紧张，马克斯·韦伯、尼采、斯宾格勒等少数孤独的先行者分别在其著作《历史研究》、《权力意志》、

《西方的没落》中已有所觉察，他们都看到了西方文化精神的衰落，并把
这种衰落看作是西方传统价值、制度、生活方式的灾难性变革。当历史的
车轮驶进 20 世纪的驿站，西方理性主义文化模式的悖论、焦虑与危机便
暴露无遗。一方面科学技术的进步大大提高了劳动生产率，给人类的物质
生活带来了巨大的变化，极大地增强了人类面对大自然的信心；另一方
面，在物质繁荣的背后却深藏着人类深刻的精神危机。因为人类对自然的
技术征服与统治引起了自然界对人类无情的报复，而且技术的本身也成了
失控的超人力量，并引起了其他普遍的文化力量和社会力量的异化与失控
的发展，比如，官僚制的极权国家、以批量生产和商品化为特征的大众文
化，以操纵和控制人的精神世界为宗旨的形形色色的意识形态，等等，尤
其是第二次世界大战更是以残酷的事实击碎了西方理性主义文化的迷梦，
尖端的科技并没有带来预期的自由与解放；相反，用来制造杀人的武器，
原子弹的邪恶威力，奥斯维辛集中营灭绝人性的残暴，格尔尼卡、古拉格
群岛的悲剧，把以技术理性主义为核心的西方近现代文化的危机淋漓尽致
地裸露在世人面前，人表面上是自由的，但实质上从生产到消费，从工作
到私人生活却无处不受到无形的异己的文化力量的约束与摆布，面对按技
术理性组织起来的庞大社会机器，个人的渺小感，无能感油然而生，人从
自然的主人沦为了技术的奴隶。科学技术和意识形态、政治、经济、国
家、行政组织一起编织成巨大的必然性的文化链条，成了一种消解人之主
体性和人的自由的文化力量，人成了没有自我，没有超越性的文化客体，
更严重的是，科学技术本身成了规范文化其他形式和日常生活的意识形
态。这种矛盾的文化景观引发了西方社会 20 世纪深深的文化焦虑和在茫
茫荒原上寻找生存之指路灯塔时身心疲惫的迷茫。"一次世界大战结束时
一种新开端的情绪流行，而二次世纪大战结束时则是末日感盛行"①，这
种危机感的蔓延导致了各种不同形式、不同层面的文化批判与文化反抗。
从实践运动来看，第二次世界大战后发达国家年轻一代标新立异，反抗习
俗，追求个性自由和性解放的行为就是这种文化反抗的典型诠释，从理论
批判与反思来看，群情激昂、同仇敌忾的知识分子掀起了文化批判的滔天

---

　　① Edward Cell: *Region and Contemporary Western Culture*, Abington Press, New York, 1967,
p. 97.

巨浪，从韦伯关于工具理性与价值理性内在张力的分析，齐美尔关于现代社会普遍物化现象的揭示，胡塞尔关于欧洲科学危机的文化分析，海德格尔、萨特所发动的声势浩大的存在主义运动，西方马克思主义多维度、多层面的文化批判，到后现代主义对传统理性主义文化的解构，对绝对真理的拒斥，对微观权力结构的剖析，对边缘话语权利的捍卫，纵贯 20 世纪的文化批判主题一直延伸到新世纪的地平线。

　　置于 20 世纪西方社会整体性的文化危机、文化焦虑与文化反抗的背景下，我们就不难发现西方意识形态终结论思潮的深层动因。一方面，宣布意识形态的终结本身就是 20 世纪文化反叛的一个重要主题，因为宣布意识形态终结的西方右翼自由主义知识分子通常把"意识形态"当作一个具有限制性意义的贬抑性术语来使用，而且常把意识形态和极权主义相联系，它操纵和控制着人的精神世界，严重消解着人的主体性与人的自由，它和科学技术、官僚国家、大众文化一道构成了压迫和奴役人的自由的必然性链条，并为教条主义和极端主义政治态度并且首先是为极权主义提供知识性基础。而且意识形态是一种刚性的系统化的表述，接受意识形态的人往往拒绝接受任何新的不符合这些预先接受的模型的证据与经验，爱德华·希尔斯认为："意识形态倾向于对新证据加以封闭。"[①] 贝尔也将意识形态家看作可怕的"简化论者"，他们认为，现实是多元的，按照单一系统化的观念或价值来理解现实或尝试把分散性事件或问题整合成一个模式是错误的和危险的。因此，根据西方自由主义知识分子对意识形态的理解，他们必然就要把意识形态列为反抗与批判的对象，特别是在技术理性成为奴役人的自由的意识形态的背景下，终结意识形态更具有现实的意义空间。另一方面，以不同话语形式出现的意识形态终结论又可以视为西方自由主义知识分子为抢救西方文化的危机，寻找新的生存智慧而进行的努力与尝试。提出社会主义失败论的布热津斯基在反思美国传统价值观与生活方式时提出："美国显然需要花一段时间，在哲学上进行反省和文化上的自我批判。在这一时期内必须认真地认识到，以相对主义的享乐至上作为生活的基本指南是构不成任何坚实的社会支柱的：一个社会没有共同

---

① Edward Shills："Ideology"，*in the Encyclopedia of the Social Sciences*（Free Press/ Macmillan, 1968），p. 74.

遵守的绝对确立的原则，相反却助长个人的自我满足，那么，这个社会就有解体的危险。"① 福山和亨廷顿也都看到了西方文化因自身不可克服的缺陷正逐步走向衰落的趋势，历史终结论、文明冲突论实际上是为抢救这种衰落而做出的努力。正如雅克·德里达指出：福山所说的自由民主的胜利是"为了掩盖，首先是对自己掩盖这一事实：即这种胜利从来没有这样病入膏肓，这样摇摇欲坠，这样危机四伏过，甚至在某些方面它已大难临头，而且在总体上已经灭亡。它的灭亡不仅是因为马克思的幽灵在今天依然存在，而且是因为实际上它本身就灭亡了，通过掩盖所有这些失败，所有这些威胁，从而试图掩盖我们所说的原则和马克思主义的批判精神的潜在能力——力量和现实性"②。亨廷顿强调文明的冲突将取代意识形态的冲突和其他形式的冲突成为左右世界政治的主要冲突，实际上是面对西方文化中心地位的衰落，想极力维护西方文化和意识形态在全球的优势地位的一种无奈的表现。正如李慎之指出的："他（指亨廷顿）无疑是西方中心主义的遗老，但是他已不敢公然嗟叹盛世难再，而只敢承认西方已经衰落。不难推断，从西方中心时代的巅峰跌落下来，他心里是不会好过的。"③ 这种面对西方文化的危机感和拯救西方文化的紧迫感在第二次世界大战后的冷战岁月里，面对苏联共产主义的威胁显得尤为突出。

三、全球化语境下西方文化帝国主义的扩张战略产生的现实需求

经济全球化虽然是人类社会生产力发展的必然趋势和客观要求，但是由于全球化进程的参与者在政治、经济、文化、科技等方面实力发展的不平衡，因而它们在全球化进程中的地位、作用以及所面临的现实境遇又是各不相同的，西方发达资本主义国家凭借其强大的优势，试图通过全球化进程，实现资本主义生产关系和文化价值观的全球资本主义一体化，即"试图根据一种比任何东西都更有效地服务于一些利益的新的全球想象来重新建构世界"④。因而现阶段的全球化又必然打上资本主义生产关系和

---

① ［美］兹比格涅·布热津斯基著，潘嘉玢等译：《大失控与大失败》，中国社会科学出版社 1994 年版，第 125 页。

② ［法］雅克·德里达：《评福山的"历史的终结和最后的人"》，载俞可平主编《全球化时代的"马克思主义"》，中央编译出版社 1998 年版，第 148 页。

③ 李慎之：《数里优势下的恐惧》，《太平洋学报》1997 年第 2 期。

④ 王宁、薛晓源编译：《全球化与后殖民批评》，中央编译出版社 1998 年版，第 3 页。

文化价值观扩张的烙印，而不仅仅局限于单纯的经济领域，尤其是 20 世纪后半叶西方发达社会以高新技术为背景的大众传媒显示出日益发达和无所不在的影响，并促进了消费社会和消费文化的出现，一方面，围绕大众传媒而膨胀起来的文化从传统的贵族特权渗透到大众生活之中，而且产生了蔓延于全球的平民化的文化产业；另一方面，传统的经济活动也日益超越了纯粹工具加工活动和直接交换活动的特征，诸多体现人的生存方式的文化要素，比如，理念、价值、追求、想象、希望等开始从传统经济活动的外在附属物转变成为内在的重要组成部分，甚至是出发点和主动力，亨廷顿称之为是全球化的文化动力。这样，文化与政治、经济、社会的传统界限日益消失和模糊，西方发达国家文化上的霸权直接成了服务于资本掠夺的工具与手段，强烈地冲击着世界体系中居于边缘化位置的国家的文化价值观念。全球化的目标也不仅仅局限于经济意义上，而是指向了文化价值层面，有的学者从文化的视角上将全球化看作是西方国家推行文化帝国主义的代名词。

　　文化帝国主义的基本思想来源于意大利共产党创始人葛兰西在其《狱中杂记》中提出的"文化霸权"理论，20 世纪五六十年代，在法兰克福学派对全球化及其西方化的批判中形成了文化帝国主义的论断，他们认为，在晚期资本主义社会里，正是借助于高科技手段，通过不计其数的大批量生产和大众文化的机构，把因袭守旧的行为模式当作自然的、令人尊敬的、合理的模式强加给个人，履行着操纵意识的控制职能①。美国学者沃勒斯坦、詹姆逊也对西方文化霸权有过一定的论述。列宁在《帝国主义是资本主义的最高阶段》一文中将帝国主义视为资本主义在政治、经济、军事领域对广大欠发达国家和地区进行的殖民统治，并且在文化层面同样也存在着殖民、侵略和霸权现象，虽然列宁并未明确提出"文化帝国主义"一词，但他显然已清楚地看到了文化帝国主义的客观现象。英国学者汤林森从经济先行、文化是目的的意义上把"文化帝国主义"指认为"运用政治与经济的权力，宣扬并普及外来文化的种种价值与习惯，牺牲的却是本土文化"② 在他看来，全球化及其西方文化的扩张可以

---

① 欧力同、张伟：《法兰克福学派研究》，重庆出版社 1990 年版，第 289 页。
② ［英］汤林森，冯建三译：《文化帝国主义》，上海人民出版社 1999 年版，第 5 页。

从如下几个方面来理解：第一，这个过程被视为一种同质化，其结果是一种标准化的商品化的文化的出现；第二，把西方的各种文化疾病，比如，热衷于消费实践，文化身份的碎片状态，中心的丧失，稳定的共同文化价值强加于其他文化之上；第三，上述两种趋势威胁到脆弱的而且容易受到伤害的第三世界民族国家的传统文化；第四，这个过程被认为是支配的广泛形式的重要组成部分。诸如涉及跨过资本主义越来越广泛的控制，经济上和文化上依赖的后殖民关系的维护等①。也有学者从文化先行并服务政治、经济目的的意义上把文化帝国主义看作西方统治阶级对人民进行文化渗透和控制，重塑被压迫人民的价值观、行为方式、社会制度和身份，使之服从于帝国主义的利益与目标。还有学者从文化渗透的角度看待文化帝国主义，这种观点认为文化帝国主义通过三种方式进行文化渗透：即理论层次上宣扬西方社会制度和价值观；大众文化层次上通过各种文化媒体传播它们的文化；文化产品和文化消费上的西方化②。

　　尽管关于文化帝国主义的理解见仁见智，莫衷一是，但是一个不可否认的事实是：在资本主义发达国家所主导的当代全球化进程中，文化已成为资本主义权力意志的不可或缺的组成部分。这种权力意志借助于经济扩张策略，推进文化帝国主义的发展战略，试图实现全球范围的文化整合，这就决定了全球化的过程和结果不但产生了一种秩序化了的世界经济市场及其活动方式，而且产生了一种内生于全球市场活动中无法抗拒的文化强制性，通过不平等的文化交流、强大的大众传媒攻势、文化产业输出中的霸权，这种文化强制性严重消解了弱势国家和民族对自身文化的认同。

　　应该看到，文化帝国主义的扩张过程也是一个西方资产阶级意识形态向全球扩张的过程，一方面，意识形态本身是文化的重要组成部分；另一方面，意识形态又规制着文化的表现形式与内容。在全球化进程中居于主导地位的资本主义国家，将西方价值观、生活方式披上"普世文化"的外衣，通过实施文化帝国主义向其他国家和民族进行文化侵略和意识形态渗透，其"普世文化"的外衣下实际上包藏着沉重的意识形态包袱。那么"文化帝国主义"又是怎样导致了"意识形态终结论"呢？这需要从

---

① 刘登阁：《全球文化风暴》，中国社会科学出版社2000年版，第51页。
② 贺金瑞：《全球化与交往实践》，中国广播电视出版社2002年版，第222页。

主观与客观相统一的角度进行分析。从主观意图来看，由于发达国家的文化帝国主义的扩张和对其他国家的文化侵略必然遭到其他国家与地区民族文化、本土文化的抵抗，而其他发展中国家的意识形态正是抵挡文化帝国主义入侵的防火墙，只有摧毁其他国家以价值观为核心的意识形态，才能从思想上解除其他国家抵抗文化帝国主义的思想武装，为实现全球资本主义一体化创造条件。因此，西方发达国家此时抛出的意识形态终结论，其主观意图是让不发达国家放弃对自己国家意识形态的认同与信仰，实现发达资本主义国家的国家利益在这些国家的扩张，其实在意识形态终结的幌子下，掩盖的正是西方发达国家的意识形态意图。与意识形态终结论同时出现的"全球主义"、"全球意识"、"全球化时代"的喧嚣都是服务于这一意图的理论口号。从客观效果来看，全球化不但强化了西方发达国家对其他国家与民族的经济控制，也加强了对其他国家与民族的文化控制，对发展中国家来说，参与全球化进程就意味着将自身置于一种由"他者"所规定的秩序与结果之中，使本民族文化和意识形态受到西方文化价值观念与意识形态的"脱色处理"。这就势必造成了一种自由意识形态所主导的全球意识形态新秩序，在这一秩序中，一切非西方的意识形态都面临着被贬损、被排斥、被终结的危险。第三世界的知识分子也开始接受西方式的"视点"，以西方式的价值观对第三世界的文本进行阐释与解读，从而形成了一种詹姆逊所说的"民族寓言"式的写作，这就意味着第三世界的意识形态受到不断的渗透与改型，其最终结果就是民族国家失去权力和国家意识形态的终结。

　　总之，晚期资本主义政治、经济、科技、文化的新变化、新格局构成了西方意识形态终结论思潮产生的社会场域，只有在这一宏大的社会场域中才能透析这一思潮深刻、复杂而广泛的社会根源。

第五章 批判与甄别：西方意识形态终结论思潮评析

恩格斯指出："费尔巴哈打破了黑格尔的体系，简单地把它抛在一旁。但是简单地宣布一种哲学是错误的，还制服不了这种哲学。像对民族的精神发展有过如此巨大影响的黑格尔这样的伟大创作，是不能用干脆置之不理的办法来消除的。必须从它的本来意义上'扬弃'它，就是说，要批判地消灭它的形式，但是要救出通过这个形式获得的新内容。"① 这里恩格斯实际上为我们提供了一个对待一切思想、理论、观点与思潮的具有普遍指导意义的方法论原则，那就是在保持清醒的批判性识见的同时，要善于甄别包含在错误的形式中有价值的新内容，从而达到其本来意义上的扬弃。对于意识形态终结论这一股内含着西方学者对一系列重大理论与实践问题的看法与见解的社会思潮，欣然接纳与盲目拒斥都不是真正马克思主义的作风，必须在清醒认识其一般本质的基础上，针对这一思潮所关涉的一系列现实问题，在理论的层面划清马克思主义与非马克思主义、反马克思主义的界限，从而对于意识形态是否已终结的问题作出符合逻辑与事实的回答，这正是本章的研究诉求。

第一节 西方意识形态终结论思潮的一般本质

不同的历史境遇、不同的理论动机、不同的典型话语之所以能表达"意识形态的终结"这一共同主题，原因就在于众多差异性的背后蕴涵着其共同的理论本质，正如千差万别的商品能够相互交换，是因为它们都包

---

① 《马克思恩格斯选集》第 4 卷，人民出版社 1995 年版，第 223 页。

含着"无差别的人类劳动"。从 20 世纪世界格局的演变、资本主义社会的发展、意识形态理论本身的演进来看，西方意识形态终结论思潮所蕴涵的理论本质主要体现在五个方面。

一、哲学基础：资产阶级唯心史观的现实表征

这种唯心主义的历史观主要表现为：第一，意识形态终结论者要么将世界历史的发展看作纯粹的精神发展的历史，要么仅仅根据时代变迁中某些思想观念变化的表象而断言"意识形态的终结"，而忽视隐藏于这种精神发展和思想观念变化背后深刻的物质根源。黑格尔的历史终结论认为，精神自身发展的每一环节都展开在意识因素里，都具有意识的两方面的对立，即认识主体与认识对象的对立，它们都显现为意识形态，意识发展所经历的一系列形态就是意识自身不断向科学发展的历史，而世界精神经历从东方到西方的漫游后，最终停留于日耳曼，意识形态的进化也就走到了终点，德意志就成了世界精神与意识形态的最终体现者。黑格尔从唯心史观出发，没有也不可能看到引起"世界精神"漫游的正是社会存在与社会意识的矛盾运动，20 世纪意识形态终结论的鼓吹者大多继承了黑格尔唯心史观的衣钵，他们根据世界格局和资本主义发展进程中的某些表面的、局部的、暂时的现象来断言意识形态的终结，并将资产阶级的意识形态作为意识形态演进的终点，因而他们既没有看到这种思想观念的变化正是生产力与生产关系、经济基础与上层建筑矛盾运动的结果，也没有看到资本主义制度本身的矛盾性、暂时性，其唯心主义的历史观是显而易见的。第二，意识形态终结论者剪断了意识形态与阶级和国家之间的脐带，追求超阶级、超国家、超党派、超历史的永恒观念，这就使意识形态失去了根基而成为无根的浮萍。第三，意识形态终结论鼓吹折中主义、相对主义和多元主义，进行自发的技术崇拜和抽象的个性崇拜，从根本上否定了辩证唯物主义的一元论世界观。尽管不同时期意识形态终结论的鼓吹者坚持唯心史观的方式、表现、侧重点各不相同，但是在本质上却是一脉相承的，那就是以历史唯心主义取代历史唯物主义。

二、政治倾向：冷战思维支配下资本主义向社会主义意识形态进攻的表现

第一次世界大战以后，在阶级基础、社会性质、意识形态、所有制形式和经济运行方式等方面都区别于资本主义的社会主义从理想成为了现

实，这使西方"自由"、"民主"世界感觉到一种前所未有的威胁，面对
共产主义这个西方世界的"共同敌人"，他们在政治、经济、军事等方面
结成了神圣同盟，试图围堵和扼杀共产主义，但并未奏效，在第二次世界
大战血与火的洗礼中诞生了一个强大的社会主义阵营。尽管美国、英国等
资本主义国家为了对抗法西斯主义而与社会主义苏联结成了"战时盟
友"，但随着法西斯政权的垮台，战时盟友很快由于意识形态等方面的差
异而成为了战后的对手，东西冷战格局迅速形成。要赢得冷战的胜利，西
方国家就必须内求妥协，以共同对付社会主义，特别是要在灵魂深处终结
马克思主义的意识形态。西方意识形态终结论思潮正是适应这种冷战的需
要而诞生的。联系冷战的大背景，鼓吹意识形态终结论无非要达到两个目
的：一是在西方社会的内部要寻求意识形态的妥协，追求国家的繁荣和发
展。比如，在1955年的米兰会议的闭幕式上，哈耶克激烈指责与会的西
方各国的学者与政治家，担心他们对社会民主主义的宽容会葬送西方社会
的个人自由，但他捍卫自由社会的这种不妥协的精神使他陷入了孤立，据
当时倡导意识形态终结论的代表利普塞特指出，只有他一个人为这种趋势
感到不安，与会的大部分人并不想在自由社会的原则问题上纠缠不清而伤
了和气；相反，在会上谈论得最多的是那个息事宁人的话题，即"意识
形态的终结"。也就是在这次会议上，另一位意识形态终结论者阿隆指
出，西方的"左"派和"右"派之间相同处多于相异处，20世纪上半叶
所固有的深刻的意识形态冲突的根源在相当程度上已经消失，不妥协的社
会主义和不妥协的自由主义已没有地位，意识形态争吵的时代已经结束。
贝尔认为，建立一个常规的市民社会比建立一个反常的专政国家更加符合
20世纪后半叶的世界状况，市民政治学可能会取代意识形态政治学，哪
一个国家实施了这一治国方略，哪个国家便获得了优先发展的社会。或者
说，哪个国家先放弃意识形态的争论，哪个国家便争取到了发展自己的时
间与机会。这是一个典型的美国式的实用主义的社会改良主义方案。但
是，在冷战的背景下，它迎合了美国维持国内团结与安宁，增强对抗苏联
的实力的政治需要。

　　终结西方社会内部自由主义框架内的意识形态之争，其最终目的是为
了适应和服务于冷战、和平演变苏联等社会主义国家的需要。因此，鼓吹
意识形态终结论的第二个目的就是反共产主义，终结马克思主义的意识形

态。透过形形色色意识形态终结论的表层话语进行深层分析，可以发现其
本质是冷战思维在不同历史条件下的不同表现，是西方资本主义国家对社
会主义国家进行意识形态进攻的旗帜与口号。贝尔自己也承认，"意识形
态的终结"是当时发生在知识分子，尤其是正发生在欧洲知识分子中间
的关于苏联和斯大林主义前景所展开的一切观念论战的一部分。从贝尔的
"意识形态的终结"到福山的"历史的终结"和亨廷顿的"文明的冲突"
存在着一种思想的连续性，那就是贯穿其中的冷战的思想路线，它表明西
方思想界与知识界有人单方面地提出了终结意识形态之争的希望，其实质
是要求人们放弃对任何其他意识形态，尤其是社会主义意识形态的诉求，
从而把西方的自由民主制度作为全球意识形态的普遍范式。这股思潮所具
有的服务于冷战的政治色彩，还可以从它对苏联极权主义和对趋同论的强
调中得以说明。尽管当时苏联的政治经济体制的弊端已日益显露，尽管西
方意识形态终结论者一再强调他们对苏联极权主义的批判是出于对斯大林
主义的恐惧和不满，但从冷战的大背景和西方社会的反共浪潮来看，我们
不能不说这股意识形态终结论的思潮是服务于冷战需要的理论工具。俄国
学者科洛米采夫将西方对苏联极权主义的批判看作"反共的意识形态花
招"，并指出："只有政治上缺乏素养的和天真幼稚的人才会看不出'极
权主义'一词与反社会主义意识形态斗争的联系。西方实在想不出比
'极权主义'一词更好地用来对付苏联的'心理战'工具了。"① 而根据
资本主义与社会主义在这一时期进行的改革所提出的"趋同论"，不是指
资本主义趋同于社会主义，也不是指资本主义与社会主义共同趋同于某种
新制度，其实质是宣扬社会主义趋同于资本主义，它是资产阶级用来模糊
阶级区别，反对马克思主义的科学世界观，实施和平演变战略的理论
工具。

　　如果说20世纪90年代以前的意识形态终结论者的冷战思维方式比较
直接，那么冷战结束后，这种冷战思维的惯性在亨廷顿的《文明的冲突》
中则以一种新的形式在延续，面对全球化背景下新一轮的国际竞争，西方
资本主义国家不但要寻求资本的扩张，而且要寻求观念的扩张，其中也当

---

① ［俄］科洛米采夫，李国海译：《"苏联极权主义"——反共的意识形态花招》，载《国
外社会科学前沿：2000》，上海社会科学院出版社2000年版，第685页。

然包括资本主义意识形态的扩张，这种扩张必然会遇到异质文化与意识形态的抵抗，从而引起冲突和摩擦，原来单纯的意识形态冲突会升级为包括意识形态在内的文化的冲突。如果说冷战时期意识形态终结的矛头是对准社会主义意识形态，那么，冷战结束以后的矛头却对准了所有与资本主义意识形态相异的意识形态，意识形态领域的斗争也将更加错综复杂，哪一个民族自愿放弃自己的意识形态，就意味着它自愿放弃在全球竞争格局中的文化生存权。尽管亨廷顿与贝尔提出的"意识形态终结论"具有不同的目的、背景和动机，但从中我们可以看到西方某些学者仍然坚持着冷战的思维范式，冷战思维并没有随苏联的解体和东欧社会主义阵营的瓦解而终结，相反，它正以一种新的形式在延续。

三、价值取向：西方中心主义价值观的思维再现

从价值哲学的观点来看，价值是指价值客体的功能在满足主体需要的过程中所具有的客观的确定的意义关系。价值虽然是客观的，但是价值选择、价值评价、价值取向则是价值在人的意识中的反映，是一种主观的意识活动。西方中心主义作为一种价值观念，从主体的角度包括两个方面的含义：

一方面是指非西方社会在实现现代化的过程中，无论从形式还是从内容上，无论从精神层面还是从器物到制度层面，都无条件地、全盘地仿效、摹拟和移植欧美发达国家的做法，以西方国家的发展水平、增长速度、社会制度、价值观念等作为衡量现代化的唯一标准。第一次世界大战前后，西方中心主义曾成为广大非西方社会的主流思潮意识之一，比如中国的陈独秀等知识精英在 20 世纪二三十年代就曾是著名的西化论者，他们多次发表文章宣传自己的不可调和的西化主义思潮，在学术界引起轩然大波。他们认为，西方文化不仅仅是西方的文化，它已经摆脱了空间的限制，进而成为了一种世界文化，因此他们发起了新文化运动，力图"求新声于异邦"，全面移植和输入西方文化。第二次世界大战后，一大批摆脱欧美列强而走上独立的国家虽然极力倡导本土化，有意识地将"现代化"与"西方化"相区别，强调突破"西化主义"千篇一律的公式与框架，从而探索符合本国国情，具备各自特色的现代化道路，但是，西方中心主义一直连绵不绝，到了 20 世纪八九十年代特别是冷战结束以后，又在非西方社会重新抬头。

　　另一个方面的含义是指西方社会普遍认为，西方的传统、思想、制度、信念是普遍有效的，甚至是人类实现自我肯定、推动现代化进程的唯一的历史模式，第三世界为了进步，就必须一揽子接受西方现有的制度与思想。这种唯我独尊的价值心态是西方在开启并推动全球化、现代化过程中形成的。15～16世纪，文艺复兴、宗教改革、地理大发现三大标志性的事件揭开了欧洲国家由传统向现代、由封闭向开放、由落后到先进、由农业文明向工业文明转型的序幕，东西方的发展开始出现大错位，在中古时代高度发达的东方各国，由于不能摆脱封建主义的束缚而成为近代的落伍者，而西欧各国相继脱颖而出，率先进入近代文明社会。西方社会的现代化伴随着资本主义主导的全球化浪潮，第一次全球化浪潮从16世纪一直延续到19世纪中叶，这次全球化以地理殖民主义为主题，它推动了西欧的原始资本积累，促使第一批资本主义强国的崛起，并最终导致英国独霸世界。由于西欧率先开始现代化并主导全球化进程，使西方人对自己产生了优越感，对未来充满了自信，并且把西欧一隅的发展模式作为唯一的永恒的发展模式，把西欧的发展视为整个世界历史的发展，从而出现了以西欧为中心的世界历史进步发展的观念，即"西欧中心论"，后来演化成"欧洲中心论"和"欧美中心论"，统称为"西方中心论"或"西方中心主义"。这种西方中心主义的价值观随着19世纪中叶到20世纪中叶的第二次全球化浪潮，特别是第二次世界大战后的第三次全球化浪潮进一步深化，从而形成了西方社会根深蒂固的西方中心主义的价值取向。

　　西方中心主义的价值取向主要建立在四个观点的基础上：

　　第一，资本主义文明就像"资本"本身一样具有不断扩张的需求与冲动。在这种文明不可遏制的辐射与扩散过程中，处于传统状态的非西方社会将别无选择地纳入资本主义文明的发展轨道。

　　第二，在欧美文明的不断浸透下，非西方社会的传统权威、文化基础、风俗习惯、政治制度都必然会被削弱、湮灭或解体，从而相继纳入资本主义的世界体系之中。马克思曾形象地把这种情况比喻为小心保存在密封棺木里的木乃伊，一旦接触到新鲜的空气，便必然要经历解体的过程。

　　第三，生活在夹缝中的传统社会的人们出于生存的需要，必然要启动现代化的步伐，以告别暮色苍茫的农业社会，步入生机勃勃的工业文明，这是不可抗拒的历史潮流。

第四，现代社会具有同质性，西方的现代化模式虽然单一，但却绝对权威，是现代社会的终极归宿。西方现代化模式"适合全世界"，"并将成为全世界的未来结局"①。

非西方社会实现现代化的过程就是向欧美学习、借鉴、移植的过程，简而言之，现代化等于西方化，全球化等于全球西方化或全球美国化。正如摩尔认为，现代化就是传统社会像西方先进国家那样地向经济富裕、政治稳定的社会的总体过渡。帕森斯（T. Parsons）更露骨地指出，现代化只有一种模式，那就是美国领导的西方社会体系……全世界的现代化，不仅应是西方化，更应是美国化。

这种根深蒂固的西方中心主义的价值取向不仅表现在西方人的思想观念之中，而且广泛渗透于西方的社会实践之中，深刻影响着西方社会的思维方式、行为方式、生活方式以及学术研究的范式，对社会的发展与时代变迁进行研究时所使用的命题和模式也始终脱离不了西方中心主义的支配与影响。与意识形态终结论相伴相生的正是西方中心主义在全球化进程中得以产生、发展和确立的过程。经过第一轮全球化浪潮，"到18世纪末，西欧已控制了外洋航线，组织起遍及全球、可牟取暴利的贸易，并征服了南美洲和西伯利亚的广大地区"②。这一轮全球化催生了19世纪黑格尔的"历史终结论"，他用一元单线的历史观将世界恢弘的发展进程终结于欧洲，具体地说是终结于日耳曼，西方中心主义在黑格尔那里又变种为日耳曼中心主义，在他的著述中，出现了"东方无历史"的状况，亚、非、拉的历史成了"宴席上的冷盘"，中国也成了置身于人类历史主流之外的国家。经过第二、三轮全球化浪潮的洗礼，西方中心主义最终得以发展、巩固和确立，意识形态终结论也经过孕育期、理论探索期，最终形成了一股强大的社会思潮。20世纪西方的意识形态终结论者都具有鲜明的西方中心主义的价值取向。比如韦伯在阐明非西方国家的现代化时所提出的社会变迁理论就是以西方中心主义作为其价值视角的。丹尼尔·贝尔在

---

① A. R. 德赛：《重新评价"现代化"概念》载 S. P. 亨廷顿等著《现代化：理论与历史经验的再探讨》，罗荣渠主编，上海译文出版社1993年版，第34页。

② ［美］L. S. 斯诺夫里阿诺斯著，吴象英译：《全球通史——1500年以后的世界》，上海社会科学院出版社1992年版，第889页。

《意识形态的终结》一书中将正在崛起的亚非国家正在形成的以发展经济和民族强盛为驱动力的新的意识形态称为是"一个不同寻常的事实"，实际上，贝尔在这里想要表明的是，其他非西方国家在经过形形色色的普世性的意识形态的狂热之后，最终仍然回到了西方式的以发展经济、赚取利润、谋求实惠为核心的意识形态上来了，因此，在贝尔看来，意识形态终结于资本主义，其西方中心主义的价值取向可见一斑。福山在论证其历史终结论时，明显地以美国为首的西方发达国家的存在为根据，他始终把美国出现的消费文化当成未来世界历史的重要文化特征，并以此去要求和规范其他民族和国家的文化，这是西方中心论的明显表现。而他宣称自由资本主义的胜利，自由民主制度将成为人类发展的普遍史，成为其他一切国家与民族迟早都要走向的唯一目标和终点，这更是将西方中心论推到了极致。亨廷顿的"文明冲突论"是经济全球化语境下西方中心主义的延续。冷战以后，世界朝多极化方向发展，美国单独左右世界局势已力不从心，第三世界迅速崛起，同时西方国家内部原来在冷战格局中被掩盖的矛盾日益凸显，经济困境与社会危机加重。在这种情况下，对于持有文明优越感并有对外传播文明的强烈愿望的美国人来说，如何继续维护其霸权地位，承担起"领导"世界的责任就成了一个紧迫的理论与实践问题。亨廷顿的文明冲突论实质上是秉承西方中心主义的价值取向，站在美国的立场，为保持西方文明的优势而提出的一套战略构想。其内容就是打着"文明的冲突"的旗帜，制造西方与非西方之间的对立与冲突，为巩固日渐式微的西方文明的支配地位而出谋划策。

四、文化心理：西方文化上的盲目乐观主义和霸权主义相结合的混合物

终结论者认为，资产阶级的自由民主的理念会一帆风顺地发展下去，将西方文化称颂为"普世文化"，这显然是一种盲目乐观主义，而这种盲目乐观的情结又催生了文化霸权主义的冲动，西方发达国家借助于经济、技术优势，掌握着文化的输出权，将自身的文化作为普世的价值标准强加于全世界，从而吞噬其他民族的文化，扼杀第三世界人民的文化创造力与参与精神，使他们停留于学习、移植、照搬西方文化的层次。笔者认为，世界秩序应建立在承认差异、相互尊重以及平等地对待不同文化和政治体系的基础上，而不是建立在一种虚幻的普世主义的基础上。武断地宣告西

方自由民主制度从此成为普世性的范式并宣称意识形态的终结，只是一相情愿的妄想。

透过西方意识形态终结论思潮貌似客观中性的话语表象，我们不难发现其历史唯心主义、反社会主义、西方中心主义的理论本质，这就决定了西方学者所一再鼓吹的意识形态终结论与马克思、恩格斯的意识形态终结思想之间具有鲜明的本质区别：

（一）着眼点不同

马克思、恩格斯的意识形态终结思想是着眼于无产阶级和全人类的彻底解放，这就决定了他们必然是站在无产阶级的立场，以唯物史观为指导，坚持一元多线的世界历史观，从人类社会发展规律的高度来看待意识形态终结的过程与路径，他们把意识形态的终结看作是无产阶级摆脱一切伪永恒性、伪真理性、伪人民性的意识形态神话的奴役与控制，争取总体解放运动的必要层次和环节。因此，他们始终从动态的角度，把意识形态的终结放到整个人类历史长河中来考察，无论是某种具体的意识形态的终结，还是作为一般的存在论意义上的意识形态的终结，都代表着人类朝彻底解放的目标迈进。而西方学者所鼓吹的意识形态终结论的着眼点是资本主义制度的永世长存。他们始终站在资产阶级的立场，以唯心主义的历史观来看待意识形态与人类社会的发展进程，因而看不到人类社会的发展规律，看不到资本主义的历史阶段性，看不到意识形态终结的真正含义、层次与条件，在意识形态终结的幌子下，试图以资本主义的意识形态取代其他一切异质的非西方意识形态，其实质就是将资本主义意识形态的"有限特殊性"夸大为"无限普遍性"，从而制造新的意识形态神话。这实质上是一种单向度的历史决定论。他们认为历史发展到资本主义社会之后就到达了最完美的顶峰，人类再也无法寻找更好的替代性模式，这是一种单向度的历史决定论支配下的霸权话语。即使资本主义与社会主义两种意识形态的斗争中，资本主义取得了暂时的胜利，也不能断言历史的终结，说自由资本主义已成为无可替代的模式，从而可以一劳永逸地发展下去。苏联的解体和东欧剧变只能说明社会主义一种特定的历史形式的结束，绝非意味着社会主义的灭亡。

（二）意识形态终结的含义不同

由于马克思、恩格斯对意识形态的理解既包括作为存在论意义上的意识形态，又包括认识论意义上的意识形态，前者是耸立于现实社会生存条件之上的由各种不同情感、幻想、思想方式与人生观构成的"观念上层建筑"，后者是指在以往历史中被统治阶级用来维护本阶级的利益，欺骗、麻痹民众的虚假意识。因此，意识形态的终结也包括两层含义：一是指存在论意义上的意识形态的终结，这一层次的终结只有在阶级、国家消亡后的共产主义才能实现，二是指认识论意义上的终结，主要指以往剥削阶级用来维护自身利益的虚假意识的终结。

西方意识形态终结论者所讲的"意识形态的终结"主要有五层含义：一是指西方社会内部在科技进步、经济繁荣的背景下，对宏观的社会政治问题达成了一个笼统的共识，从而结束了其内部的意识形态争吵。二是指在经济全球化的背景下，社会主义国家和其他发展中国家已放弃了原来激进的以阶级斗争为中心的意识形态，取而代之的是发展经济为主题的务实的意识形态，"经验之梯"已取代"信仰之梯"，从而在意识形态上已向西方"趋同"，这里的含义主要是指马克思主义的终结；因为西方学者常将马克思主义贴上意识形态的标签而予以贬斥。三是指在冷战结束的背景下，国家、民族之间冲突的根源主要不是意识形态，而是宗教信仰、民族与种族的归属感、文化价值观等因素，因此，过去的意识形态冲突已经终结，分析国际政治的意识形态范式已经终结，取而代之的是文明的冲突和文明的分析范式的确立。四是指西方的自由民主制度已成为人类历史演化的终点，资本主义的意识形态已成为全球意识形态斗争的最终胜利者，其他民族和国家除了接受西方的意识形态之外将别无选择。五是指随着科学技术的发展带来了普遍的经济繁荣，因而成为了现代社会合法性的基础，意识形态也随之退出了历史舞台。从上述五层含义中我们不难发现，西方意识形态终结论者并不是从存在论的角度提出意识形态的终结，并没有否认意识形态的存在及其功能，而是在不同的语境中对全球意识形态的格局，意识形态本身的存在形式、地位和种类提出了不同以往的见解。

（三）价值指向不同

马克思、恩格斯意识形态终结思想的价值指向是共产主义。马克思、恩格斯将意识形态看作是一个与阶级和国家相联系的范畴，统治阶级的利益是意识形态的灵魂，在阶级、国家和自发的强制性分工消亡以前，作为观念上层建筑的意识形态不会终结，只有到共产主义社会，随着阶级、国家与强制性分工的逐步消亡，意识形态也将彻底摆脱它曾脱胎出来的那个旧社会的痕迹而最终消亡。因此，共产主义的实现是意识形态终结的社会标志。马克思、恩格斯指出："毫不奇怪，各个世纪的社会意识，尽管形形色色、千差万别，总是在某些共同的形式中运动的，这些形式，这些意识形式，只有当阶级对立完全消失的时候才会完全消失。"① 西方意识形态终结论者的价值指向是资本主义。他们认为，历史终结于资本主义意识形态，进化也止步于资本主义，在资本主义的制度框架下，政治和谐、经济繁荣、科技进步、文化昌明，因而资本主义的自由、民主理念已取得了普世性的意义空间。显然，其价值指向是非历史的，也是具有鲜明意识形态性的。

（四）意识形态终结之后的替代性方案不同

按照马克思、恩格斯的唯物史观，当一种社会形态取代另一种社会形态时，随着经济基础的更迭，原来的居主导地位的意识形态也将终结，取而代之的将是维护新的统治阶级利益的意识形态，在阶级社会里，一种意识形态的终结，并不意味着意识形态本身的终结，而是意味着一种新的意识形态的开始。对于共产主义社会里意识形态的本身终结之后，马克思、恩格斯并没有提供具体的替代性方案。西方意识形态终结论根据对意识形态本身的理解分别提供了不同的替代性方案，概括起来主要有五种。一是将意识形态理解为"虚假意识"时，其终结之后取而代之的就是"科学真理"，即不为价值承诺所累，不为情感取向所惑的纯粹客观的知识。韦伯从价值理性的失落、工具理性的崛起肯定了这是不可阻挡的趋势。二是将意识形态理解为一种"理想纲领"时，取代它的将是纯粹现实利益的计算，他们把意识形态看作是虚幻的理想，主张从个人或本国的物质利益与权力出发制定战略与策略，在国内更有效率地管理好各种规制体系，在国外则是争夺和拓展势力范围。三是将意识形态理解为一种褊狭的、党派的、单方性的政治方案时，取代它的是市民政治学和兼顾各方利益的改良主义方案。比如，利普塞特认为，随着后工业社会的来临，在西方发达国家里，可以用市场经济加福利政治解决社会各阶层的需要，皆大欢喜，从

---

① 《马克思恩格斯选集》第 1 卷，人民出版社 1995 年版，第 292～293 页。

而可以终结马克思主义和过于极端地拥护资本主义制度的理论①。四是将意识形态理解为引起强烈政治性对立的根源时，取代它的将是非政治的文化。他们认为，意识形态是观念性的、知识分子构造出来的、服务于单方面利益的、扩张性的，而文化都是生活习俗的、非自觉的、自足的、全民共享的，同一文化中的人，由于意识形态的冲突可能反目成仇，但意识形态终结之后又会回到同一文化共同体中。亨廷顿也正是在这个意义上认为取代意识形态冲突的将是文明的冲突。五是将意识形态看作是现代性的重要维度，是产生极权主义的理性的帮凶时，取代它就是非理性因素。

（五）意识形态终结的路径不同

马克思、恩格斯认为，意识形态没有自己独立的历史，要在现实中真正终结意识形态，单纯有批判的武器是不够的，必须诉诸于武器的批判，即必须通过革命的实践活动实际地摧毁意识形态的物质基础，才能从意识形态的桎梏下解放出来，因此，革命的实践是意识形态走向终结的根本路径。而西方意识形态终结论者要么试图在主观上以一种披着普世外衣的意识形态去终结与之对立的意识形态，要么试图以非意识形态的科学来终结和摧毁意识形态，要么将意识形态消融于各种非理性因素和文化之中而予以终结，这样的路径显然在理论上是错误的，在实践中是有害的。

第二节　西方意识形态终结思潮的理论误区

西方意识形态终结论思潮的理论误区根源于对意识形态定性理解上的失误。关于意识形态的定性理解问题，实际上是一个在意识形态理论领域中带根本性、全局性的问题，意识形态的含义多端变化，甚至连一个一致公认的定义也没有，其根本原因就在于不同学者对意识形态的定性理解和考察意识形态的方法各不相同。在意识形态的定性理解的问题上，从意识形态的概念降生直到整个 20 世纪意识形态理论的多维流变，归结起来，主要有三种观点：

---

① ［美］利普塞特著，张华青译：《一致与冲突》，上海人民出版社 1995 年版，第 99 ~ 100、105、110 ~ 112 页。

一种是肯定的观点，即将意识形态看作是关于"观念的科学"，即一门如何使人们的观念摆脱偏见与谬误束缚的科学，其典型代表就是"意识形态"概念的创制者、法兰西研究院院士特斯杜·德·托拉西和西方马克思主义的创始人卢卡奇；康德、黑格尔、费希特等德国古典哲学家们都为建立这样一门"观念的科学"而努力过，可惜的是他们建立的各自的观念体系最终无一例外地掉进了谬误与偏见的"洞穴"之中，从而后来遭到马克思的猛烈批判。

另一种是否定的观念，即将意识形态看作是空谈、诡辩理论的代名词，是一种虚假意识，意识形态家也就成了抽象的空想家和蛊惑人心的诡辩家。这种观点不但常常把敌对阶级的思想和文化归结为意识形态予以批判，将自己的思想与文化看作超越意识形态的科学学说予以保留，而且将批判的矛头对准意识形态的本身进行意识形态的元批判。这种观点的始作俑者是拿破仑，20世纪西方学者包括大多数西方马克思主义者如霍克海默、阿多诺、阿尔都塞、马尔库塞、哈贝马斯等都继承了这一观点。

第三种观点就是在意识形态的定性上持中性态度，这种观点一般并不简单地把敌对的思想与文化称为意识形态，而是着重于指出其伪科学性、伪真理性、伪人民性、伪永恒性，而将自己的观点与看法视为科学的意识形态。尽管一些学者认为马克思的"意识形态"概念就是指"虚假意识"，但是，实际上马克思在这个问题上是持中性态度的，一方面他对于以往建立在唯心史观基础上的剥削阶级的意识形态斥之为"虚假意识"而予以彻底批判；另一方面，他又肯定了意识形态作为"观念的上层建筑"有其存在的必然性和合理性，任何革命阶级都需要有其借以认清使命、团结群众的思想观念与口号，这是其革命成功的舆论基础。问题的关键在于这种上层建筑的地基是历史唯物主义还是历史唯心主义，前者是科学的，后者是非科学的。应当说，马克思关于意识形态的理解是辩证的、科学的，它内含着科学性与革命性的双重维度。

由于马克思的意识形态理论的经典意义，20世纪意识形态理论的演化都或多或少、或潜或显地与之相关，但遗憾的是，都未能充分领悟马克思意识形态理论的科学性与革命性。以列宁为代表的布尔什维克在十月革命的过程中，提出了将马克思主义意识形态化的口号，但是在后来的革命与建设过程中却片面地强调了马克思主义意识形态的革命性维度，忽略了其科学性维度，形而上学地树立起马克思主义的霸权地位，窒息了马克思主义的生机与活力，中国也曾在这方面留下了惨重的教训。而西方其他学者则侧重于从科学性维度上来演绎，从而把意识形态与科学尖锐地对立起来，这种对立又导致了"贬义意识形态论"、"虚假意识论"，最终推导出"意识形态终结"的结论。

综观西方意识形态终结论思潮的流变轨迹，无论是按照非理性主义的逻辑路线，还是按照科学主义或反马克思主义的逻辑路线抛出的意识形态终结论话语，都有一个共同的理论前提，即"贬义意识形态论"，对于意识形态的定性作否定的理解，要么将意识形态理解为在理性的旗帜下滋生极权主义的温床，要么将意识形态与科学尖锐对立，认为意识形态是一种以终极的普遍观念的面貌出现的"虚假意识"，是掩蔽现实真理性，服务于特定阶级和政党利益的政治神话，是一套骗人的把戏；要么将意识形态、马克思主义、虚假意识三者等同起来并视之为西方自由世界的敌对思想观念。这一理论前提显然是反马克思主义的，是对意识形态的褊狭理解。意识形态终结论在意识形态定性问题上的错误主要根源于以下三大理论误区：

一、误区之一：理性的衰落必然导致意识形态的终结

意识形态终结论者贬义化意识形态的逻辑路线之一就是沿着非理性主义的路线将意识形态理解为现代性的重要维度，理解为理性的表现，正如贝尔指出的："在文化的视野里，意识形态是现代性的维度之一。"① 而曾经对西方思想解放运动产生如此巨大作用的理性，在 20 世纪的两次世界大战中变得残忍和恐怖而失去了人性的光辉，"千年理性王国"成了南柯一梦。随着理性的陨落，意识形态也必然要走向终结。这样的判断实际上是一种明显的误判。意识形态概念固然是随着现代性的出现和工具理性的胜利而出现的，意识形态和理性在现代性的形成阶段也确实有着亲缘关系，在资产阶级反封建主的斗争的初期，意识形态和理性也曾并肩战斗。因此，意识形态概念最初作为"观念的科学"，继承了对理性的高度信任，包含着对进步、理性和人类解放的乐观。但是，随着理性信仰，特别

① ［美］丹尼尔·贝尔著，张国清译：《意识形态的终结：五十年代政治观念衰微之考察》，江苏人民出版社 2001 年版，第 505 页。

是工具理性信仰的急剧膨胀，意识形态很快就成了理性的对立面，因为工具理性是进行控制和统治的工具，是帮助人们精打细算，带来开支和收益的工具，它往往把那些对人类有益的东西简化为增加生产力和物质产品的东西，一切不能带来生产力和物质产品的东西都成了理性的对立面，意识形态由于不能控制和增加生产，因而也被归入到理性的对立面加以批判。在工具理性信仰者看来，理性的承载者和意识形态的承载者是不同的，前者支持进步，后者阻挠进步。随着资本主义生产方式内在矛盾的显露，马克思一方面继续保留了对理性的信仰和人类解放目标的坚持，而另一方面，他认为资产阶级并非理性的承载者，而是意识形态的承载者，只有新生的无产阶级才是理性的承载者，无产阶级以唯物史观为基石的历史理性才是唯一能引领人类实现彻底解放目标的阶级意识，因而无产阶级能够实现理性与意识形态的有机统一。

从理性与意识形态的关系演化史来看，从批判理性的角度推导出意识形态终结的结论是站不住脚的。

第一，理性与意识形态并非是简单的"同一"，它们时而和谐、时而紧张，即使是维护理性的意识形态，也应当区别对待，当意识形态借维护理性之名，行掩盖社会真实，阻碍解放力量，歪曲社会矛盾之实的时候，这种意识形态就沦为了阻碍理性进步的观念，就应当予以终结，也必然走向终结，比如，资产阶级夺取政权，确定资本主义的生产方式以后，资本主义的意识形态在弘扬工具理性的旗帜下，维护着一种新形式的控制和剥削，服务于资本主义的生产体系，因而这种意识形态从一种推动理性进步的力量变成了阻碍理性进步的力量，其终结的命运是不可避免的。但是，当意识形态的承载者同时也是理性的承载者，意识形态就成了捍卫理性的武器，指引着人类实现解放的真正道路，这种意识形态就不能也不会终结，比如马克思主义，它一方面是无产阶级的意识形态；另一方面它又是代表历史理性的科学力量，尽管马克思主义一百次被宣布"终结"了，但它一百零一次又"复活"了。因此，将理性与意识形态"捆绑"在一起加以批判是不得要领的，它有如中国封建社会"诛连九族"式的法律制度。

第二，自从德国历史主义哲学倡导真理的相对化就开始了对理性、进步和普遍真理信仰的攻击，这种攻击到 20 世纪的后现代主义达到顶峰，其中许多理论家都将意识形态看作是一种简化后的工具理性，从而试图抛弃意识形态概念。但这类批评从总体上来说仍是一种意识形态批评。"虽然他们在形式上反对和拒绝意识形态，但他们最终从后门把这个概念放了进来。"① 因此，意识形态也并没有在这种批判中走向终结，相反，它在历史的时空中仍然顽强地演绎着自身的价值逻辑。

第三，即使因为工具理性的运用，意识形态的实践在现实社会中引发了众多问题，也不能简单归结于理性与意识形态的本身，而应当归于理性与意识形态的主体及其置身于其中的特定生产方式。因此，批判的矛头应当指向现实社会生产方式，而不是理性与意识形态的本身。

第四，攻击理性与意识形态的历史主义哲学和非理性主义哲学的本身也具有明显的先天性缺陷，这决定了它们无法掀起颠覆理性的狂澜巨浪。比如，哲学上的历史主义认为每个时代、每个统一的社会群体、每个民族和文化都被认为拥有自己的真理王国，从而将真理相对化，过高地估计非理性因素在人类社会生活中的作用，怀疑理性在历史和社会中的价值，由于真理具有话语特征，可以在不同的话语中构建自己的真理王国，而这些话语是无法比较的，这就在不同的机构、时代、民族、人群和国家之间划出一道无法跨越的鸿沟。而非理性主义则将理性降格为权力的奴隶，服从于生存斗争中的非理性的欲望和冲动，社会生活被视为一种斗争，在这一斗争中，欲望出于自己的目的而操纵理性，这样就将表达非理性欲望的权力置于核心位置。非理性主义者相信人类无法避免歪曲的虚假的观念，正是因为无法避免，就应该加以利用来维持强大的核心权力，用来在生存斗争中取胜，因此，他们评判某一思想时主要是以这些思想是否对权力有用为标准，而不是根据它们的真理内涵。他们对理性的攻击都是批判理性的面具性，认为理性掩盖了统治和权力，有的常常把权力的使用美化为是必需的，如尼采、帕累托。这就不难理解尼采的"权力意志"、"超人哲学"为何成为希特勒纳粹主义的理论支持，而非理性主义的理论局限与现实危害也就不言自明了。

---

① Jorge Larrain 著，戴从容译：《意识形态与文化身份：现代性和第三世界的在场》，上海教育出版社 2005 年版，第 2 页。

二、误区之二：意识形态与科学是根本对立的

对意识形态的定性理解中，最核心的问题是意识形态与科学的关系问题，这一问题几乎从"意识形态"概念降生之日起就已经出现，其后几乎任何意识形态理论都必须直接或间接地回答这一问题，尽管他们的逻辑路线与所依据的经验事实各不相同。他们要么主张意识形态与科学是对立的，即意识形态不是科学或者科学不是意识形态；要么主张意识形态与科学是同一的，即意识形态可以是科学或者科学可以是意识形态。一个奇怪的事实是，这两条路径最终在 20 世纪西方意识形态终结论思潮中合流了，因为第一种观点潜伏着科学主义的危险，它将意识形态降格为自然科学的附庸，第一种观点暗示着受局部的、具体的利益支配的意识形态有可能蜕变为"虚假意识"，而这两者都成了意识形态走向终结的理由，20 世纪后期，西方知识分子仅仅"根据或涉及经验现象"就提出了"意识形态终结"的论题，但是，"这些经验现象完全不受社会科学自我怀疑方法的检验，而这种自我怀疑的方法肯定是有道理的"①。

那么，为什么主张意识形态与科学相对立或者相统一的理论都会成为意识形态终结的支撑呢？其中的关键问题在于，在解决科学与意识形态关系问题时，还有一个支配理论家思考问题的基本框架：即对"意识形态"、"科学"、"同一"、"对立"的各不相同的理解，比如，托拉西显然对意识形态是持肯定态度的，他力图使"意识形态"与"科学"同一，即使意识形态成为科学，意识形态向科学的"同一"。哈贝马斯对意识形态显然是持否定态度的，但他同样认为科学与意识形态可能实现同一，但他所指的同一则是科学技术变成意识形态。另外，对科学的理解也不相同，比如阿尔都塞是坚决主张意识形态与科学是对立的，他一方面把意识形态理解为社会整体结构的一个必要组成部分，与经济基础与上层建筑鼎足而立；另一方面他对意识形态又持否定态度，认为它只是歪曲现实地表达了人们的主观愿望，他所说的科学就是马克思主义本身。而波普尔则认为马克思主义不是科学，而是伪阿基米德式科学的极好例子。因此，对意识形态与科学的关系不能作简单化的判断，而必须进行具体的辩证的分

---

① W. CarLsnaes, *The Concept of Ideology and Political Analysis*, Creenwood Press, Westport, 1981, p. 238.

析。在这方面，马克思关于意识形态与科学的论述为我们提供了判断的坐标。

在马克思、恩格斯那里，"科学"一词主要有四个方面的含义：一是指在物质生产的需要推动下发展起来的自然科学；二是指科学的历史观，即历史唯物主义；三是指科学的政治经济学；四是指科学的社会主义、共产主义理论。"科学"这四个方面的含义与意识形态的关系在不同情况下有不同体现。从自然科学与意识形态的关系来看，马克思、恩格斯虽然高度关注自然科学及其技术成果，并把它看作是推动社会向前发展的积极的力量，但是，他们从未把自然科学作为意识形态的具体形式，自然科学既然是要客观、正确地反映自然界的运动规律，它和意识形态必然是对立的，尤其是和那种以扭曲的、颠倒的方式反映现实世界的剥削阶级的意识形态更是水火不容。但是，即使是自然科学也包含着与意识形态的"同一"性，这种同一主要体现为：

第一，自然科学与包括哲学意识形式在内的各种意识形态的具体形式是对立统一的，一方面，自然科学的每一次划时代意义的进步都是对各种虚假意识形态形式的批判与否定，并引起意识形态的革命，使意识形态越来越趋近于科学；另一方面，意识形态中的哲学意识形式又对自然科学的研究起着方法论指导的作用，当这种意识形式是"科学"、"进步"的时候，它就会引起自然科学研究的巨大进步；反之，则将自然科学的研究引入歧途。

第二，人是进行自然科学研究的主体，而人是一个社会的存在物，是一定社会意识形态的接受者、传播者、创造者，他进行自然科学研究所使用的语言总是自觉不自觉地受意识形态的引导，因此，马克思认为，撇开人类自身的历史和意识形态史，就无法理解自然科学史；反之亦然。

第三，自然科学的本身虽然不是意识形态，但自然科学研究课题的确定、解释、运用都受意识形态的支配与影响，无不打上意识形态的烙印。从意识形态与科学历史观来看，马克思、恩格斯常常将历史唯物主义作为科学与意识形态相对立，这种对立主要指历史唯物主义作为从现实的历史中抽象出来的最一般的结果的综合，是与一切历史唯心主义的历史哲学相对立的，因为历史唯物主义科学地阐明了人类社会的发展规律，而一切唯心主义的历史哲学则是一种颠倒地、歪曲地反映社会现实的虚假意识形态。但是，当唯物史观成为无产阶级的阶级意识和改造世界的强大精神武器时，这种科学的历史观也就转化为意识形态，但那是一种科学的意识形态。

从科学的政治经济学与意识形态的关系来看，当资本主义社会的阶级斗争尚处于潜伏状态时，资产阶级的政治经济学家还能以比较公正的态度研究资本主义社会的经济问题，在一些局部的重要的问题上提出自己的科学见解，因而具有一定的科学性，但是，在总体上它不可能不受资产阶级意识形态的制约，因而这种政治经济学又承载着资产阶级的意识形态，这时它是科学性与意识形态性的统一，但是，当它把资本主义的社会生产看作是最后的最好的形式，把资本主义社会的生产规律看作永恒的自然规律时，它就蜕变成为一种彻底的虚假的意识形态，而和科学的政治经济学对立起来，其局部的科学性也丧失殆尽，要从资产阶级意识形态的笼罩下拯救出政治经济学，使之成为真正的彻底的科学，就必须创立科学的政治经济学，这一任务是马克思自己完成的，他通过发现剩余价值规律，科学地阐述了资本主义社会的经济运动规律，这种彻底的科学的政治经济学与作为资产阶级意识形态承载者的政治经济学构成了真正的总体的对立。但当这种科学的政治经济学成为无产阶级意识形态的承载者时，它又实现了科学性与意识形态性的统一。

从科学社会主义、共产主义与意识形态来看，一方面马克思、恩格斯从唯物史观和剩余价值论这两个基本前提出发创立的社会主义、共产主义学说是科学，它与作为资产阶级意识形态俘虏的形形色色的社会主义、共产主义思潮是对立的。这种共产主义学说超越了德意志意识形态的狭隘眼界而成为了科学，它打破了其他形形色色社会主义与共产主义思潮所编织的意识形态幻想，主张通过现实的阶级斗争推翻资本主义制度。另一方面，当这种科学社会主义与工人运动相结合，指导无产阶级为实现人类解放而斗争时，它又转化为无产阶级的意识形态。

通过分析考察马克思、恩格斯在意识形态与科学的关系问题上的思想，我们可以得出以下几个基本结论：

第一，对于意识形态与科学的关系，不能抽象地考察，必须首先对"意识形态"与"科学"、"同一"与"对立"赋予特定的指称，这是探讨这一问题的理解框架，这样才能具体地、历史地探讨意识形态与科学的关系，而避免陷入形而上学的抽象争论。讲意识形态与科学的对立，是具体的历史的对立，讲意识形态与科学的统一，也是具体的历史的统一。西方意识形态终结论者正是抽象地把意识形态与科学简单对立起来，从而沿着不同的理论路线来贬义化意识形态，推演出"意识形态终结"的命题。

第二，意识形态与科学是两个不同质的概念，它们相互影响、相互渗透，甚至相互转化，实际上存在着意识形态科学化与科学意识形态化两个向面，某些科学可以是意识形态或发挥意识形态的功能，某些意识形态也可以是科学。

第三，某些意识形态当它刚刚产生时也许具有科学性，包含着某些科学的见解，但是随着历史的发展，它有可能丧失其科学性而沦为纯粹虚假的意识形态，而某些作为科学而产生的理论与学说在其产生之时也许只是一门科学，不具备意识形态的特征，但随着历史的发展，这种科学理论与学说有可能成为科学的意识形态，因此，意识形态与科学时而统一、时而分立，必须要动态地用发展的观点来考察。

第四，从是否真实地反映社会现实来看，意识形态有"真实意识"与"虚假意识"之分，意识形态并不必然是"虚假意识"，科学也有"真科学"与"假科学"之分，"真实意识"与"真科学"在一定条件下是统一的，而"虚假意识"与"假科学"往往是"同路人"，"真科学"与"虚假意识"是根本对立的，"真实意识"与"假科学"也往往是不相容的。意识形态是"真实"还是"虚假"关键看它是否以先进阶级作为其承载者，是否与先进的生产方式相联系，是否能一以贯之地代表最广大人民的根本利益。"科学"是"真"还是"假"关键看它是否能发现事实、尊重事实、发现规律、尊重规律。

总之，在意识形态与科学的关系问题上，只有进行具体的、历史的、动态的考察，用联系的、发展的观点看问题，才能走出西方意识形态终结论者形而上学地贬义化意识形态的理论误区。

三、误区之三：马克思主义等于意识形态

要破除意识形态终结论者在意识形态定性问题上的褊狭理解，还必须弄清的一个问题是：作为与西方自由主义相对立而存在的马克思主义到底是科学还是意识形态，还是两者兼而有之。因为西方意识形态终结论者一个重大的理论误区就是将马克思主义贴上意识形态的标签，甚至将马克思主义与意识形态之间画等号，最后按照反社会主义与扩张自由主义意识形态的现实需要抛出了"意识形态终结论"。作为一个以马克思主义为指导的社会主义国家，对于这种论调理应作出有力的批判。

对于这一问题，不但西方学者褊狭地将马克思主义定格为意识形态，从而千方百计地予以终结，就是在以马克思主义为指导的社会主义国家长期以来也没有处理好马克思主义的科学性与意识形态性的关系，在马克思主义的研究中一再凸显的学术性与现实性之间的紧张关系就是以这一问题为母题的。冷战结束之前，马克思主义更多负载着意识形态的使命，偏离科学性轨道的意识形态教化导致了马克思主义研究的贫乏。冷战结束以后，许多马克思主义研究的学术性诉求又成为一种压倒性话语，在追求"学术性"，强调"思想淡出，学术凸显"的名义下，马克思主义面对现实陷入了失语状态，这又导致了马克思主义的"自我放逐"与"被边缘化"。这两种极端化的做法都使马克思主义面临存在的合法性危机。这种合法性危机是由马克思主义在社会主义国家的特殊地位造成的，自从列宁提出把马克思主义意识形态化以后，马克思主义在苏联、中国等社会主义国家中既是服务于当下政治需要的意识形态，又是大学教育中的一门学科，兼有科学与意识形态的双重取向。本来如果单纯以科学为取向或纯粹以意识形态为取向，都不会出现马克思主义的尴尬处境。然而，马克思主义兼具意识形态和科学学术的双重取向使马克思主义既要以服务于当下政治需要为指归，又要在一定程度上按照学术活动的内在规律行事，这就必然导致作为意识形态存在的马克思主义与作为科学而存在的马克思主义这两种"身份"的矛盾与紧张。要消除这种矛盾与紧张，有力地批判意识形态终结论者简单地把马克思主义等同于意识形态的错误，就必须弄清三个方面的问题，即马克思主义在什么意义上是科学，在什么意义上是意识形态，在什么情况下这两者是对立的，又在什么情况下是逻辑统一的。

首先，马克思主义最初是在批判以往剥削阶级的意识形态特别是资产阶级意识形态的过程中作为科学而产生的，是一种"非意识形态的意识"。马克思多次提到自己著作的科学特征，并通过创立马克思主义这门"真正的实证科学"、"真正的知识"，力图去一切剥削阶级意识形态之蔽。马克思主义的科学性一方面体现在它的客观性，即客观地阐明人类社会和资本主义的运动规律，从而使人文科学的研究与自然科学研究具有统一性；另一方面，马克思主义之所以能作为科学而诞生，还由于马克思引入了科学的实践观，从而使马克思主义不是满足于自省和玄思，不是止步于抽象的理论思辨，而是把对现实的社会生活实践作为人文社会科学研究的"本文"，从而使马克思主义成为一门关于人的生存实践的科学，自然科学和人文社会科学也在人的实践活动，尤其是生产劳动的基础上统一起来。正是因为马克思主义的客观性、实践性，使之有一个有着严格规定的知识系统，包含着某些经得起时间与空间考验的科学内容、科学方法和排斥一切"意话的空话"的主观动机，所以我们可以说马克思主义首先是作为科学而诞生的，是与一切虚假的意识形态相对立的，尽管他也从存在论的意义上肯定意识形态存在的必然性与合理性，但是他从来没有把无产阶级意识、共产主义意识称之为意识形态，也没有把自己的学说称之为意识形态。

其次，马克思主义虽然作为科学而诞生，但是它同时暗含着成为意识形态的可能性，随着社会主义从科学理论变为现实实践，这种可能性就转化成了现实性。

第一，马克思的意识形态概念首先是一个存在论的概念，从存在论的角度看，人是意识形态的存在物，意识形态不是认识的结果，而是认识的前提，马克思通过意识形态批判揭示人类生存的状况并谋求改变这种生存状况而创立的马克思主义，客观上为无产阶级确立了这样一个认识和改变世界的前提。

第二，在马克思那里，意识形态被定格为"观念的上层建筑"，指一种为特定阶级和社会集团的利益服务，对现有的或构想中的社会制度与统治秩序进行解释、辩护或批判、改造的思想理论体系，当某一阶级从被统治阶级上升为统治阶级时，代表这一阶级的思想理论体系也就成了在社会中占统治地位的意识形态。这本是一个中性的判断，但是由于任何一种具体的意识形态都具有强烈的政治倾向性，都与现实政治相联系，因此，当马克思主义成为无产阶级反抗资本主义统治秩序，为实现共产主义而斗争的思想理论武器时，它就现实地承担起无产阶级意识形态的角色与使命。阿尔都塞指出："哲学是政治在一定领域、面对一定现实，以一定方式的继续。哲学在理论领域，或者确切地说，同政治一起展现政治；反过来，哲学在政治中，同从事阶级斗争的阶级一起展现科学性。"① 这个看法无疑是很有见地的。

第三，随着社会主义革命的胜利，无产阶级上升为统治阶级，作为无产阶级指导思想的马克思主义，也就成了占统治地位的意识形态，列宁根据实际斗争的需要，强调社会主义意识形态与资本主义意识形态的现实对立，强调马克思主义在与资产阶级斗争中的政治作用，这时马克思所指称的"非意识形态的意识"与列宁所指称的"社会主义意识形态"在实践功能上就具有了完全一致的含义。当然，马克思主义作为意识形态，与以往那种歪曲反映现实社会关系，否定或掩蔽现实社会矛盾的意识形态是不同的，因为无产阶级运动是绝大多数人的，为绝大多数人谋利益的独立的运动，无产阶级是以实现阶级消灭，国家消亡为历史使命的阶级，无产阶级的利益是人类根本利益的体现。因此，它是一种科学的意识形态，其科学性与意识形态性不是对立的，而是统一的。

第四，马克思主义的"科学"身份与"意识形态"身份的统一是有条件的。当马克思主义成为社会主义社会占统治地位的意识形态以后，如果不与时俱进地从现实实践中不断赋予马克思主义以科学的营养，而是形而上学地将其钦定为封闭的正统的信仰体系，确立霸权话语地位，使马克思主义与人民的根本利益与思想真实之间的距离越拉越大，成为仅仅是服务于阶级斗争的政治装饰品，那么，其科学性就将被阉割，最终使马克思主义成为曾受到马克思激烈批判的"虚假意识"，从这个意义上，其科学性与意识形态性就是尖锐对立的，但是，如果马克思主义始终注意研究新情况、解决新问题、开拓新境界，始终能代表全人类的根本利益，始终保持与先进生产力发展的良性互动，将理论运用于实践，在实践中创新理论，在坚持中发展，在发展中坚持，那么，马克思主义的科学性与意识形态性就能在无产阶级的革命、建设的实践活动中得到有机统一。马克思主义在理论上必须是真实反映现实的科学，在实践中作为社会主义意识形态又必须在现实中体现其科学性，这就是克服马克思主义存在的合法性危机的关键，也是在理论和实践中对马克思主义身份的正确定位。

---

① ［法］阿尔都塞著，顾良译：《保卫马克思》，商务印书馆1990年版，第69页。

第三节　西方意识形态终结论思潮的现实困境

西方意识形态终结论思潮不但反映了西方学者在意识形态论域内的理论逻辑，而且反映了他们根据这一理论逻辑对时代变迁和社会发展进程中所出现的一系列现实问题的看法与见解，这些现实问题实际上就成了这一思潮的事实支撑。因此，对于这一思潮的批判与甄别，不但要指出其理论上的误区，而且要对支撑这一思潮的现实依据进行马克思主义的分析，去深入地思考是否可以根据这些时代的新变化得出"意识形态终结"的结论。同时，这些新问题、新变化在某种程度上又是中国在实现现代化和参与全球化进程中所不可回避的，因而，对这些现实问题的分析又有利于发掘其中富有启迪意义的合理资源。

一、资本主义与社会主义的相互借鉴是否意味着意识形态的终结

20 世纪人类历史发展的一个重要特征就是在社会制度层面上形成了"一球两制"的格局，资本主义与社会主义在相互对立的同时，又根据各自的利益和需要相互借鉴，社会主义国家在一定程度上引入市场机制，发展非公有制经济成分，吸收资本主义的管理模式，而资本主义国家也实行经济计划化、国家福利化、企业管理民主化措施，于是西方意识形态终结论者把这些现象称为资本主义与社会主义正在相互趋同，并认为这种趋同将消除两制之间的任何差别，随着这些差别在相互借鉴中逐渐消除，两制之间将最后融为一体。这种趋同现象既是在时代变迁进程中社会主义国家和资本主义国家内部改革的反映，又成了西方学者提出"意识形态终结"这一命题的重要事实支撑。

趋同论作为一种预测人类社会发展变化趋势的社会理论，虽然在 20 世纪五六十年代才正式出笼，但实际上早已萌芽。十月革命胜利以后，西方资本主义企图把新生的苏维埃政权扼杀在摇篮里，但是在武装干涉失败以后，西方资本主义转而在经济文化上同它接触和联系，企图在发展经贸关系中论证资本主义的优越性，把社会主义和平演变为资本主义。20 年代随着经济危机的爆发，法西斯主义的崛起及其所发动的侵略战争，使资本主义的自我颂扬陷入了难以自圆其说的境地，而社会主义苏联却胜利完

成了第一个五年计划，这一对照使趋同论转而鼓吹资本主义要借鉴社会主义的一些做法，以克服自身的弊端。这种思想突出表现在美国经济学家的约瑟夫·熊彼特1942年发表的《资本主义、社会主义与民主》一书中，他认为，在生产资料所有制方面，资本主义已由单个资本家所有制向集体资本家所有制转变，在运行机制方面，资本主义也要像社会主义一样采用集中的计划管理，于是"一种非常清醒而稳重的社会主义将几乎自动出现"，即"在资本主义体制范围内的逐步社会主义化"①。他所说的"社会主义"实际上是指资本的社会化和借鉴了社会主义国家计划管理方法的国家垄断资本主义。1944年，美国社会学家索罗金在《俄罗斯与美国》一书中得出结论，他认为资本主义和社会主义在很多方面存在着相似性和走向同一的可能性，第二次世界大战结束后，一些西方学者如美国经济学家白金汉和社会学家米尔斯分别在其著作《理论经济体系：比较分析》，《世界大战的贫困》中都得出了类似的结论。1960年，索罗金在《美国与苏联相互趋同为混合的社会化类型》一文中，首次使用"趋同"概念。此后，西方学者关于趋同论的著作如雨后春笋。1965年，首届诺贝尔经济学奖得主廷伯根在与人合著的《东西经济制度的趋同》一书中，详细论述了趋同论的基本思想和研究方法，这一书是趋同论的集大成之作。西方众多学者又分别从不同的角度运用新技术革命、资本主义国家的经济调整和社会主义国家出现的改革潮流去印证这一理论的正确性。这种日益完善的趋同论既是这一时代的西方意识形态终结论思潮兴起的重要理论背景，又是这一思潮的现实依据，然而，根据这种趋同的现象就必然得出"意识形态终结"的结论吗？答案显然是否定的。

　　首先，人类社会发展进程中所创造的一切文明成果并不能简单地都贴上意识形态的标签，尽管这些成果是在不同意识形态的背景下产生的，其中有些文明成果并不具有意识形态性。相互借鉴不同社会制度的文明成果，不断增强自身的发展后劲，不但是可能的，而且是必要的。列宁指出："马克思主义这一革命无产阶级的思想体系赢得了世界历史性的意义，是因为它并没有抛弃资产阶级时代最宝贵的成就，相反地却吸收和改

---

① ［美］约瑟夫·熊彼特著，吴良健译：《资本主义、社会主义与民主》，商务印书馆1979年版，第164、285页。

造了两千多年来人类思想和文化发展中一切有价值的东西。"① 邓小平针对过去把计划经济等同于社会主义，把市场经济等同于资本主义的思想误区，他指出："计划多一点还是市场多一点，不是社会主义与资本主义的本质区别。计划经济不等于社会主义，资本主义也有计划；市场经济不等于资本主义，社会主义也有市场。计划和市场都是经济手段。"② 因此，如果简单地将一切事物都贴上意识形态的标签，而将那种不同社会制度之间的相互借鉴说成是"意识形态的终结"，这显然是形而上学的思维，"文化大革命"时期提出"宁要社会主义的草，不要资本主义的苗"，教训还不深刻吗？

其次，从 20 世纪两种社会制度相互借鉴的层次与领域来看主要是在经济领域，而不是政治制度、文化价值观念、意识形态等方面的趋同。趋同论的种类和派别繁多，但其内容主要是指所有制趋同、企业治理制度趋同、分配制度趋同、经济运行机制趋同。这种趋同的实质，对资本主义而言是在资本主义生产关系所允许的范围内，为了缓和阶级矛盾，适应社会化大生产的需要而采取的措施，它没有也不可能改变资本主义私有制的本质，动摇资本主义意识形态的根基，对社会主义而言，在经济领域借鉴资本主义的某些做法，并不意味着放弃自己的意识形态阵地，相反，是为了夯实社会主义的物质技术基础，显示社会主义的优越性，增强社会主义的说服力。资本主义采取的国有制、法人财团所有制和股票职工化是资本主义生产资料私有制的实现形式，而社会主义国家发展一些非公有制经济和混合经济则是对公有制实现形式多样化的积极探索。如果我们停留于表面而不看到实质，比如无条件地把国有化都说成是社会主义的话，那么"拿破仑和梅特涅也应该算入社会主义创始人之列了。""妓院国营，也都是社会主义的设施了。"③

最后，不同制度之间相互借鉴的内容本身可能并不具有意识形态性，但是，每一个借鉴主体在决定借鉴时的主观动机、目的以及对所借鉴的东西的运用却是受意识形态支配的，这种借鉴并不是以放弃自身的意识形态

---

① 《列宁选集》第四卷，人民出版社 1995 年版，第 209 页。

② 《邓小平文选》第三卷，人民出版社 1993 年版，第 373 页。

③ 《马克思恩格斯选集》第 3 卷，人民出版社 1995 年版，第 752 页。

为前提的，相反是为了证明自身意识形态存在的科学性与合法性。从趋同论的发展历程来看，不同时期的含义是不同的，在20世纪20年代，其目的和含义是为了向社会主义输出资本主义的经济制度与文化理念，使社会主义消融于资本主义世界体系之中。30年代，其含义是指资本主义要吸收社会主义的某些做法，来拯救自身的合法性危机，到20世纪五六十年代时，趋同论主要指趋同于同一个"后工业社会"、"信息社会"、"第三次浪潮社会"。但不论趋同论者所使用的语言如何多变，其实质都是西方中心论的思维再现，都是为了把不同的社会制度纳入资本主义自由民主的框架之内成为国际垄断资本循环链条上的一个环节。美国学者哈拉尔就露骨地指出："混合经济的扩大看来正在使两类国家沿着一条共同的道路走向自由企业和民主。"① 因为在西方学者的眼里，存在着一种根深蒂固的傲慢的偏见，比如，对于同在20世纪五六十年代兴起的西方现代化理论，美国学者雷迅马指出："理论家们将西方的、工业化的资本主义民主国家，特别是美国，作为历史发展序列中的最高阶段，然后以此为出发点，标示出现代性较弱的社会与这个最高点之间的距离。他们相信美国以往的历史经验展开了通往真正的现代性的道路，从而强调美国能够推动'停滞的'社会步入变迁的进程。"② 因此，在西方中心论思维范式支配下的趋同论，并非是资本主义趋同于社会主义，也不是资本主义和社会主义向第三条道路趋同，而是社会主义向资本主义趋同，这显然具有鲜明的资本主义意识形态色彩。再比如，资本主义和社会主义都运用计划和市场两种调节手段，但资本主义的目的是为了追求资本利润的最大化，而社会主义的目的是为了最大限度地满足广大人民群众日益增长的物质文化生活需要，这种目的与价值取向的差异显然是由各自的意识形态所决定的。

综合上面的分析，我们不难发现，资本主义与社会主义的某些趋同现象并不会消弭两者之间的意识形态差异，相反，正是这些意识形态的差异决定和制约着相互借鉴的内涵、运用方式和动机。

---

① ［美］哈拉尔著，冯韵文等译：《新资本主义》，社会科学文献出版社1991年版，第370页。

② ［美］雷迅马著，牛可译：《作为意识形态的现代化》，中央编译出版社2003年版，第6～7页。

二、"公共知识分子"能否成为意识形态终结的现实佐证

"公共知识分子"的概念至今尚无明确的界定，在亚当·库珀、杰西卡·库珀主编的《社会科学百科全书》中，从论述知识分子一般特点的高度表露了"公共知识分子"的萌芽。他们指出："十八世纪的法国哲学家首创了那种认为知识分子站在权力结构的外面，并被解释为对现存社会安排加以批判的现代观念"，"当一名知识分子，就是要求具有一定独立程度的观点；知识分子这个词一般来说具有尊敬和称颂的意思。"① 到 20 世纪 80 年代，随着资本主义发展到晚期资本主义阶段、资本主义对社会的渗透更加深刻和广泛，人与人类存在的真正目的日益疏离，知识分子的危机、科学技术的危机、价值危机、道德信仰和伦理价值体系的缺失、人的精神世界与物质世界的矛盾日益尖锐，成了社会普遍的文化景观，在这种背景下，"公共知识分子思潮"作为知识分子对现实的反抗应运而生。美国哲学家雅各比在《最后的知识分子》一书中最早明确提出了"公共知识分子"概念。随后，法国哲学家利奥塔，社会学家布迪厄、美国学者萨伊德等对公共知识分子问题做了进一步论述，从而在西方形成了一股强劲的公共知识分子思潮。这一思潮乘我国实行改革开放之机也传入了我国，中国的公共知识分子宣称：传统的公共知识分子已经死亡了，在整体话语的废墟上，新一代公共知识分子在凤凰涅槃中走向新生。这里"公共知识分子"是指具有学术背景和专业素质的知识者，是进言社会和参与公共事务的参与者，是具有批判精神的公共正义的担当者。其话语对象为公共大众，其话语立场是公共利益，其话语立场为公共事务。这股思潮将"公共知识分子"称为公共意识与公共利益的看门人、社会正义和道德良知的守护者，是独立于政府意识形态的，就公共事务发表意见的舆论领袖。应该说这股公共知识分子思潮是具有鲜明的意识形态性的，比如，西方学者将知识分子戴上"公共性"的光环，似乎西方知识分子是没有任何意识形态偏见的，那么在全球化的背景下，西方资本主义的知识分子就成了代表全人类利益的公共知识分子，这显然是一种资本主义的意识形态偏见。而中国的公共知识分子论者主张学者要独立于政府的意识形态，

---

① 亚当·库珀、杰西卡·库珀主编：《社会科学百科全书》，上海译文出版社 1989 年版，第 369 页。

即独立于党的指导思想马克思主义之外，独立于党的领导之外，这显然是一种反社会主义的意识形态。然而，这一股本来具有浓厚意识形态色彩的公共知识分子思潮在 20 世纪 80 年代却与西方意识形态终结论思潮合流了，意识形态终结论成了公共知识分子思潮的理论支持，而公共知识分子思潮又成了意识形态终结论的现实佐证。这两股思潮之所以成为"同盟军"，主要基于三个方面的原因：第一，这两股思潮具有相同的现实与时代背景。第二，要使知识分子成为"公共的"知识分子，就必然要求知识分子摆脱意识形态的束缚，因为不同意识形态支配下的知识分子就不可能是"公共的"。第三，意识形态终结论本身在知识分子的问题上就暗含着"公共知识分子"的倾向。比如，卡尔·曼海姆就从知识社会学的角度将知识分子看作是一个相对客观的社会集团，丹尼尔·贝尔也将知识分子看作是一个能够超越其他社会集团的狭隘眼界的没有根基的社会阶层。那么，"公共知识分子是否能够成为意识形态终结的现实佐证呢。"这里需要弄清楚三个问题，什么叫知识、知识分子，知识分子是否能超越于意识形态之外成为独立的社会集团；即使知识分子是飘浮无根的、相对客观的，是否就能因此说明意识形态终结了呢？

首先，知识是人们在改造世界的反复实践中所获得的认识和经验的总和，人是创造和积累知识的主体，知识是人类在改造世界的劳动过程中形成的认识和经验。在阶级社会里，阶级斗争无疑是人类实践的重要形式，在这种实践中所获得的知识和经验是意识形态的重要养料，甚至是构成意识形态的重要组成部分，换句话说，知识并不会全部是意识形态，但有一部分知识肯定具有意识形态性，而意识形态的知识也是整个知识体系中一个必然的组成部分，如果说自然科学知识的意识形态性还不鲜明，那么，人文社会科学知识的意识形态色彩就很鲜明。知识与意识形态之间实际上构成了相互影响、相互渗透的关系。

其次，作为知识的接受者、传播者、创造者的知识分子不可能超越于意识形态之外成为独立的社会集团。

第一，在阶级社会里，人是意识形态的存在物，知识分子也不例外。人要从一个自然的存在物转化为社会存在物，就必须接受教化，教化又是以语言为媒介的，而语言不是空洞的外壳，在实际运用中总是自觉不自觉地受到一定意识形态的导引，传播语言，实施教化的过程本质上就是把一个人从自然的存在物转变为意识形态的存在物的过程。对此，俞吾金教授指出："个人的主体性的实质是意识形态主体性，个人作为一种空虚的主体性，与整个客体世界一样飘浮在意识形态的以太中。个人沉湎在一种可以无拘无束地思考任何问题的幻觉中，实际上，他所思考的问题，他思考问题的方式，他解决问题的方向，连同他思考问题的术语都是意识形态为他提供的。"①

第二，知识分子接受、传播、创造知识的劳动过程都是在充斥着意识形态的特定社会关系中进行的，意识形态贯穿于知识分子劳动过程的始终，正如葛兰西所说，知识分子总是"处于各种社会关系的一般的总体之中。"甚至创造意识形态就是知识分子的劳动内容之一。马克思把那部分专门以编造关于自身幻想的知识分子称之为"意识形态阶层"。

第三，在阶级社会里，知识分子不是一个独立的阶级，也不是独立于任何集团和阶级之外的自由飘浮的群体，它总是从属于一定阶级而存在，其价值取向必然要打上它所归属的那个阶级的意识形态的烙印。剥削阶级的知识分子是为剥削阶级服务的，无产阶级的知识分子就是为无产阶级和广大劳动群众服务的。毛泽东指出："革命的或不革命的或反革命的知识分子的最后的分界，看其是否愿意并且实行和工农民众相结合……愿意并且实行和工农相结合的，是革命的，否则就是不革命的，或者是反革命的。他今天把自己结合于工农群众，他今天是革命的；但是如果他明天不去结合了，或者反过来压迫老百姓，那就是不革命的，或者是反革命的了。"② 这段话就鲜明地指出了知识分子是不可能超越阶级、超越意识形态的。西方马克思主义者将知识分子划分为传统知识分子和有机知识分子，传统知识分子是历史联结性的证明，在政治和社会形势的激烈变化中，他们赖以存在的社会基础已经破坏，因而难免倾向于唯心主义，有机知识分子是现代生产方式的产物，与自己所在的组织、所代表的阶级有着密切关系，明确地表达他们阶级在政治、经济、社会领域的集体意识。这两类知识分子的区别并不在于他们是否具有意识形态，而在于他们代表哪一个阶级和社会集团的意识形态。

---

① 俞吾金：《意识形态论》，上海人民出版社1993年版，第3～4页。
② 《毛泽东著作选读》上册，人民出版社1986年版，第301页。

综合上述分析，我们可以得出结论，知识分子并非超越阶级、党派和意识形态的独立的阶级和社会集团，要建立起这样一个所谓"公共知识分子"的王国，无异于缘木求鱼，在意识形态的问题上，知识分子的区别不在于有没有意识形态，而在于具有什么性质的意识形态。

最后，即使现实社会中存在一些知识分子看似飘浮无根，相对客观，似乎他们是公共意识和公共利益的看门人，社会正义和世道良知的守护者，也不能就此得出意识形态终结的结论。第一，知识分子的飘浮无根只是说明知识分子并不固定地从属于某一阶级，并不固定地坚守某种意识形态，一些知识分子放弃对某种意识形态的固守，只不过是以新的意识形态取而代之，并非放弃了意识形态，实际上也放弃不了。第二，知识分子的相对客观也只是在"相对"的意义上，而不是在"绝对"的意识上，一般来说，与先进生产方式相联系的革命阶级知识分子的意识形态相对于落后的保守的知识分子的意识形态，其客观性就要强一些。第三，标榜自己是超越任何阶级与社会集团的"公共知识分子"，代表着公共利益、社会正义、世道良知，正是资产阶级意识形态的惯用手法。

三、西方自由民主制度是否构成人类社会意识形态进化的终点

1992年，冷战的硝烟尚未散尽，福山就迫不及待地出版了《历史的终结和最后的人》一书，抛出了他的"历史终结论"，这一著作的主题就是赤裸裸地宣称：自由与民主的理念已无可匹敌，历史的演进过程已走向完成。福山以西方社会新福音的传送者身份向人们宣告：目前的世界形势不只是冷战的结束，也是意识形态进化的终点。西方的自由民主已是人类政治的最佳选择，也是最后的形式。于是，西方意识形态终结论思潮再度以历史终结论的话语形式粉墨登场，福山也因此名声大噪。一些敌视社会主义的人，陶醉于社会主义失败的喜悦，和着福山的调门高唱：马克思主义死，共产主义死了，资本主义万岁，市场经济万岁！对于福山的历史终结论进行全面批判似乎超出了本文的主旨，在此，仅仅针对这一话语中所表达的意识形态终结思想进行澄清。

首先，福山的历史终结论的成立有一个理论前提，那就是要认同历史的发展具有最终目的，因为目的一旦实现，就意味着历史过程必然关闭。然而我们应当看到，承认是否具有最终目的是一回事，而这一最终目的是什么又是另一回事，对于后一个问题的回答总是受不同意识形态支配的，

基督教将历史终结之日定为天国之门打开之时，而马克思则认为人类阶级社会的历史应终结于共产主义社会。福山无法从理论上充分论证其他意识形态对人类社会最终目的的定位是错误的，于是他就偷运黑格尔唯心主义的历史观，并强调指出："黑格尔是最先严肃处理印度、中国等以外'不同人民之国民史'的欧洲哲学家之一，并把它整合到自己的综合性架构中。"他说："跟康德一样，黑格尔也认为，历史过程有终点，在地面上实现它的自由，就是它的终点：'世界史只是自由意识的进步。'普遍史的进展可以把自由平等给予所有人的成长过程。"① 因此，福山将西方自由民主制度武断地定格为人类意识形态进化的终点，在理论前提上就是黑格尔唯心历史观的当代变种。

其次，支撑福山历史终结论的历史与现实支点苍白无力，他将西方自由民主制度作意识形态的终结点所依据的事实根据可疑而充满悖论。福山认为西方自由民主制度是人类意识形态进化的终点包括两层含义：一是从历史的维度看，经过长期意识形态的斗争，资本主义自由民主的意识形态已经取得了对一切意识形态的胜利，尤其是在与社会主义意识形态的争斗中取得了彻底的胜利，因此，关乎美国和西方生存的意识形态威胁已经终结了，自由民主的意识形态可以傲视全球、高枕无忧了。二是从未来的发展来看，自由民主的意识形态将成为全球范围内不同国家和民族意识形态的路标。在福山看来，尽管不同国家具体发展道路不同，但最终都会殊途同归地走向西方式的自由民主社会。西方式的自由民主制度虽然并不完美，仍然面临着众多问题，但是这些问题都可以在自由原理的基础上加以解决。从这两个方面的含义来看，福山的历史终结论并不在于为一种还未实现的新事物作辩护，而是在为已经出现的、在现实中并不完美的资本主义的现状寻找合理化的基础。为了达到这一目的，福山试图从历史与现实中寻找佐证其论点的事实支点，然而，他所寻找的这些事实是经不起推敲的。

第一，为了说明他自己的历史终结论比其他众多理论更正确，更有说服力，福山试图从历史的角度证明历史已经终结于自由民主社会。福山认

---

① ［美］弗朗西斯·福山著，《历史的终结》翻译组译：《历史的终结》，远方出版社1998年版，第78～79页。

为 19 世纪是普遍历史进步的乐观主义思想十分流行的时代，人们普遍相信自由民主政体会不断地扩延于世界上越来越多的国家，可是到了 20 世纪，两次世界大战、极权主义意识形态、核武器等悲惨的事件使人们怀疑普遍进步的观点，但是在 20 世纪的最后二十五年中，好消息又来临了，右翼威权主义和左翼极权主义都动摇了，而自由民主的浪潮却已波及于全球不同的地区和文化，成了唯一的政治憧憬对象。福山同时指出，自由民主的发展不是一条平坦的直线，1975 年拉丁美洲的民主国家比 1955 年数目要少，从世界整体来看，1940 年比 1919 年要少，但是从 1975～1990 年，民主化的第三次浪潮使民主国家从 30 个增加到 61 个。自由民主的成长与经济自由主义的成长相偕而行，已成为 400 年来最引人注目的现象。福山讲的这些虽然都是事实，但是依据这些事实就得出西方自由民主制度是意识形态进化的终点却是难以说服人的。因为既然自由民主制度在历史上出现过若干曲折，又怎么能把社会主义等其他意识形态在目前的挫折称之为最后失败呢？而不是前进中的曲折了？而且苏联、东欧的社会主义模式的崩溃充其量只是一种社会主义模式的失败，又怎能说是马克思主义和社会主义本身的失败呢？福山为何对充满勃勃生机的中国特色社会主义模式视而不见、避而不谈呢？以中国为代表的一些社会主义国家正总结经验教训，探索新的道路，并已初见成效，社会主义制度的生命力正表现在它能克服资本主义制度矛盾的基础上，利用资本主义社会的一些有利因素，并根据不同时期的实际情况进行不断的改革和创新，最终解放和发展生产力。苏东剧变不是社会主义制度的失败，只能说是实践证明了某种具体的僵化的政治经济体制模式的失败，而且这个具体模式恰恰是因为背离了社会主义根本制度才招致了失败。没有哪一次巨大的历史灾难不是以历史的进步为补偿的，苏东剧变之后中国特色社会主义的崛起，正是国际共产主义运动的又一次悲壮的扬弃，因此，社会主义与资本主义新一轮的竞争才刚刚开始，其间意识形态的斗争也远未结束。邓小平指出："社会主义经历一个长过程发展后必然代替资本主义。这是社会历史发展不可逆转的总趋势，但道路是曲折的。资本主义代替封建主义的几百年间，发生过多少次王朝复辟？所以，从一定意义上说，某种暂时复辟也是难以完全避免的规律性现象。一些国家出现严重曲折，社会主义好像被削弱了，但人民经受锻炼，从中吸取教训，将促使社会主义向着更加健康的方向发展。因此，不要惊慌失措，不要认为马克思主义就消失了，没用了，失败了。哪有这回事！"① 就算目前世界上所有的意识形态都如福山所说已失去了正当性，那又凭什么说西方自由民主的理念没有失去正当性呢？西方自由民主制度的暂时得势又怎能保证它在未来不会再次出现曲折甚至走向毁灭呢？

第二，福山认为，从现实来看，自由主义经济已无可匹敌，自由民主的政治制度是人类最后的政治制度，这其实是冷战结束后西方在胜利者心态的支配下产生的资本主义伪黎明的幻象。不可否认，第二次世界大战以后资本主义国家面对社会主义阵营的强大压力，普遍实行国家干预政策，出现了经济发展的黄金时期，政治民主程度也有所提高，资本主义国家的人们在意识形态上对资本主义制度的否定意识与对抗心理也有所缓解。但是，就此能说明资本主义的自由民主制度是意识形态进化的终结点吗？回答是否定的，因为第二次世界大战以后发达国家的经济繁荣并没有导致"普遍均质"国家的出现，发达国家之间、发展中国家之间、发达国家与发展中国家之间都存在难以弥合的差距。而且资本主义国家的发展与稳定并不能完全归功于西方的自由民主，相反是社会主义国家的计划经济与民主政治融入资本主义制度的结果，是资本主义在对抗社会主义过程中不断审视自身缺陷并积极采取措施的结果。更重要的是，尽管资本主义的自由市场经济与民主政治制度产生了一定的积极作用，资本主义国家的改革也出现了一些新气象，但是在这一制度内却存在资本主义难以克服的矛盾，而不仅仅是福山所说的"问题"，主要表现为，资本主义社会资本的日益集中和垄断阻碍了技术进步和生产力的发展，经济发展带来了"食利资本主义"的膨胀，财富的增长导致更多的人贫穷、失业和无家可归，垄断资本与权力的结合导致政治上的腐败，经济繁荣的外衣下掩盖着深刻的精神文化危机，帝国主义资本在全球的扩张加剧了发达国家与发展中国家的对立，国际资本的掠夺和穷奢极欲严重地破坏了人类的可持续发展。所有这些矛盾都不可能在资本主义制度的框架内得到彻底解决，它们的存在和进一步发展只能加剧资本主义灭亡的进程。

最后，自由、民主是人类独有的精神财富和共同的价值目标，是人类

① 《邓小平文选》第三卷，人民出版社1993年版，第382~383页。

社会发展进步的两个重要尺度，作为一个抽象概念，它在不同的历史时期、不同的国家和地区都有不同的内涵，应当说人类社会通往自由民主的路径是多样的，但福山却偷换概念，将自由民主等同于资本主义的自由民主，从而将人类追求自由民主的智慧局限于资本主义自由民主这样一种模式。实际上，以什么样的前提谈自由民主，把什么样的自由民主当成人类社会的终点，以什么样的自由民主作为人类社会进步的尺度，这取决于不同的历史观。因此，批判福山将西方自由民主当作意识形态的终结点并非批判自由民主的本身，而是要指出，资本主义的自由民主没有也不可能成为人类普适性的价值目标和衡量社会进步的尺度。福山的论调只不过是西方资本主义精神世界中强调自身的永恒性、终极性情结的反映。西方资本主义的自由民主只是人类文明进程中自由民主发展的一个阶段、一个环节，或者说是一条路径，它所能完成的历史使命，它所能完成的真正的自由民主，它所能自我完善的程度都是有限的。

四、西方社会存在某些"政治共识"是否意味着意识形态的终结

西方所谈及的"意识形态的终结"实际上有两个层面：一个是指国际层面，它是指世界范围内威胁西方生存的意识形态已经终结或应当予以终结；另一个是指西方社会的国内层面，它是指西方社会内部在某一特定的时期为了共同的目标和利益停止了意识形态的争论，而就某些政治问题达成笼统的共识。然而，根据西方社会内部在某些问题上停止意识形态的争论就得出意识形态终结的结论同样是违背事实和逻辑的。

首先，从根本上来说，自由主义和保守主义都是西方资产阶级意识形态内部的两大流派，它们都根源于马克斯·韦伯所说的资本主义精神，其根本性质都是服务于资产阶级追求利润最大化的意识形态。这种根本性质的一致决定了它们之间的论争与冲突是有限度的，就一系列政治问题达成笼统一致也是可能性。但是，这种一致也仅仅是"笼统"的一致，即在大原则、大方向上的一致，在如何贯彻这些原则的具体问题上仍然是有差异的。比如货币主义与凯恩斯主义在如何维护垄断资产阶级的统治，最大限度地攫取利润这个大原则上是一致的，具有"笼统"的共识，但其策略与手法是各不相同的，在面临着失业和通货膨胀同时发生的情况下，凯恩斯主义主张把减少失业放在优先地位，以便在扩大生产过程中从较多的工人身上榨取更多的利润，而货币主义者则把抑制通货膨胀放在优先地

位，实质上是用紧缩货币供应的办法来制造更多的失业，以庞大的产业后备军来对抗工人阶级提高工资的合理要求。因此，在某一特定时期特定条件下，自由主义和保守主义在某些问题上的相互妥协并不意味着这两大意识形态流派的"同一"，他们依然代表着资产阶级内部不同阶层的利益，坚守着各自的意识形态阵地。如果因为某些笼统的共识就认为意识形态已经终结，这不是天真幼稚，就是自欺欺人。

其次，第二次世界大战后西方社会内部这种意识形态争论趋于缓和是特定历史背景下国际社会"大气候"和西方国家内部"小气候"相结合的产物。就国际社会的大气候而言，对抗苏联共产主义意识形态的扩张不但要求西方资本主义国家内部必须"团结一致"，"共同对外"，而且要求资本主义国家与国家之间也捐弃前嫌，共同凝聚在反苏、反共、反社会主义的旗帜下。西方社会普遍认为，20世纪五六十年代，大量欠发达的边缘地带为马克思主义革命提供了肥沃的土壤。在古巴、越南、老挝等地，肯尼迪政府都遭遇到了危机，这每一次危机"都意味着共产党——就在前几年间——又一次成功地突破了第二次世界大战后形成的冷战停火线。这每一次危机的根源都在于，国际共产主义运动以不同的方式来利用欠发达地区的内在不稳定性"。"现在美国和它的盟友们必须以各种方式迎接这个挑战，要远远超出过去有限的经济援助和军事援助。他们必须找到赢得战斗的手段，这种战斗不仅要用武器来打，而且要在生活村庄里、山冈上的人们的心灵世界中展开，还要靠掌管当地政府的人的精神和政策来打。"① 从西方国家内部的"小气候"而言，由于资本主义国家普遍借鉴了许多社会主义的做法，加大国家干预经济的力度，在科学技术革命的推动下，西方国家出现了较长时间的持续的经济繁荣，凯恩斯主义长期稳居主流经济学的地位，在这种经济普遍而持续的繁荣表象下，其内部的意识形态争论自然也淡化了许多。

最后，我们应该看到，西方国家内部在这种特定背景下意识形态争论的淡化并不等于意识形态的终结，随着形势的变化，其意识形态的争论又将趋于激烈。比如，在今天的美国，布什政府内部在作出塑造全球政治的

---

① 转引自［美］雷迅马著，牛可译《作为意识形态的现代化》，中央编译出版社2003年版，第1~2页。

决定时始终交织着激烈的争论，推动这种争论的是对立的意识形态，团体忠诚以及赢家通吃的激烈的官僚政治斗争①。以老布什为代表的一方和以小布什为代表的一方形成了两大意识形态对立的派别，他们之间在意识形态层面就是传统主义与革新主义、实用主义与新保守主义、国际主义与单边主义、监督冷战结束的人们与指导反恐战争开始的人们之间的争论。因此，西方国家内部意识形态的争论是激烈还是缓和主要取决于国际国内形势的变化以及西方垄断资产阶级利益的变化，即使是在意识形态争论的缓和期也不是意识形态终结了。而是西方资产阶级内部为了资产阶级的整体利益在意识形态方面"求同存异"的表现。

五、文明冲突的时代凸显是否意味着意识形态冲突的终结

冷战终结之初，长期在国际政治的分裂、结合、对抗中居主导地位的意识形态模式似乎已不再适用，在无所适从的茫然中，学者们纷纷提出理解和预测世界政治的新的思维框架，其中最具影响的除上文提到的福山的"历史终结论"外，就要数亨廷顿的"文明冲突论"了。尽管亨廷顿对福山关于历史终点的观点持批评态度，认为这一"结束主义"的理论模式犯了两个错误：一是过分强调历史的可测性及时间的永恒性；二是忽视了人性的弱点及"非理性"因素②。因此，这一理论模式提供的是一幅歌舞升平的假象，是危险的、富有破坏性的理论。但是，亨廷顿和福山一样，都抛出了意识形态终结的话语，只不过福山是指意识形态终结于西方式的自由民主，而亨廷顿却主张意识形态的冲突让位于文明的冲突，或者说，文明冲突的时代凸显终结了意识形态的冲突。在此姑且不论"文明冲突论"本身是否正确，单纯从亨廷顿所主张的文明的冲突终结了意识形态的冲突这一观点而言，其脚下的土壤是非常疏松的。

（一）文明冲突的本身就包含着意识形态的冲突

"文明"（civilization）是一个和"文化"（culture）既有差异又紧密联系的概念。"文化"一词在英文和法文中，其辞源意义是指在一块没有耕作过的土地上"耕耘"，从而种出庄稼的意思，后来延伸到人的精神层面，指对人的精神进行"耕耘"，从而陶冶修养。当我们说一个人在精神

---

① 参见《国外社会科学文摘》2005 年 9 月总第 304 期。

② Samuel Huntington, No Exit: The Errors of Endism, *The National Interest*, Fall 1989, p. 10.

上没有耕耘（cultivated）好，就是指这个人没有教养，没有品行。因此，从辞源的意义来判断精神层面上的"文化"的含义，"文化"就是"化人"，即将尚处于自然状态的人比如为一块土地，然后运用一切物质的精神的手段在这块土地上"耕耘"，从而使人实现从自然状态向社会状态的转化，并产生新的物质成果和精神成果。"文化"即可以作为动词使用，它是指"化人"的活动，也可作名词作用，它是指"化人"活动所产生的物质或精神的结果。物质成果称之为物质文明成果，精神成果称为精神文明成果。"文化"的这一原始意义后来历经嬗变，许多名人都试图为文化下一定义，归纳起来这些定义已不下四百多种，我们可以大体归为三类：一类是广义的文化，它是指人类在脱离野蛮和蒙昧状态后在改造自然和社会的过程中所创造的一切物质财富和精神财富的总和，这一类可称之为成果说；另一类是中义的文化，它是指人们的生存样式，包括制度框架、行为模式和思维模式，这一类可以称之为模式说；再一类是狭义的文化，它是指基本信念或意识形态。而"文明"是指人类文化活动的结果以及人类开化、社会进步所处的状态。有文化不一定有文明，而有文明却一定有文化。从文化与文明的含义及其相互关系我们可以看到，自从人类迈入阶级社会的门槛以后，意识形态无论是与文化还是文明都结下了不解之缘，呈现出相互交融的态势，它们并不是互不相干、泾渭分明的两个范畴。而亨廷顿不但将"文明"与"文化"误用为同义词，认为文明是一个文化实体，是人类最高的文化集团和最广泛的文化实体，它包括了价值、规则、制度、习惯和思维模式，而且主观臆想地割断了意识形态与文化和文明之间的内在联系。在此，即使按照亨廷顿的逻辑将"文明"与"文化"视为同义词，其"文明冲突论"仍然是站不住脚的。这可以从"文化"与"意识形态"的关系中得到说明：

首先，特定的历史文化传统影响着特定民族、国家意识形态的选择与构建，每一种意识形态都是在一定阶级利益和意志的支配下，对以往文化传统进行吸收和处理的产物，它既离不开一定社会物质生活条件的决定作用，也无法超越一定的历史文化基因。意识形态家们似乎在不断地创造着全新的理论体系，实际上他们总是借着历史文化传统中的话语来言说自己的利益与观点，正是在这个意义上，古希腊文化成了整个欧洲千年意识形态的摇篮，中国春秋战国时期的文化被视为中国十几个世纪意识形态的胚胎。

其次，意识形态本身就是文化的重要组成部分，或者说，意识形态本身就是一种文化，文化中就内含着意识形态，意识形态建设实际上是文化建设的一项重要内容，而且意识形态对文化的内容与形式起着规范和制约作用。因为，意识形态是特定阶级价值观的集中体现，而文化的核心正是价值观，在温情脉脉、赏心悦目的文化产品的背后所承载的可能就是这些文化产品创制者所特有的价值观和意识形态。

最后，意识形态与文化的角色在阶级社会中是相互转化的。意识形态即是一定社会历史时期的制度化的观念体系，代表着统治阶级的意志和这一时期的主流文化，随着社会物质生活条件的变化，它所代表的阶级失去了统治地位，这种意识形态也将退出历史舞台，其身份也将转化为作为精神性的社会现象而存在的思想文化，从而成为阶级社会人类思想文化发展链条中的一个环节。因此，我们可以这样说，在阶级社会里，特定时代的文化积淀大多是过去意识形态的传承，而当下的意识形态又是将来文化传统中的素材与基因。意识形态不仅是统治阶级的阶级意识，也是阶级社会的主流文化，阶级社会的主流文化都属于或曾经属于一定阶级的意识形态，人类文化正是通过意识形态的形式得以发展，意识形态是阶级社会文化发展的重要载体。

从文化与意识形态的关系分析中我们可以得出结论：

第一，既然文化和意识形态的联系如此紧密，在阶级社会里，不存在没有意识形态性的文化，也不存在没有文化底蕴的意识形态，而按照亨廷顿的逻辑，文明与文化是同义词，因此，文明和意识形态之间自然也不可截然分开，那么，亨廷顿将文明的冲突作为意识形态冲突的替代物自然也就难以自圆其说。

第二，亨廷顿所列举的中华文明、日本文明、印度文明、伊斯兰文明、拉丁美洲文明、非洲文明、西方文明之间，都存在不同层次的交流与融合，其中自然包含着不同意识形态之间的彼此尊重与求同存异，同时，也存在不同程度的矛盾与冲突，其中自然也内含着异质的意识形态之间的矛盾与冲突。因此，意识形态的冲突是文明冲突的一个重要方面。

第三，亨廷顿认为文明的冲突将取代意识形态的冲突，实际上就割裂了文明冲突与意识形态冲突的内在联系，将文明当作是脱离意识形态的存在物，而将意识形态看作是反文明的存在物，这既是一种片面的文明观，又是对意识形态的褊狭理解。其要旨在于将西方文明当作是摆脱意识形态偏见的普遍文明，从而在文明冲突论的冠冕下，偷运资本主义意识形态的私货，贬斥社会主义意识形态。

（二）主张文明的冲突将取代意识形态的冲突难以自圆其说

这种观点无论从历史上、逻辑上，还是从现实上都难以自圆其说。

首先，从历史来看，生活在不同历史时期、不同地域环境、不同历史条件下的人们，经过千百万年的磨洗积淀和世代传承，创造了各具差异与特色的千姿百态的人类文明，各类文明的差异性决定了文明之间的矛盾性和冲突的必然性。自从人类进入文明社会以后，文明之间的冲突不绝于史，上至民族与国家之间，下至人们大众的生活习俗之间都随处可见。正是因为这样，从文明冲突的视角来理解错综复杂的国际政治与国际关系也并非亨廷顿的首创，英国历史学家汤因比整整一部《历史研究》的主题就是从文明的挑战与应战角度来分析世界各大地区力量的此消彼长。1967年，著名政治家白修德（Theodore H. White）就尝试用文明的因素来解释国际关系。他说："我们正陷入文明的冲突。这种冲突也许会摧毁世界。其中关系最大的是两种文明，即大西洋—地中海文明与太平洋—亚洲文明，它们分别以美国和中国为首。"[①] 文明冲突的历史虽然源远流长，但是意识形态冲突的历史也同样久远，文明的冲突从来没有也不可能去充当意识形态冲突的掘墓人，实际上文明的冲突与意识形态的冲突往往互为因果、并行不悖的，在阶级社会里可以说，文明冲突的历史有多久，意识形态冲突的历史就有多久，它们的差别只在于冲突的表现形式、波及范围、激烈程度等方面。

其次，逻辑上看，亨廷顿认为冷战结束后，人类发生冲突的根本原因将不再主要是意识形态因素和经济因素，而将是文化方面的差异，这样的判断在逻辑上就存在重大谬误。因为亨廷顿将文明的概念与经济、意识形态概念看作是一种相对照而存在的并列关系，但是，从广度上说，"人类文明"与社会现象中的政治、经济、意识形态等因素在概念上并非是属

① Theodore H. White, An offering of History to Men who must Act Now, Harvard Alunini Bulletin, May 13, 1967, p. 4.

于同一层次的并列关系，因为"人类文明"可以涵盖政治、经济、意识形态等因素，并通过后者表现出来。亨廷顿通过"偷梁换柱"的手法将明明属于国际政治和国际关系中的具体的政治、经济与意识形态因素用抽象的"人类文明"因素加以掩盖，他指出："西方实际上正在使用国际机构、军事力量和经济资源管理世界，其做法是保持西方的优势，保护西方的利益，并促进西方的政治与经济价值观念。"① 试问：这里的政治、经济价值观念不是意识形态又是什么？亨廷顿认为文明的冲突将终结意识形态冲突的另一个逻辑错误在于将人类冲突的表象当作人类冲突的原因。人类有史以来所发生的冲突既有国家的冲突，又有民族的、宗教的冲突，在某一特定时间的特定问题上也表现为不同文明之间的冲突，但这些冲突的背后都存在各不相同的原因，这些冲突的原因就存在于世界政治与国际关系中的政治、经济和意识形态因素之中。换言之，关于人类冲突的原因不应该脱离现实政治、经济和意识形态等现实因素。但是，"文明冲突论"者却撇开产生现实冲突的具体原因，去宣扬抽象的文明冲突，并将"文明的冲突"这一现象当作产生冲突的原因，在逻辑上显然是站不住脚的。

最后，从现实来看，尽管亨廷顿将"文明"的因素作为未来世界决定一切的核心因素，将文明冲突的范式作为冷战后理解世界政治的主导范式，但是，就现实而言，意识形态仍然深刻地影响着国家利益的界定，意识形态的本身也仍然是国家利益的重要组成部分，而国家利益仍然是产生冲突的根源。更何况，单一的"文明冲突论"的范式也根本无法解释冷战后错综复杂的国际政治的现实图景，意识形态的分析范式仍然是一个有效的分析范式。事实上，冷战后美国对外政策中意识形态的分量不是减轻了，而是加重了。从美国将古巴、朝鲜等国家列入"无赖国家"、"邪恶轴心国家"，到军事打击南联盟，推翻"米洛舍维奇的共产党人政权"，拔掉"欧洲最后一座红色堡垒"；从借反恐为名插足中亚，到推翻伊拉克的萨达姆政权，在中东推进全面西化的"大中东计划"，西到策划独联体的乌克兰、吉尔吉斯斯坦等国的"颜色革命"；冷战后美国为首的西方国家这一连串的举动虽然具有其经济、政治利益的驱动，但其意识形态色彩

---

① Smuel Huntington, The Clash of Civilization? 载美国《外交》1993 年夏季号，同样内容经作者缩写后刊载于《纽约时报》和《先驱论坛报》上。

是非常浓厚的，其目的就是要按照美国的模式确立全球共同价值、全球意识，从而在全球范围内推行西方式的价值观念与民主制度。对于这一点，亨廷顿在其另一本著作中写道："第三波的一个成就就是使西方文明中的民主获得了普遍性，并促进了民主在其他文明中的传播。如果第三波有一个未来，这个未来就在于民主在非西方社会的发展。"① 由此可见，捍卫和输出西方自由民主的意识形态既是西方资本主义国家界定国际利益的重要尺度，又是其国家利益的重要组成部分。

亨廷顿所提供的"文明冲突"的外衣掩蔽不了西方与非西方社会在意识形态领域中冲突的事实。而且，亨廷顿所提供的"文明冲突论"范式没有也不可能充分而全面地解释冷战后世界政治的事实，世界政治中结合、分裂、冲突的模式并非按文明的断层线而展开，国家利益依然是世界政治地图变化的主轴。在伊拉克战争中，西方文明与伊斯兰文明结成了"联盟"，在全球反恐斗争中，西方文明、中华文明、东正教文明紧密合作，这又怎么能用"文明冲突论"来解释呢？如果因为文明冲突论的范式在解读世界政治中具有一定的效力而排斥意识形态等范式，那就难以充分反映和体现世界政治的复杂性，许多影响世界政治的变量和因素都将脱离我们的视野。"从总体上看，在今后相当长的一段时间里，国际政治仍然会以国家之间关系及共同国际组织的关系为中轴，种族的、民族的、文明的差异只会使主权国家产生更多的裂变而不是使其消亡。从这种意义上讲，文明间的冲突不会超过、盖住或压倒由社会制度、意识形态变成实际的经济、政治利益决定的国家间和地区间的冲突。"②

（三）宣扬"文明的冲突"将终结意识形态的冲突本身就具有根深蒂固的西方资本主义国家意识形态的情结，其本质是亨廷顿为美国构建的一种意识形态策略，一种国策性的意识形态文本

亨廷顿兼具著名学者与美国政策谋士的双重身份，这种双重身份使其"文明冲突论"具有浓厚的政策意义，文明冲突论的雏形便是作为亨廷顿承担的《转变中的防御环境及美国的国家利益》专题研究的报告。美国

----

① 亨廷顿著，刘军宁译：《第三波——20 世纪后期民主化浪潮》，上海三联书店 1998 年版，序言第 5 页。

② 王逸舟：《国际政治的又一种透视》，《美国研究》1994 年第 1 期。

自立国以来就非常重视维护和传播自己的意识形态，冷战后在全球范围内推行美国的意识形态，更是成为美国外交政策的重要目标。作为一名保守的现实主义者，亨廷顿自然也不会从美国人固有的意识形态情绪中解脱出来。用包容性极强的"文明"来诠释世界的冲突，只不过是将意识形态冲突的阵地从原来的政治领域转移到了文化领域。亨廷顿提供的"文明冲突论"的意识形态性是非常明显的。

首先，亨廷顿在划分冷战后的世界文明时，执著于"我们"和"他们"这种简单的两分法，这显然是冷战时期政治意识形态简单两分法思维模式的延续。冷战时期，"我们"与"他们"的划分是显性的意识形态在起作用，冷战以后，亨廷顿认为威胁西方意识形态生存的社会主义意识形态已经寿终正寝，但是西方要把自己的意识形态在世界普遍化，还将遇到其他民族、国家意识形态的抵抗，于是，亨廷顿便在文化的幌子下，抱着"非我族类，其心必异"的偏见，将原来政治意识形态上对立的"我们"与"他们"重新组合，这显然是冷战时期意识形态的思维惯性在"文明"旗帜下的延续。正是在西方特有的意识形态的支配下，亨廷顿为美国筹划出应对"文明冲突"的大战略，他说："对西方利益而言，它在短期内显然应推动文明内部，尤其是欧洲与北美成员的大合作，大统一；将在文化上接近西方的东欧与拉美接纳进西方社会；促进、维护与俄国、日本的合作关系；防止地区性的文明内部冲突升级为文明内的大战；限制儒教和伊斯兰国家军事力量的膨胀；减缓西方削减军事能力，维持在东亚和西南亚的军事优势；利用儒教国家和伊斯兰国家间的差异与冲突；支持其他文明中对西方价值观和利益表示同情的集团；加强能使西方利益和价值观得以表达、合法化的国际机构组织并推动非西方国家参与这些机构组织。"① 从这一段体现"文明冲突论"要旨的论述可以看出，"文明冲突论"的实质就是一个新版本的冷战计划，依然沿袭着冷战时期政治意识形态简单两分法的思维惯性。其实，对于各具特色的文明，用不着用"我们"与"他们"来界定，只有承认差异，扩大交流，克服冲突，加强合作，世界几百个国家、数千种民族才能共同创造一个和谐世界。如果在传统意识形态的支配下，将世界文明划分为高低贵贱的不同等级，不平等地对待其他文明，总是试图将

---

① 转引自《现代外国哲学社会科学文摘》1994 年第 8 期。

自己的文明模式强加于人，那么，这种文明的移植终会因为不服水土而产生"文明的冲突"，唯一正确的选择就是温家宝总理在 2003 年 12 月 10 日在美国哈佛大学所作的《把目光投向中国》的著名演讲中所说的那样："文化因素将在新的世界里发挥更加重要的作用。不同民族的语言各不相同，而心灵情感是相通的。不同民族的文化千姿百态，其合理内核往往是相同的，总能为人类所传承。各民族的文明都是人类智慧的成果，对人类进步做出了贡献，应该彼此尊重。人类因无知和偏见引起的冲突，有时比因利益引起的冲突更加可怕。我们主张以平等和包容的精神，努力寻找双方的共同点，开展广泛的文明对话和深入的文化交流。"①

　　其次，亨廷顿划分文明形态的基点是宗教，而宗教的本身就是意识形态的具体形式之一，因此，这种文明形态的划分无疑是政治上对意识形态势力的重组。冷战后，传统宗教的复兴和新兴宗教的崛起汇成了一股强大的宗教热潮，宗教信仰越来越渗入国际关系并成为对外交往的动力，深受美国基督教洗礼的亨廷顿于是把宗教当作界定文明的一个重要特征，把非西方宗教的复兴当作非西方社会对西方社会的背离与拒绝，把势力较大的"最虚伪"的儒教和"最偏执"的伊斯兰教描绘成异族，从而成为代表"正义"的西方基督教文明的死敌。亨廷顿指出："在现代世界里，宗教是主要的，可能是唯一的感召和动员人们的核心力量。"② 但是，我们不要忘记，马克思早就指出，宗教的本身就是一种意识形态的颠倒，它和哲学、道德、艺术等是意识形态的具体形式。宗教从产生以来，就和意识形态产生了天然的姻缘关系，意识形态赋予人以道德的崇高感和类似宗教的归属感，而宗教所唤起的"认同感"当然也打上了意识形态的烙印。"某种特定宗教中的各种意识形态要素，即某种宗教的信仰和价值系统的各个方面，都带有作为其主要载体的阶级和地位群体的印记，并且，它可能一直围绕着他们的利益而变化。但是，这是一个双向的过程，载体本身又部分地由意识形态所决定并带有它的印记。"③ 因此，亨廷顿以宗教作为划

---

① 转引自潘一禾著《文化与国际关系》，浙江大学出版社 2005 年版，第 158 页。

② 塞缪尔·亨廷顿著，周琪等译：《文明的冲突与世界秩序的重建》，新华出版社 1999 年版，第 353 页。

③ ［英］罗伯特·鲍柯克、肯尼思·汤普森编，龚方震等译：《宗教与意识形态》，四川人民出版社 1992 年版，第 11 页。

分文明的形态，他所构筑的世界文明的地图的底色就是意识形态的。

最后，在"文明冲突论"的分析框架中，亨廷顿巧妙地用"非西方"取代冷战时期的"东方"，以"西方与非西方"的范式取代"西方与东方"的范式，看似不以意识形态为划分依据，本质上仍然体现了冷战时期的对立模式，这显然是一种意识形态的策略。在西方人的眼里，东方不仅仅是一个地理概念，而且具有浓厚挑战西方的意识形态色彩。这种色彩在冷战时期通过东西方的对立得以淋漓尽致的体现。冷战后，亨廷顿一方面将这种意识形态色彩用文化的话语来表达；另一方面，用"非西方"的概念取代具有鲜明意识形态色彩的"东方"的概念。在他看来，"西方"是政治上的自由民主世界，而"非西方"则是威权主义、专制主义、独裁主义的天堂，这种划分完全是意识形态的，其词语上的转换不但将可能与西方发生冲突的对象由原来的社会主义国家扩大到整个其他非西方世界，而且将冲突的对象模糊化、泛化，这是为适应冷战结束后意识形态斗争的新形势所作的策略上的调整，其内核依然是冷战时期的意识形态的对立与冲突模式，其目的就是要在新的意识形态斗争中，巩固冷战的胜利成果，维持西方意识形态在全球范围内的优越地位，构建以西方意识形态为原型和榜样的"文化帝国"。

总之，冷战的终结，虽然拆除了"意识形态至上"的藩篱，但意识形态冲突并没有终结，"文明冲突论"虽然旨在超越政治意识形态的对立，但是那只不过是为意识形态找到了一个新的载体即文明，在文明冲突的表象后，意识形态的对立与冲突仍然"涛声依旧"，这就决定了"文明冲突论"没有也不可能终结意识形态的冲突，相反，却成了美国在冷战后新的世界图景中进行意识形态斗争的战略与策略的宣言书。

六、全球化进程的强势推进是否会导致意识形态的终结

20世纪90年代以来，新一轮经济全球化的浪潮强势推进，西方学者趁机大肆渲染和恶意炒作全球化，大量散布"淡化意识形态"，实现"人类共同价值"，追求国际生活"非意识形态化"等论调，主张在全球意识、全球思维的指导下放弃意识形态的差异，似乎当今全球化已经不带有意识形态性，更多的是"全人类的共同利益"，全球化也因此成为世人同饮的美酒，普天同庆的盛宴。这种论调使意识形态终结论思潮迎来了又一个"春天"，它使一部分第三世界国家的人民产生了不切实际的浪漫主义

的幻想和田园诗般的美好憧憬，从而失去了意识形态上应有的警觉性与自觉性，导致民族利益和国家安危陷入严重危机。然而，全球化真的会导致意识形态的终结吗？对于这一问题有必要从全球化的历史、理论与现实三个层面加以分析，以正视听。

首先，从历史来看，至今为止的全球化进程从来没有脱离西方资产阶级意识形态控制的轨道，展示的是一幅西方资产阶级利用社会生产力和科学技术的发展而在世界范围内不断扩展代表资产阶级利益的意识形态的历史画卷。从意识形态的角度来看，一个不可否认的事实是：全球化的原动力来源于资本追求剩余价值的本性，全球化进程始终在资本主义经济体系和游戏规则的主导与控制下进行、服务于资本家以追求利润最大化为核心的意识形态。资本不断扩张、全球化进程不断扩展的过程，同时也是资本主义的经济体系、生产方式、生活方式、意识形态在世界范围内不断"强化"和推广的过程，因此，"经济全球化过程不仅是一个经济过程，而且是一个伴随着意识形态运动的政治过程"①。对于全球化的资本主义意识形态性，马克思、恩格斯曾做出过具有超越时空意义的经典阐述："资产阶级，由于一切生产工具的迅速改进，由于交通的极其便利，把一切民族甚至最野蛮的民族都卷入到文明中来。它的商品的低廉价格，是它用来摧毁一切万里长城、征服野蛮人最顽强的仇外心理的重炮。它迫使一切民族——如果它们不想灭亡的话——采用资产阶级的生产方式；它迫使他们在自己那里推行所谓文明制度，即变成资产者。一句话，它按照自己的面貌为自己创造出一个世界。"② 从马克思、恩格斯这一段话我们可以解读出这样几层含义：第一，全球化的参与者有"主动"与"被动"之分，在全球化进程中，资产者是主动者，除资产阶级之外的"一切民族甚至最野蛮的民族"是被动者。第二，"主动者"之所以把"被动者"卷入到"文明"中来，是为了摧毁他们的仇外心理，接受资本主义的生产方式，显然，作为主动者的资产阶级，在推动全球化的过程中总是根据自己的特定利益和价值观来确定自己的全球化战略与策略的。第三，资产阶级既然要在全球推行文明制度，并按自己的面貌为自己创造一个世界，其

---

① 郑永廷等：《社会主义意识形态发展研究》，人民出版社 2003 年版，第 179 页。
② 《马克思恩格斯选集》第 1 卷，人民出版社 1995 年版，第 276 页。

最终的目标就是要在全球范围内建立一个资本主义化的世界，这就必然在意识形态上要跨越和摧毁其他一切抵抗资本主义意识形态的意识形态围栏，在全球进行意识形态的重构。于是，"资产阶级在它已经取得了统治的地方把一切封建的、宗法的和田园诗般的关系都破坏了。它无情地斩断了把人们束缚于天然尊长的形形色色的封建羁绊，它使人和人之间除了赤裸裸的利害关系，除了冷酷无情的'现金交易'，就再也没有任何别的联系了。它把宗教虔诚、骑士热忱、小市民伤感这些情感的神圣发作，淹没在利己主义打算的冰水之中。它把人的尊严变成了交换价值，用一种没有良心的贸易自由代替无数特许的和自力挣得的自由。总而言之，它用公开的、无耻的、直接的、露骨的剥削代替了由宗教幻想和政治幻想掩盖着的剥削。"①这显然是一种社会关系和意识形态在颠覆基础上的重构，重构的目的就是为资本的扩张并实现利润最大化创造条件。由此，我们可以透过经济全球化的神秘面纱，认清其意识形态的本质。德国学者在《全球化的陷阱》一书中就清楚地指出：全球化"决不是某种自然规律或某种不容选择的线性技术进步的结果。……这不过是西方工业国一个世纪以来曾有意识地推行并且至今仍在推行的政策的必然结果。这种全球化对于大多数国家来说是一个被迫的过程，这是它们无法摆脱的一个过程。对于美国来说，这却是它的经济精英和政治精英有意识推动并维持的过程。"②

其次，从理论上看，每一个民族和国家的意识形态都作为"先入之见"支配着这些国家和民族对全球化的理解，从而在不同的意识形态语境下形成了多音并存的全球化理论和应对全球化的战略。从本来意义上看，马克思主义认为，经济全球化是世界范围内的社会生产力与生产关系的辩证运动发展到一定历史阶段的产物，也是经济活动在全球范围内实现社会化的过程。它是随着科学技术、国际分工、市场经济的发展、交通、通信工具的革新，资本、信息、资源、技术、人才及劳动力等要素不断跨越和克服不同社会制度和文化障碍，在全球范围内自由流动和合理配置，

---

① 《马克思恩格斯选集》第1卷，人民出版社1995年版，第274~275页。
② ［德］汉斯·马丁、哈拉尔特·舒曼著，张世鹏等译：《全球化的陷阱——对民主和福利的进攻》，中央编译出版社1998年版，第148、297页。

为追求利益的最大化而进行充分沟通并达成更多共识，采取更多共同行动的过程与历史潮流。马克思、恩格斯曾在《德意志意识形态》、《共产党宣言》、《资本论》等著作中用"历史向世界历史转变"的命题表征全球化的意蕴和发展规律，从资本的扩张本性揭示全球化的本质和发展趋势。然而，全球化的这种客观性在不同的个体、不同民族和国家、不同的利益集团的眼里是有着巨大差别的，从而呈现出"横看成岭侧成峰，远近高低各不同"的主观效果。之所以如此，除了因为全球化本身几乎波及到地球的每个地方、每个角落，涉及政治、经济、文化、军事、科技的方方面面外，更重要的是不同的个体、国家和民族都具有各不相同的意识形态，这种意识形态作为"先入之见"导引着他们在全球化进程中的利益选择以及参与全球化进程的战略与策略定位，也支配着他们看待全球化的视角和方法，从而在不同的意识形态背景下产生了"客观形成的全球化进程"与"主观构建的全球化理论"，"客观的全球化进程"与"主观的全球化战略与策略"的区分、矛盾和斗争。这就使主观的全球化理论与应对全球化的战略与策略不可避免地带有意识形态的痕迹。

由于发展中国家对于全球化理论准备不足，实践应对仓促，研究起步较晚，当前谈论更多的是西方全球化理论的话语。而在这种话语中居于主流地位的是新自由主义的全球化理论话语。这种全球化理论从西方自身的理念和利益出发，为人类设计出一幅"美妙"的"全球化图景"，认为全球化就是要市场化、自由化、私有化、一体化，就是要把西方的价值理念、政治模式、社会制度向全球推广，主张全球化不仅仅是经济、科技全球化，很快就要实现政治全球化、文化全球化，这种理论正好迎合西方官方的全球化战略：即全球化等于全球资本主义一体化等于"西方化"等于美国化，因而带有浓厚的西方意识形态色彩，正如法国"马克思园地协会"主席科恩·赛阿指出的："新自由主义是资本主义全球化意识形态的理论表现。"① 而新自由主义全球化理论与马克思主义全球化理论、西方左翼的全球化理论、依附论的全球化理论的差异与分野，也进一步反映了各种全球化理论的意识形态背景。在新自由主义全球化理论的指导下，

---

① 转引自李其庆主编《全球化与新自由主义》，广西师范大学出版社 2003 年版，第 2 页。

西方资本主义国家又确定了控制经济全球化的主观战略与策略，以美国为首的发达国家总是利用其全球化领域中的优势地位，对其他国家进行经济上的控制，政治上的演变、文化上的渗透，这就使"今日全球化既有客观规律性的一面，即它毕竟反映了一定生产力的要求；又有西方资本主义把持霸权、有意识推广的一面，即排斥一切非西方的发展模式"①。因此，我们要充分认识全球化的意识形态性，把客观的全球化进程与西方主观的全球化理论、战略、策略区分开来。

　　弥漫于西方全球化理论、战略与策略之中的是一种全球主义的所谓"新观念"。西方鼓吹的全球主义是一种区别于国家主义的世界整体论和人类中心论的文化意识，社会主张和行为规范，它既宣扬"全球意识"、"全球思维"，又积极介入社会实践。西方知识分子之所以卖力地鼓吹全球主义，就是希望借此来使其他非资本主义国家接受他们确定的世界认知与改造的图式，从抽象的全人类利益出发来解决各项问题，从而淡化或放弃意识形态的主动，丧失对西方意识形态进攻的抵抗，这种全球主义用全人类的利益掩盖资本主义的国家利益和阶级利益，用国家社会的整体利益消解其他国家的国家利益与民族利益，在意识形态的问题上采取双重标准，一方面要求其他国家不计意识形态的得失；另一方面又加紧把自己的意识形态向其他国家渗透，从而实现"不战而胜"的目标。因此，全球主义不但是西方资本主义国家在全球化进程中进行意识形态渗透的典型手法，而且全球主义本身就成了一种意识形态。

　　最后，全球化已经成为西方推行其国家意识形态的新工具。当前，资本主义牢固主导的全球化，已经成为西方资本主义国家意识形态体系的有机组成部分，甚至是其意识形态体系的核心价值观，同时，全球化又成为了西方推广其国家意识形态的新工具。西方以全球化为幌子，鼓吹"共赢"、"共同繁荣"、"全人类利益高于一切"，其实质是推行霸权主义的意识形态，利用其经济、政治、文化、科技和军事优势企图控制和主宰世界。西方利用全球化这个工具为代表资产阶级利益的虚假观念体系和价值观服务，他们声称只要实行新自由主义、议会制民主、倡导消费主义文化和个人竞争主义，就会带来一片繁荣。然而，拉丁美洲新自由主义的实践

① 沈湘平：《全球化的意识形态陷阱》，《现代哲学》1999 年第 12 期。

却导致了经济危机频发，社会动荡不安，国家主权弱化等后果。美国也极力推动中国实行自由主义的经济和金融政策，他们认为，中国经济领域的变化必将带来政治制度与意识形态的变化，最终可以把中国引向西化的道路。西方鼓吹新自由主义的全球化并不在于为了全人类利益和国家社会的整体利益，而在于弱化发展中国家的主权，侵蚀发展中国家的安全，维护和扩大西方资本主义国家的全球利益。美国前总统克林顿说："某些人把这种不断增加的国际互相依赖视为对我们国家和我们作为美国人的价值观的威胁。但事实几乎恰恰相反。在世界影响不断加强的正是美国的价值观——自由、自决和市场经济。从国际贸易的迅速发展中获益最多的正是美国公司。当世界其他国家的生活水平提高之后，需求最多的正是美国工人制造的美国产品。"① 因此，西方宣扬的全球化不但是服务于垄断资产阶级利益，推销其意识形态的工具，而且这种全球化的本身也成了一种意识形态。

　　总之，全球化的强势推进并没有导致意识形态的终结，相反，在全球化这一时代平台上，意识形态正按照自身的逻辑不断转换自己的内涵与形式，拓展自己的生存空间。因此，我们既不能因为全球化进程中意识形态的复杂性而拒绝参与全球化，孤立于世界大门之外，又不能有意识形态终结的虚无憧憬，自我解除思想武装，投入西方资本主义意识形态的怀抱。只有这样，才能既参与全球化又保持意识形态的清醒与自觉，并推动全球化朝公正合理的方向发展。

第四节　西方意识形态终结论思潮的有益启示

　　西方意识形态终结论思潮是在时代变迁过程中意识形态话语的转换，尽管这一思潮具有难以避免的历史与阶级局限性，它对于意识形态与科学、意识形态与马克思主义、意识形态与理性等诸多理论问题做出了片面的甚至是错误的回答，而针对许多现实问题，比如，阶级的新变化、科学

----

　　① ［美］比尔·克林顿著，金灿荣译：《希望与历史之间：迎接 21 世纪对美国的挑战》，海南出版社 1996 年版，第 117 页。

技术的新发展、社会主义的前途与资本主义的命运，全球化的新进程、全球文化的交流与冲突等，这一思潮所抛出的话语也存在重大谬误和许多似是而非的曲解，但是透过意识形态终结论思潮纷繁复杂的迷雾，我们依然可以提炼出可借鉴的资源，获取有益的启示。

第一，尽管意识形态终结论这一结论无论从哪一个角度来审视都是违背事实与逻辑的，但是，20世纪在意识形态论域内从意识形态革命、意识形态批判到意识形态终结的理论嬗变，却启示了一条意识形态理论演变的基本规律，即意识形态的理论研究必须紧密跟随经济、政治形势和国际格局的新变化。随着时代的变迁与社会的发展，无论是意识形态的本身，还是某种具体的意识形态，在社会的整体结构上和社会的某一具体领域内，其内涵、形式、地位、价值都会发生变化，人们对意识形态的看法也不会一成不变。这既是意识形态理论演变的一个基本规律，也是我们与时俱进地把握世界意识形态脉搏的一个极其重要的方法论。这就要求我们要根据时代主题的变化，正确把握意识形态在社会结构中的位置，区分意识形态利益与其他利益的轻重缓急，厘定不同领域中意识形态的重要性以及该领域是否存在意识形态等问题。

第二，西方意识形态终结论思潮几乎纵贯20世纪西方的整个历史进程，其余波波及到21世纪，在理论上，这股思潮与众多其他思潮相互关联和缠结，比如，科学主义思潮、非理性主义思潮、反马克思主义思潮、后现代主义思潮、全球化思潮等，在实践上，这股思潮又与20世纪社会变迁中的若干重要问题连理相通，紧密相关，比如，阶级结构、社会结构、劳工运动、职业结构、东西冷战、苏东剧变等，因此，西方意识形态终结论思潮犹如一间看得见风景的房子，它为我们提供了一把索解西方诸多理论流派奥秘的钥匙，也为我们提供了一个俯瞰20世纪西方社会和国际格局风云激荡的制高点；它又像一面镜子，既折射出西方资本主义社会内部理论与实践变迁的图景，又反映了20世纪社会主义与资本主义之间借鉴与合作、矛盾与冲突的波澜壮阔的历史画卷。对于正在和平崛起的中国的每一位公民而言，意识形态终结论思潮是我们了解西方资本主义之所以垂而不死、死而不僵，美国又是如何成为第一强国的一部比较真实而生动的教材。

第三，西方意识形态终结论思潮虽然从根本上和整体上并未摆脱资产阶级意识形态的窠臼，提出了许多歪曲历史与事实的观点与话语，但也提供了许多富有启发的见解，比如韦伯提出的现代化的发展将导致工具理性的张扬、价值理性衰落的观点，丹尼尔·贝尔的趋同论中所包含的资本主义与社会主义不但相互对抗，也可以相互借鉴的观点，意识形态的争论将让位于经济建设的主题的观点，亨廷顿对冷战后文明因素在国际政治中的作用的强调等。今天的中国正在逐步建立和完善社会主义市场经济体制，发展社会主义民主政治，加强社会主义精神文明建设，努力构建社会主义和谐社会，同时，适应和平、发展与合作的时代主题，中国又实行全方位的对外开放，积极参与国际经济竞争与合作。中国社会结构的变化，阶级的重新分化与分层，个体身份的重新定位，社会关系的多极化演变，多元化的碰撞与激荡，预示着一个充满自信、真正开放、积极参与国际体系的新中国即将和平崛起。而在这一过程中，中国也将经历西方意识形态终结论思潮所关涉的发生在西方社会的政治、经济、文化等事件，就这一点而言，意识形态终结论思潮中的一些观点对我们也许具有重大的警示与启迪意义。

第四，西方意识形态终结论思潮同时也告诉我们，在意识形态的问题上必须正确处理目的与手段的关系。要维护一种意识形态，就必须借助于多种手段，离开了这些手段，这种意识形态的存在也会陷入危机，形形色色的意识形态终结论话语或多或少、或潜或显地都是充当维护资本主义意识形态、实现资本主义意识形态目的的手段，但是，它披上"意识形态终结"的外衣却具有极大的欺骗性和危害性，它使一些人不知不觉掉进了西方意识形态的陷阱。反观社会主义国家在意识形态问题上却长期没有处理好意识形态的目的和手段的关系。在苏联，长期形而上学地树立起马克思主义的意识形态霸权，并以此作为意识形态的目的，而把封杀、堵塞其他异质的言论与思想作为实现这一目的的手段，这就忽视了必须通过解放和发展生产力，夯实这种意识形态的经济技术基础来维护这种意识形态的重要性，这就掉进了"唯意识形态论"的误区。中国在20世纪五六十年代的"意识形态中心化"就是这种唯意识形态论的翻版。因此，要维护社会主义国家马克思主义在意识形态领域内的指导地位，就离不开用多种方式、多种手段来宣传、灌输马克思主义，但最重要的是要解放和发展生产力，从而增强马克思主义的说服力、批判力与吸引力。

　　第五，冷战背景下的意识形态终结话语在真实地记录某些资本主义新变化的同时，也表达了维护西方社会内部的和谐安宁，追求国家的繁荣与发展，以共同对付社会主义威胁的价值旨趣。冷战结束后的意识形态终结论话语则从国际政治的层面提供了如何对待国际关系与交往中的意识形态问题的新思考，它预示着我们不能再按传统的处理意识形态的方式处理新形势下的意识形态问题。意识形态虽然尚未终结，但是，对具有不同意识形态的个体、政党、阶级、国家和民族抱什么样的态度和胸怀，用什么方式处理意识形态问题则是一个与时俱进的问题。这一点对于以大力推进现代化建设、维护世界和平、促进共同发展、完成祖国统一，为新世纪的三大任务的中国而言，提供了有益的启示。过去处理意识形态的方式过于中心化、极端化，不但导致社会的紧张，而且导致社会甚至家庭的分裂，虽然看上去充满理想、抱负、激情，但超越现实地过分强调观念先行，往往导致在嘴皮子上热热闹闹，实际发展却冷冷清清的尴尬局面，这与构建和谐社会，追求和平发展的理念是背道而驰的。中国要顺利完成新世纪的三大任务，就必须维护安定团结的政治局面，必须在全球化进程中与不同社会制度、不同阶级性质、不同文化背景的国家与民族和谐共处，必须对国内具有不同价值取向、不同利益需求的社会阶层表现出一定的豁达与宽容，使社会主义社会在坚持四项基本原则的前提下保持容纳不同意见的张力，这是构建和谐社会的必要内涵。2005 年 7 月，上海合作组织在新加坡会议上提出超越意识形态的差异，共建互信、互利、平等的国际关系，这就说明，一方面意识形态仍然存在，否则就不用去超越；另一方面处理意识形态问题的方式必须改变。2005 年 8 月，胡锦涛总书记在纪念世界人民反法西斯战争和中国人民抗日战争胜利六十周年的讲话中首次肯定了国民党官兵在抗战中的功绩，这是一个可喜的变化。这种方式对激进主义而言有点煞风景，但却是实实在在为了全体国民的自由、安宁、福祉。

第五节　　简短的结论

对于"意识形态是否终结"这一问题的回答，不同的个体、群体、民族和国家由于哲学基础、价值旨趣、阶级立场、文化传统、研究方法等方面的差异，其回答也必然是迥异的。西方意识形态终结论者从资产阶级唯心主义立场出发，以西方特定的文化背景和价值观对意识形态进行孤立、片面、静止的考察，既在意识形态论域内对相关的理论问题做了扭曲的理解，又根据时代变迁中西方社会和国际格局中的新变化进行错误的解读，从而在 20 世纪的历史长河中掀起一波又一波的"意识形态终结"的思想狂澜。然而，对于"意识形态是否已经终结"这一问题是不能做出"是"或"否"这样简单的判断的。要正确地把握这一问题，只有将这一问题置于马克思主义唯物史观的理论背景下才能获得清晰而准确的答案。

首先，在唯物史观的理论视野中，意识形态范畴所表征的是一种反映特定阶级和社会集团现实政治经济利益的系统化、理论化的思想观念体系，是这种阶级和社会集团制定行动纲领、政治准则，确定价值取向与社会理想的理论基础，是耸立于经济基础之上的观念上层建筑。对意识形态的理解可以从抽象的意识形态、具体的意识形态和意识形态的具体形式三个层次上把握。因此，谈论意识形态的终结首先应该确定是在哪一个层次上来谈，因为意识形态在每一层次上终结的含义与条件都是不相同的。抽象的意识形态的终结在阶级社会里是摆不脱、躲不开的，甚至可以说，阶级社会就是一个意识形态的社会，只要阶级、国家、政党、民族还存在，这种抽象的意识形态就不会终结，只不过是内涵和表现手段不同而已。对于某种具体的意识形态，随着其经济基础的丧失或迟或早要退出历史舞台而走向终结，人类社会的发展从意识形态的角度来看就是先进的意识形态不断产生，落后的意识形态不断终结的过程，至于意识形态的具体形式比如哲学、道德、艺术、宗教、法律等，其形式可能会保持稳定，但其承载和表达的意识形态的具体内容却会随着现实政治、经济关系的演变而不断变化。西方众多意识形态终结论者不断掀起否定、限制、排除意识形态的高潮，其实并非是把矛头指向抽象的意识形态，也不是放弃承载意识形态的具体形式，而是指向具体的与资本主义意识形态相区别与对立的意识形态，尤其是马克思主义。因此，"意识形态终结论"本身就是一种强烈的意识形态。对此，英国学者大卫·麦克里兰指出，那些自以为超意识形态的理论其实也是意识形态，"迄今为止没有出现意识形态终结的任何迹象"①。

其次，无论哪一个层次上的意识形态都既是一个历史的范畴，又是一个社会的范畴、功能的范畴，因此，谈论"意识形态的终结"也必须从历史的维度、社会的维度、价值的维度作动态的考察。

从历史的维度来看，意识形态既不是从来就有的，也不会永恒地存在，它只会与人类历史发展的一定历史阶段相联系。在人类发展的历史上，随着阶级与国家出现以后，意识形态现象就作为一种非常重要的精神现象存在于社会的整体结构之中。在生产力与生产关系、经济基础与上层建筑的矛盾运动规律与意识形态发展的否定之否定规律的作用下，在人类改造世界的实践中，意识形态在新的时空中不断拓展自己的内涵，转换存在的形式，旧的意识形态不断终结，新的意识形态不断产生，意识形态在阶级社会中不断终结和新生的过程就是人类历史不断进步的过程。但是，作为意识形态的本身，即抽象的意识形态在阶级社会里是不会终结的，终结的只是某些已丧失了存在的合法性、合理性根基的具体的意识形态和某些意识形态的具体形式，只有到了共产主义社会，阶级和国家走向了消亡，阶级社会中的意识形态才会最终走向彻底终结。因此，从历史的维度来看，西方意识形态终结论思潮显然与人类社会发展规律和意识形态本身的演进规律背道而驰。

从社会的维度来看，任何时代每一种具体的意识形态的存在都与国家利益、阶级利益、社会制度的差异性相关联，都肩负着批判或维护特定的国家利益、阶级利益、社会制度的使命。因此，从社会的维度考察"意识形态的终结"，既要看到随着国家利益、阶级利益的变化和社会制度的变迁，意识形态的内涵与形式会发生诸多变化，其中某些内涵和形式会走向终结，但是只要存在阶级利益、国家利益和社会制度的差异，就必然存

---

① 转引自郑永廷等著《社会主义意识形态研究》，中山大学出版社2001年版，序言第8页。

在为国家利益、阶级利益和社会制度的正当性、合法性进行辩护的意识形态。在现阶段，在国际范围内国家依然是最重要的行为主体，而不同国家之间往往具有社会制度的差异，这种差异不仅存在于资本主义与社会主义两大社会制度之间，而且存在于两个制度内部，只要还存在社会制度的差异，不同制度之间的意识形态及其斗争就不会消失。葛兰西认为，当代西方国家不但依赖军队与暴力机器来维护自己的统治，而且在更大程度上通过文化和价值观的渗透来维护自己的统治，意识形态和文化有时甚至起着比暴力国家机器更重要的作用。在西方资本主义国家占尽优势的全球化进程中，在社会制度差异依然存在的前提下，抽象地谈论意识形态的终结，不是天真幻想，就是虚伪的骗局，这种终结论话语本身就充当了西方资本主义国家对非西方国家进行精神殖民的工具。

国家利益的差异是决定意识形态还没有终结的重要因素。国家利益与意识形态是密切相连的两个概念，国家利益决定意识形态的取舍选择，意识形态又是界定国家利益的重要尺度，其本身又是国家利益的有机组成部分。美国著名政治学家杰里尔·罗赛蒂认为，国家利益和美国对外政策的制定都要受到意识形态的对外政治观点的极大影响[①]。约瑟夫·奈指出："国家利益……可以包括人权与民主这类价值观。"[②] 意识形态与国家利益的这种内在关联，决定了国家利益的存在是导致意识形态不会终结的重要因素，只要还存在国家和国家利益，意识形态就不会终结。西方国家从其国家利益出发，抛出了资本主义民主论、历史终结论、文明冲突论、意识形态终结论、中国威胁论等话语，无不一打上西方意识形态的烙印。

现阶段的国家都是由一定阶级进行统治的国家，国家利益的背后隐藏的是占统治地位的阶级的利益。当代的利益问题，虽然有手段与技术之争，但归根到底是利益的正当性问题，而意识形态正是为特定阶级利益的正当性进行辩护的。在获取利益的问题上。历来就存在正当性问题，这就决定了利益主体必然要诉诸于意识形态的辩护。在私有制社会里，利益的对立总是表现为少数统治阶级的利益与大多数人普遍利益的对立，这一点

---

　① ［美］杰里尔·A. 罗赛蒂著，周启明，傅耀祖等译：《美国对外政策的政治学》，世界知识出版社 1997 年版。

　② 转引自刘建飞《论意识形态与国家利益的关系》，《现代国际关系》2001 年第 7 期。

在当今资本主义社会表现得尤为明显。马克思主义认为，大多数人普遍利益是最重要的，而资本主义自由主义意识形态认为个人利益才具有至上性和终极性。冷战虽已结束，但马克思主义与自由主义围绕利益正当性问题的争论远未终结，更进一步说，只要阶级利益还没有完全与大多数人的普遍利益一致，意识形态就会有其生存空间而不会终结。在全球化的背景下，如果盲目地宣扬意识形态的终结，无条件地认同资本主义主导的全球化秩序，就无疑是放弃为大多数人的普遍利益进行辩护的意识形态使命，全面向西方自由主义意识形态投降。总之，只要阶级尚未消失，阶级利益就始终需要意识形态为之辩护，在革命时期，意识形态是作为政治斗争的工具和思想武器而存在，服务于不同阶级争夺政权的利益，到和平发展时期，意识形态作为政治斗争的工具价值就相对下降，但这并不是意识形态的终结和意识形态冲突的消失；相反，意识形态发挥其功能的领域更加广泛，形式和手段也更加隐蔽，载体也更加丰富。需要意识形态为之辩护的利益也更加多元化。放眼当今世界，不但在具有不同阶级性质的国家之间，就是在同一国家的内部，因利益问题而产生的意识形态冲突与摩擦也依然暗流涌动，驳杂纷呈，这充分说明，意识形态依然有其强大的生命力和广阔的生存空间。

从价值的维度来看，意识形态在现阶段依然存在其价值空间。意识形态不但具有个体价值，更具有社会价值。从个体价值而言，意识形态实际上是个体从"自然人"转变为"社会人"的中介。因为在阶级社会中，人们都处于一定的意识形态氛围之中，接受意识形态的教化，形成与社会相一致的思维方式、行为方式与信念。这种教化在现实生活中无处不在，它既表现为统治阶级的意识形态宣传、教育和灌输，又表现为人们在普遍的社会交往中自然而然把意识形态作为交往的内容和精神平台。因此，意识形态像一只"看不见的手"一样，在无形中导引着人们的世界观、人生观、价值观、理想信念与行为方式。从社会价值而言，在政治上表现为政治辩护、政治动员、政治论证、政治凝聚等价值，在经济上，意识形态有利于提高人们对诚实、信赖、忠诚、良心、公正、平等的效用评价，促进具有不同利益取向的社会团体之间的宽容与合作，在一定程度上解决非市场机制的资源配置问题，成为促进经济发展的精神动力。在文化上，意识形态又是社会精神生产的重要场所，人类文化的重要积聚地，阶级社会发展的基本文化背景与土壤。"因此，从意识形态上来认识和解决问题，就是从总体上、全局上驾驭社会生活和社会发展。"① 意识形态的价值存在是一个客观事实，如果否认这一事实而鼓吹"意识形态终结"，不但有掩耳盗铃之嫌，而且会导致社会道德的真空、价值选择的迷茫、社会生活的失范，引发相对主义、实用主义盛行等思想的混乱。

最后，意识形态终结论者并没有提供科学的理由、合理的论证、确凿的论据，他们在一系列与意识形态相关联的重大理论问题与现实问题上的误读与误判决定了西方意识形态终结论思潮从整体上来说只不过是一股超越时空的喧嚣与骚动，在意识形态还客观存在的事实面前，这股思潮的苍白与虚弱也暴露无遗。比如，他们将意识形态看作是思想专制的根源，并将马克思主义意识形态贴上"极权主义"的标签就难以自圆其说。意识形态并不必然导致思想专制，人民群众对精神文化多元化的追求与国家政治生活中坚持意识形态一元化的指导并不矛盾，靠思想专制来加强意识形态建设只不过是笨拙的统治者维护自身意识形态的一种笨拙的手段。再比如，说意识形态是非科学而应该加以抛弃的观点，实质上是脱离意识形态存在的实证基础而去作纯粹的观念批判与理论思辨，这是蒲鲁东"可笑的哲学"的翻版。

总之，尽管在历史的线性上，意识形态会有一个终结，但绝不是在现在，我们还将继续被意识形态所牵引、所包围，问题的关键并不在于现实世界中还有没有意识形态，而在于有什么样的意识形态，我们应该选择怎样的意识形态。不管我们对意识形态是欢呼还是咒骂，它就在我们的身边，当我们看到芸芸众生成群结队地走向教堂，当我们看到人们为政治问题争得面红耳赤，当人们为自己的孩子应该受到怎样的教育而忧心忡忡的时候，我们还会问：意识形态终结了吗？

---

① 郑永廷等：《社会主义意识形态研究》，中山大学出版社 2001 年版，序言第 9 页。

第六章　问题与对策：中国面对意识形态终结论思潮的理性回应

　　全球化的强势推进，交通、通信、信息技术的飞速发展，使各国思想文化的交流呈现跨越国界急剧流动的图景，各种异质的意识形态的冲突不但没有终结，反而呈现短兵相接的特点。而中国正在推进的市场经济体制改革在促进生产力水平与社会效率提高的同时，又在思想观念上将中国带入了一个充满矛盾与困惑的时代，深刻影响着人们的思维方式与价值选择。经济成分与经济体制的多样化、社会生活方式的多样化、社会组织形式多样化、就业岗位和就业形式的多样化，必将导致思想价值观念的多样化，大量非公有制经济因素的成长，富人集团的形成，世俗中资产阶级的壮大都为各种非马克思主义、反马克思主义、伪马克思主义的思想观念提供了滋长的温床和生存的空间，牢牢掌握全球化主导权的西方发达资本主义国家利用其霸权地位、话语优势，一方面自欺欺人地宣告意识形态已经终结，乌托邦已经破灭；另一方面则在"意识形态终结"的幌子下加紧兜售其自己的意识形态，从而在思想观念与精神文化领域实现其控制与称霸全球的野心。要达到这一点，就必须终结以马克思主义为指导的社会主义意识形态。作为坚定而清醒的马克思主义者，面对西方意识形态终结论思潮的冲击，既不要等闲视之，又不要惊慌失措，而要冷静地分析其现实影响与严重危害，找准其现实生存的土壤并做出理性的回应，以时代的要求、发展的眼光、改革的精神，夯实中国构建和谐社会的意识形态基础，为中国特色社会主义事业的胜利发展在思想观念上保驾护航。

第一节　西方意识形态终结论思潮在
中国泛滥的双重背景

　　一粒种子只有在适宜的土壤中才能生根、发芽、开花、结果，同样，一股社会思潮的泛滥与延续也需要相应的背景条件。在中国实行改革开放以前，"意识形态中心化"的极端做法，中国与世隔绝的现实状态，使西方意识形态终结论思潮在中国缺乏生长所必要的土地、阳光与空气。但是，在改革开放与现代化建设的新时期，挣脱过去意识形态重压的中国开始面临着全新的国内小气候和国际大气候，西方意识形态终结论思潮正是在这一背景下开始潜滋暗长，到20世纪90年代开始明目张胆地大行其道，形成了一股颇具声势并产生严重危害的社会思潮。那么，这一思潮的泛滥到底与哪些背景条件相关联呢？对于这一问题，我们可以从中国与世界两个大局的高度进行分析并获得清晰的答案。

　　一、国内小气候

　　从历史的层面来看，中国意识形态终结论思潮是对过去阶级斗争扩大化、意识形态中心化做法的一种极端反拨，它在一定程度上反映了人们对过去意识形态恐怖的反感与憎恶。正如新中国成立初期高度集中的政治、经济模式一样，在思想文化领域，中国也基本上沿袭了打着浓厚斯大林印记的苏联思想文化模式。这一模式实行与苏联20世纪20年代由列宁奠基、布哈林具体阐释的思想文化发展模式截然不同的路线和方针。为了党内政治斗争的需要，斯大林在20年代末30年代初亲自领导和发动了一场"意识形态的大转变"，通过在哲学、经济学、史学、文学、艺术领域的全面批判，清肃布哈林、德波林等政治、理论对象，制造迫害工程技术和自然科学专家的"沙赫特"案件，斯大林在思想上、理论上、组织上全面建立起以阶级斗争尖锐化和个人崇拜为理论支柱，以大批判、大斗争为手段的意识形态恐怖体制。在这种体制下，一切问题都要经过意识形态的过滤，意识形态可以使人头落地，也可以使鸡犬升天，意识形态决定着国家的治国方略和大政方针，甚至决定着每一个人的生死命运，这种意识形态的恐怖体制既使无数布尔什维克的干部、军人、知识分子和人民群众付出了鲜血和生命的代价，又使苏联党和国家的意识形态的本身蜕变成一具毫无灵光的干瘪的木乃伊，同时又使广大党员、干部、群众产生了对意识形态"敬鬼神而远之"的畏惧与逃避心理。然而，可悲的是，新中国成立以后，在意识形态问题上也演出了几乎"惊人相似的一幕"。

20 世纪 50 年代中期，随着生产资料私有制改造的基本完成、社会主义的基本经济、政治制度在中国得以确立。摆在中国面前最紧迫的问题就是如何建设、巩固和发展社会主义的问题。对于这一问题显然有两种不同的回答：一是继续沿袭革命与改造时期的军事、政治斗争范式，将党和国家的工作重心继续保持在上层建筑与意识形态领域，通过意识形态的斗争提高人们的社会主义觉悟，在隔离、封闭、纯粹的社会主义的环境中培养无产阶级的意识形态，从而靠意识形态的激情与热情间接促进生产力的发展，这是一条自上而下建设社会主义的路线。二是根据国内主要矛盾的变化，转变过去的政治、军事斗争范式，将党和国家的工作重心转移到集中力量发展生产力、实现工业化的轨道上来，通过繁荣社会主义经济和文化，夯实社会主义的物质技术基础，提高人民的生活水平，体现社会主义的优越性来增强社会主义的吸引力与凝聚力，并在新的生产力水平与经济基础之上建立起与之相适应的上层建筑和意识形态，从而全面建设、巩固和发展社会主义，这是一条自下而上的路线。

有人认为，毛泽东在 1956 年党的八大召开以前一直是主张走第二条道路的，八大以后才转上了第一条道路，这是失之偏颇的。事实上，从新中国成立直到 1956 年党的八大召开，毛泽东虽然从全局上主张走第二条路线来建设社会主义，但他始终非常重视在意识形态领域内批判一切旧思想的斗争。他首先将批判的矛头指向封建文化，不久便转向了对资产阶级思想文化的批判。他对意识形态斗争的重视是基于他对当时国内主要矛盾的估计。1952 年 6 月 6 日，毛泽东在统战部文件的批语中指出：地主阶级和官僚资产阶级被打倒以后，工人阶级和民族资产阶级的矛盾已成为中国内部的主要矛盾，民族资产阶级已不再是中间阶级。这表明，阶级矛盾与阶级斗争的政治范式在毛泽东的思想深处是根深蒂固的。因此，尽管党的八大对当时的主要矛盾和主要任务做了基本正确的估计，但是其生命力是非常脆弱的。在 1956 年国内外一系列政治事件的冲击下，毛泽东的思想开始发生全局性转折，那就是要把工作重心放到意识形态领域，通过思想斗争提高人民的觉悟，从而多快好省地建设社会主义，"抓革命，促生产"就是这一思想的经典诠释。在 1957 年的反右斗争扩大化、1958 年的批判资产阶级法权斗争和 1959 年的反"右倾机会主义"斗争中，阶级斗争扩大化的错误日益膨胀，它表明毛泽东已把全党和全国人民的注意力转移到阶级斗争，特别是意识形态领域的阶级斗争的轨道上来，并最终导致了"文化大革命"这一全局性、长期性的失误，意识形态的大批判也全面波及到哲学、经济学、史学、文学、艺术等领域，一大批功勋卓著的老元帅、老干部和大量的科学家与知识分子，成了意识形态大批判的牺牲品。

这种意识形态中心化的斗争模式在主观和客观上产生了深远的影响。在客观上表现为：第一，简单化、凝固化、政治化的意识形态教条堵塞了社会深入涌动的改革思潮，麻木了党和国家对时代主题转换做出敏捷反应的神经，以个人崇拜支配下狂热的意识形态激情遮掩着百废待兴的现实。第二，本来充满生机与活力的马克思主义成了纯粹的服务于阶级斗争的工具，丧失了解释和改造世界的强大生命力，人文社会科学丧失了关照和介入现实的穿透力，变成了歌功颂德、粉饰现实的工具，注释之风盛行，创新思维衰竭。第三，一次次震撼灵魂深处的意识形态批判与清洗，造就了保守主义和极端主义两股势力，在意识形态斗争中获益的人成了意识形态寡头，这是阻挠改革的保守主义势力，而以极端的方式宣泄对这种意识形态恐怖的不满情绪的人，则成了后来破坏改革的极端主义势力，或叫"持不同政见者"。第四，旷日持久的意识形态斗争及其残酷手段，也给了西方资产阶级以口实，使他们将社会主义和共产主义意识形态贴上了"极权主义"的标签，这正是西方提出意识形态终结论的一个重要依据。在主观上，这种意识形态中心化的极端做法又引起了人们对意识形态的恐惧感和对马克思主义的失望感，不断地通过"兴无灭资"、"斗资批修"等手段来强制性追求政治、经济与思想的一致性，以马克思主义的名义所提倡的某些意识形态理论往往出于政治功利，为政治辩护，失去了科学性与真实性，泯灭了其正确的价值导向功能。特别是林彪、"四人帮"以强制手段向人民灌输其荒谬的意识形态，更是遭到人民群众的厌恶和唾弃，进一步败坏了马克思主义意识形态的声誉与形象。人们将这种处理意识形态问题的手段和某些荒谬的意识形态看作是意识形态的本身，而将意识形态又等同于马克思主义，这就臆合了西方资产阶级意识形态终结论的反马克思主义的逻辑路线。正是在这样的历史背景下，这种主、客观的影响造成了一种对意识形态总体战的厌倦与憎恶心理，作为对意识形态中心化的极端反拨，一部分人在改革开放和现代化建设的进程中，以"解放思想"为幌子，掀起淡化意识形态、终结意识形态的社会思潮似乎也就成了顺理成章的事情了。

从现实的层面看，西方意识形态终结论思潮在中国的泛滥又是在中国改革开放的大背景下的产物。"文化大革命"的十年浩劫和惨重的教训清楚地表明，试图通过意识形态领域的激烈斗争来推动生产力的发展，无异于缘木求鱼，不但不能达到预期目的，而且还会对经济建设和意识形态本身的建设带来灾难性后果，因而是一条彻底的唯心主义的社会主义建设路线。"文化大革命"结束以后，"中国该向何处去"的问题再次摆在全党和全国人民面前。邓小平以战略家的远见、哲学家的智慧、实践家的力量、政治家的果断，首先从澄清意识形态领域的混乱局面开始，引领全党和全国人民走上了一条唯物主义的社会主义建设路线。党的十一届三中全会开启了从以阶级斗争为纲向以经济建设为中心，从计划经济向市场经济，从封闭半封闭向全方位对外开放转变的历史征程。邓小平指出："一九七八年我们党的十一届三中全会对过去作了系统的总结，提出了一系列新的方针政策。中心点是从以阶级斗争为纲转到以发展生产力为中心，从封闭转到开放，从固守成规转到各方面的改革。"① 这三大转变既是我国社会主义建设总路线的大转折，也是我国以马克思主义为指导的社会主义意识形态在内涵、手段、形式上的大转变。正是在这种沧海桑田般转折的恢宏历史画卷中，西方意识形态终结论思潮在中国找到了其适宜的土壤和为之鼓噪的同路人，那么，这种代表时代进步要求和人们心愿的大转折为何又催生了意识形态终结论这一违反人类社会发展规律的社会思潮呢？对于这个问题不妨从如下几个方面进行分析：

第一，一些人乘我党思想路线拨乱反正之机，打着"解放思想"的幌子，鼓吹淡化意识形态，这为西方意识形态终结论在中国的泛滥提供了思想基础。恩格斯指出，哲学变革是政治革命的先导，因此，面对"文

---

① 《邓小平文选》第三卷，人民出版社1993年版，第269页。

化大革命"后纷繁复杂、百废待兴的局面，邓小平首先从意识形态领域的拨乱反正入手，重新恢复、确立和发展了中国共产党实事求是的思想路线，并针对当时思想僵化的现状，加入了"解放思想"的新内涵，使"解放思想、实事求是"成为了邓小平理论的精髓，也成了新时期指导中国社会主义意识形态建设和发展的灵魂。"解放思想"就是要在马克思主义的指导下打破习惯势力和主观偏见的束缚，研究新情况，解决新问题。不解放思想、实事求是，就无法清除个人崇拜及其后果，就无法改变过去以毛泽东的是非为是非的传统做法，就无法纠正以毛泽东语录作为衡量真理的唯一标准的错误理论，就无法突破过去在什么是社会主义，如何建设社会主义问题上的一系列简单化、凝固化、教条化的意识形态框架，邓小平指出："只有解放思想，坚持实事求是，一切从实际出发，理论联系实际，我们的社会主义现代化建设才能顺利进行，我们党的马列主义、毛泽东思想的理论也才能顺利发展。""不打破思想僵化，不大大解放干部和群众的思想，四个现代化就没有希望。""过去我们搞革命所取得的一切胜利，是靠实事求是；现在我们要实现四个现代化，同样要靠实事求是。"① 正是以解放思想、实事求是作为新时期社会主义意识形态的灵魂和核心，邓小平抓住"什么是社会主义，怎样建设社会主义"这个首要的基本理论问题，使全党和全国人民在改革开放与现代化建设的实践中批判了"两个凡是"，展开了实践是检验真理的唯一标准的大讨论，澄清了姓"资"姓"社"的问题，廓清了姓"公"姓"私"的界限，在 1992 年的南方谈话中，邓小平创造性地提出了社会主义本质理论、社会主义市场经济理论、三个有利于标准的理论，这标志着邓小平带领全党和全国人民终于彻底走出了通过意识形态斗争来建设社会主义的泥潭沼泽，打破了束缚人们思想、误导人们行为的错误的意识形态坚冰，迎来了中国特色社会主义建设的春天。从意识形态的层面看，根据"解放思想、实事求是"这一灵魂和精髓而形成的邓小平理论本身就是在改革开放和现代化建设实践基础上形成的社会主义意识形态，也是唯一能够引导中国走向富强、民主、文明大道的正确、科学的意识形态，是中国化马克思主义的意识形态，它是对于改革开放以前那些错误的意识形态内容、方法、手段的否

---

① 《邓小平文选》第二卷，人民出版社 1993 年版，第 143 页。

定。打破过去错误的意识形态束缚、改变意识形态斗争的方法、手段、范围，并不等于要淡化和终结意识形态。但是，在解放思想过程中出现的极端主义分子却以"解放思想"为名，鼓吹淡化意识形态，消解主流意识形态，其实质就是要摆脱党的领导，否定马列主义和毛泽东思想，否定社会主义制度，其结果就是全面投入西方资产阶级自由主义意识形态的怀抱，试图把改革开放纳入资产阶级自由化的轨道。对此，邓小平1979年3月30日在中共中央理论务虚会上作了《坚持四项基本原则》的讲话，他认为，新时期意识形态领域面临着两个基本任务：一是要批判各种不符合四项基本原则，不利于现代化建设的倾向与思潮；二是要建设社会主义精神文明。在1981年7月17日《关于思想战线上的问题的谈话》中，邓小平以电影剧本《苦恋》为例，强调意识形态领域仍然存在资产阶级自由化的倾向，因此，"不做思想工作，不搞批评和自我批评一定不行。批评的武器一定不能丢"。在解放思想、实事求是背景下出现的资产阶级自由化思潮是对解放思想、实事求是思想路线科学内涵的歪曲，割裂了解放思想与实事求是的辩证关系，是西方意识形态终结论思潮在中国的翻版。

第二，一些人乘党和国家的工作重心转移之机，打着"实现现代化"的招牌，鼓吹全盘西化，为西方意识形态终结论思潮在中国的泛滥创造了生存空间。唯物史观认为，意识形态对经济基础的反作用归根到底是围绕经济关系这一中轴线而波动的，只有通过造就先进的社会存在才能形成先进的社会主义思想意识，只有从根本上摧毁旧的精神力量，旧的意识形态赖以存在的物质基础，才能最终消灭这种精神力量和意识形态。因此，以经济建设为中心，大力发展生产力，夯实社会主义意识形态的经济基础，是发展社会主义意识形态的历史唯物主义路线。党的十一届三中全会果断停止以阶级斗争为纲的口号，实现工作重心的转移，做出了"适应国内外形势的发展……把全党工作的着重点和全国人民的注意力转移到社会主义现代化建设上来"的决定，号召全国人民"为在本世纪内把我国建设成为社会主义的现代化强国而进行新的长征"。① 邓小平指出："我们的政治路线，是把四个现代化建设作为重点，坚持发展生产力，始终扭住这个

---

① 中共中央文献研究室编：《三中全会以来重要文献选编》上册，人民出版社1982年版，第425页。

根本环节不放松，除非打起世界战争。"① 其他的一切工作都要服从和服务于这一中心，而不能干扰和冲击这个中心。这一工作重心的转移不但是政治路线的根本性转折，从意识形态的角度来讲，也是建立和发展社会主义意识形态的范式转换，它实现了从以政治革命和阶级斗争为中心建立和发展社会主义意识形态的范式向以经济建设为中心建立和发展社会主义意识形态的范式的转换，这就决定了社会主义意识形态及其具体的形式，比如，政治理论、法律思想、道德、艺术、宗教、哲学等都要围绕和服务于经济建设这个中心。只有遵循这一范式，以马克思主义为指导的社会主义意识形态才能根深叶茂，具有说服力、战斗力和凝聚力。

　　但是，在这一政治路线的执行和意识形态发展范式转换的实践过程中，一方面破除了意识形态中心论、意识形态万能论的阴霾，冲破了过去在意识形态问题上的左倾障碍和虚幻观念；另一方面，又出现了过去常犯的以一种错误倾向掩盖另一种错误倾向的弊病，右倾错误又开始抬头。在实践中表现为一些人重物质文明、轻精神文明，重经济工作、轻思想政治工作，把以经济建设为中心同加强意识形态领域的工作对立起来，邓小平指出："我们的一些同志埋头于具体事务，对政治动态不关心，对思想工作不重视"②。这种右倾思想在意识形态领域就是在"实现现代化"的招牌下，宣扬全盘西化，鼓吹"意识形态虚无论"、"淡化意识形态论"。他们认为邓小平提出的"不争论"的观点就是要放弃意识形态之争，对任何问题都不要问方向、问性质。其实邓小平提倡"不争论"的本意是要按照"三个有利于"的标准，对一些困扰人们头脑的思想问题要用改革开放的实践来作回答，而不要离开改革实践进行抽象的无谓的争论，不要在书本上找答案，在概念上兜圈子。在以经济建设为中心的过程中出现的淡化意识形态的社会思潮，实质上是党内的右倾思想在意识形态领域的反映，其目的是要把中国的改革开放引导到资本主义的轨道上去，在中国建立完全西化的资产阶级共和国。这股思潮在 20 世纪 80 年代愈演愈烈，最终导致了 1989 年春夏之交的政治风波。针对淡化意识形态论思潮，邓小平多次提出要"两手抓，两手都要硬"，要开展反对精神污染的斗争，要

---

① 《邓小平文选》第三卷，人民出版社 1993 年版，第 64 页。

② 同上书，第 325 页。

纠正右倾的，软弱涣散的倾向，要建设社会主义精神文明，正确开展党内
两条战线的思想斗争，为丰富和发展新时期社会主义意识形态理论补充了
新鲜的血液。

第三，一些人乘我国的经济体制从计划经济向市场经济转型之机，在
"利益至上"、"思想文化多元化"的口号下，鼓吹淡化意识形态，突出经
济实惠，为西方意识形态终结论在中国的泛滥提供了现实土壤。党的十一
届三中全会以后，中国开始积极、稳妥地推进以市场为取向的经济体制改
革，逐步实现从计划经济体制向市场经济体制的转型。1979 年，邓小平
就指出："说市场经济只存在于资本主义社会，只有资本主义的市场经
济，这肯定是不正确的。社会主义为什么不可以搞市场经济，这个不能说
是资本主义。"① 1985 年，他进一步指出："把计划经济和市场经济结合
起来，就更能解放生产力，加速经济发展。"② 1992 年年初，面对苏东剧
变后国内"左"倾思潮的再次抬头，邓小平在著名的南方谈话中明确指
出："计划多一点还是市场多一点，不是社会主义与资本主义的本质区
别。计划经济不等于社会主义，资本主义也有计划；市场经济不等于资本
主义，社会主义也有市场。计划和市场都是经济手段。"③ 1992 年 10 月，
党的十四大明确提出我国经济体制改革的目标是建立社会主义市场经济体
制。1994 年，十四届三中全会通过了《关于建立社会主义市场经济体制
若干问题的决定》，勾画了社会主义市场经济体制的基本框架，指明了实
现这一目标的途径，从而进一步打破了将市场经济等同于资本主义的观念
坚冰，开通了中国通往市场经济海洋的航道，中国的经济体制转型有了明
确而具体的行动纲领。

任何成功的政治、经济制度都必须将利益与信仰二者进行完美的结
合，它不仅要满足人们的物质需求，还必须将现存制度的合法性与正当性
深深根植于人们的心灵深处，单靠利益联结将会因各种利益无法同时满足
而使社会陷入混乱，单靠信仰联结则会因长期漠视利益的存在而丧失热情
和动力。社会主义市场经济本是将利益与信仰完美结合的伟大创造，它对

---

① 《邓小平选集》第二卷，人民出版社 1994 年版，第 236 页。
② 《邓小平选集》第三卷，人民出版社 1993 年版，第 148 ~ 149 页。
③ 同上书，第 373 页。

于中国社会的生活方式、思维方式、行为方式、价值观念、法律制度、政策选择等方面都产生了广泛而深刻的变革，换言之，市场经济体制的建立不仅仅具有经济意义，它必然需要相应的社会主义政治制度、民主制度、精神文明与之协调而和谐地发展。社会存在决定社会意识，市场经济所导致的中国政治经济环境的翻天覆地的变化必然要冲击到意识形态领域，过去思想文化的一元性逐渐被多元性取代，各种思想文化和意识形态都试图占据意识形态的制高点，服务于资产阶级利益的西方意识形态终结论思潮作为多元中的一元也就应运而生。

首先，社会主义市场经济体制的建立，使一部分人产生了资本主义与社会主义趋同、资本主义市场经济一统天下的幻想，从而萌生出一种福山式的意识形态终结的感觉。市场经济作为一种经济调节手段和方法，其本身是中性的，在不同的社会制度下会产生不同的意识形态，资本主义制度下的市场经济产生的是以自由主义为根基的意识形态，社会主义市场经济产生的是以马克思主义为指导的社会主义意识形态。但是，由于长期以来，市场经济被看作是资本主义的专利品，一些人认为中国选择了市场经济就是走向了资本主义，就是社会主义向资本主义的"趋同"，就是放弃马克思主义在意识形态领域的指导地位，他们完全忽视或故意淡化中国市场经济体制的社会主义属性。在他们看来，市场经济的逻辑本质就是排斥社会主义、集体主义的价值观，而与自由主义、个人主义枝叶相连、气脉相通的，因而意识形态可有可无。可是，在鼓吹淡化、终结意识形态的口号下，他们试图把中国的市场经济纳入西方自由主义的预设轨道。这就使20世纪90年代以来，代表资产阶级利益的反马克思主义的自由主义意识形态弥漫于中国的思想文化领域。一方面，西方自由主义学说被大量不加任何分析批判地原汁原味地引介到中国；另一方面，一批学者又为把西方自由主义变成"纯粹学术话语"和"大众生活话语"而摇旗呐喊，把接受和宣扬自由主义视为思想解放、紧跟时代的标志。因此，在中国发展市场经济的过程中，两制趋同的幻想，西方自由主义意识形态的渗透与张扬，中国主流思想文化对自由主义的容忍与退让，特别是苏东剧变后马克思主义所面临的哑然失语的困境，为西方意识形态终结论思潮在中国的盛行提供了思想条件。

其次，在社会主义初级阶段，我国社会主义市场经济的发展要求和意识形态现状之间既相适应又相矛盾的状况，为西方意识形态终结论思潮的泛滥提供了现实的土壤。尚处于初级阶段的中国，其市场经济的结构本身具有两面性，一方面，以公有制为主体的所有制结构，以按劳分配为主体的分配制度，把人民的眼前利益与长远利益、局部利益和整体利益相结合的国家宏观调控体系已经建立起来，与这一层次的经济关系相适应的思想上层建筑必然是以马列主义、毛泽东思想、邓小平理论为指导的社会主义意识形态，它提倡自力更生，艰苦奋斗，勤俭节约；提倡全心全意为人民服务和爱国主义、集体主义的价值观，提倡劳动致富、共同富裕、廉洁奉公、执政为民，提倡科学的、健康的、文明的生活方式。这样的意识形态是符合我国市场经济的社会主义方向的。但是，与此同时，个体经济、私营经济、外资经济在所有制结构中占有相当的比重，在按劳分配的前提下还存在多种分配方式，这些非公有制经济成分和非按劳分配的方式既是我国社会主义初级阶段发展市场经济所必需的，但是其所产生的思想观念和意识形态又是与我国市场经济发展的社会主义方向背道而驰的。在这种经济成分和分配方式基础上滋生的享乐主义、极端利己主义、拜金主义和以权谋私、贪污受贿等不正之风，是违背我国社会主义市场经济要求的，是与马克思主义意识形态对立的。因此，我国社会主义市场经济与意识形态之间既相适应又相矛盾的状况，既使代表不同利益主体的思想文化和意识形态呈多元化的态势，又为西方意识形态终结论思潮的泛滥创造了条件，在发展社会主义市场经济的过程中，非公有制经济成分和非按劳分配方式的存在，富人集团的形成，世俗中产阶级的壮大成了这一思潮泛滥的现实土壤。

最后，社会主义市场经济体制的建立，打破了过去计划经济体制下国有经济一统天下的局面，形成了多元化的经济关系格局。经济关系是最基本的社会关系，多元化经济关系格局的形成，催生了社会组织形式、就业形式、经济成分、利益主体的多元化发展态势，反映到社会意识形态层面就是多元意识形态并存、碰撞和冲突的壮丽景观，这从两方面推动了西方意识形态终结论思潮的泛滥：一方面，旧的与计划经济体制相适应的意识形态逐渐退出历史舞台，过去由政治权威提出的一套统一和广泛的意识形态在社会道德、社会规范、社会凝聚、社会整合和动员方面的影响力和控制力日益弱化，人们思想活动的独立性、差异性、选择性明显增强；作为社会主义意识形态指导思想的马克思主义在苏东剧变后在学术界和大众文化中呈现江河日下的态势，而新的与社会主义市场经济相适应的意识形态体系尚未建立起来，这就形成了一个意识形态发展的断裂与相对真空。另一方面，在市场的利益驱动下，人们之间的社会联系和交往越来越多地以利益关系为主导，这种单纯的利益联系容易使人们更多地以个人主义的利益—成本计算的方式行事，而置公共利益与个人的义务和责任于不顾，完全忽视社会主义市场经济所要求的社会主义意识形态的价值观念的支撑。这两方面的影响使意识形态逐渐淡出了人们的视野。

二、国际大气候

从封闭半封闭向全方位对外开放的转变，使中国面临着一个全新的国际环境，西方和平演变战略的实施，全球化进程的推进，苏东剧变冲击波，为西方意识形态终结论思潮在中国的泛滥推波助澜。开放标志着自信与进步，封闭意味着停滞与落后，这本是一条宇宙万物发展的普遍规律，中国历史上吃过闭关锁国的苦头，也尝过对外开放的甜头。但新中国成立以后，由于多种原因造成了我国几乎与世隔绝的国际环境，结果中国与世界的差距越拉越大。邓小平总结历史教训、敏锐把握国际形势后指出："现在任何国家要发达起来，闭关自守都不可能。我们吃过这个苦头，我们的老祖宗吃过这个苦头。"[①] 因此，党的十一届三中全会后我国坚定不移地实行对外开放的基本国策。但是，在特定的国际国内环境下实行的对外开放必然具有双重效应：一方面，对外开放有利于我们发挥后发优势，广泛吸收世界的一切文明成果；另一方面，在社会主义与资本主义两制并存的国际环境中，特别是在资本主义占优势的条件下，对外开放也面临着西方资本主义意识形态、价值观念、生活方式对我国人民群众渗透的风险。邓小平指出："实行开放政策必然会带来一些坏的东西，影响我们的人民。要说有风险，这是最大的风险。"[②] 特别是对于一个长期封闭的国家，在国门打开之后面临一个新奇而陌生的世界，其思想文化和传统意识形态所受到的冲击更是不言而喻。对外开放的新形势从以下三个方面对西方意识形态终结论思潮在中国的泛滥起了触媒的作用。

---

① 《邓小平文选》第三卷，人民出版社 1993 年版，第 90 页。

② 同上书，第 156 页。

首先，对外开放意味着国家利益重心的转移，在国际交往中如果因为意识形态的差异而阻塞了相互交往、相互合作、共谋发展的通道显然是得不偿失的。这就要求改变过去以意识形态的异同来区分敌友的传统范式，因此，邓小平提出在处理国与国的关系上，"以自己的国家利益为最高准则来谈问题和处理问题"，才是"现实的"做法，"考虑国与国之间的关系主要应该从国家自身的战略利益出发。着眼于自身长远的战略利益，同时也尊重对方的利益，而不去计较历史的恩怨，不去计较社会制度和意识形态的差别。"① 这一思想无疑是英明的，但是一些人却将处理国际关系的做法等同于放弃意识形态的防线，并以此作为在国内社会生活中淡化、取消、否定马克思主义意识形态的指导地位和作用的借口。

其次，对外开放使中国获得积极参与全球化进程的历史契机，在西方全球化的霸权话语下，有的人认为，在全球化进程日趋加快的当今时代，整个世界紧密相连，不同国家唇齿相依。虽然存在矛盾和冲突，但各民族的共同利益与共同特性日益增加，社会主义国家与资本主义国家之间也毫不例外。因此，他们和着西方全球主义的旋律，鼓吹全球利益高于一切，意识形态的存在已没有任何意义，唯一明智的选择就是抛弃意识形态，去除精神枷锁，承认共同利益，认同普遍价值，在国际关系和国内政治领域，都要坚持全人类的价值高于一切的原则。

最后，对外开放使中西文化交流更加频繁，西方资本主义国家利用文化交流的平台，一方面对社会主义国家进行大规模的资本主义文化与意识形态渗透，加紧实施和平演变战略；另一方面，西方鼓吹意识形态终结论的著作与思想也大量传入中国。尤其是冷战结束后，整个西方从理论家到政治家，从学术思想到社会生活领域，都几乎异口同声地宣布社会主义已经失败，马克思主义已经死亡，认为马克思主义是意识形态的代名词，它只是反映特定阶级偏见的政治乌托邦和充满情感的幻想，只会使人们固执己见，相互攻击，阻碍文明的进步和社会的发展，因而必须从根本上加以排斥。与此同时，西方国家的一些政党也提出"淡化意识形态"和"淡化左右之争"的主张，以此作为争取选民、上台执政的手段。这股世界

---

① 《邓小平文选》第三卷，人民出版社 1993 年版，第 330 页。

范围内的意识形态终结论思潮不可避免地波及到中国,使一些人认为共产主义渺渺茫茫,社会主义模模糊糊,资本主义实实在在,因此,西方国家的和平演变战略与手段、苏东剧变所引发的世界性的思想冲击波对于西方意识形态终结论思潮在中国的泛滥无疑起了推波助澜的作用。

　　尽管西方意识形态终结论在中国衍生的形形色色的淡化意识形态的主张理由各异,立场不同,不同时期的侧重点都不相同,要么指向毛泽东思想,要么指向社会主义制度,要么指向马克思主义,要么鼓吹全人类的普遍价值,但都脱离不了中国 20 世纪来中国特定的历史与现实背景。一方面,过去"意识形态中心化"的极端做法造成了人们对意识形态的厌倦与恐惧;另一方面,解放思想、实事求是思想路线的重新确立,工作重心由阶级斗争为纲向以经济建设为中心的转移,经济体制从计划经济向市场经济的过渡,国际环境从封闭半封闭向全方位对外开放的转换,又造成了一些人主观认识上的错误,他们将解放思想歪曲为否定毛泽东思想,否定四项基本原则,将意识形态的价值指向从阶级斗争转变为经济建设理解为丹尼尔·贝尔式的意识形态的终结,将社会主义市场经济体制的建立理解为福山式的"历史的终结"。这种主观认识上的错误被一些资产阶级自由化分子加以利用,他们以否定和淡化意识形态为名,试图取消马列主义、毛泽东思想在意识形态领域的指导地位,取消社会主义制度,从而推销和贩卖包藏着西方资本主义意识形态的所谓"新构想",把中国从社会主义共和国变成资本主义共和国。西方意识形态终结论思潮在中国的呼应者的话语渗透到政治、经济和思想文化的方方面面,并产生了严重的危害。

第二节　西方意识形态终结论思潮在中国的典型话语及其批判

　　西方意识形态终结论思潮在中国以"淡化意识形态"、"消解主流意识形态"等话语形式,既表达了与西方学者类似的"意识形态终结"的主题与愿望,又具有改革开放背景的"中国特色"。这股思潮在哲学上诉求于以马克思主义哲学的学术性来谋杀其现实性,在"思想淡出,学术凸显"的名义下使马克思主义哲学研究与当下的政治需要相疏离,试图

使马克思主义哲学从改革开放之前的纯政治话语变成一种纯学术话语。在
史学领域，这一思潮鼓吹历史虚无主义，歪曲国际共产主义运动和中国革
命的历史，大肆吹捧一些早已有定论的汉奸、卖国贼、军阀和流氓头子，
贬损爱国主义先驱和共产主义先进人士；在文学领域宣扬文学从政治中剥
离出来，热衷于描写和再现反映资产阶级腐朽生活的情感，制造低级庸俗
的感官刺激；在政治上，否定社会主义制度的历史必然性，否定阶级对立
与阶级斗争的存在，否定马列主义、毛泽东思想、邓小平理论的指导地
位，提出"中国官方意识形态"应当经历一个"非意识形态化"或"意
识形态弱化"的过程，诬蔑马克思主义为"乌托邦主义"、"极权主义"、
"法西斯主义"，认为确立马克思主义在意识形态领域中的指导地位是
"思想霸权"和"思想专政"，窒息了科学精神，压抑了创造精神，造成
了落叶萧萧、万马齐喑的局面，因而公开主张指导思想的多元化。在实际
工作中，一些地方和部门忽视思想政治教育，淡化坚持四项基本原则、反
对资产阶级自由化的斗争，只讲金钱和实惠，不讲理想信念和原则立场，
尤其是有一些党员和领导干部信念动摇，意志衰退，道德失落，贪污腐
败，行贿受贿，思想麻痹，忙于事务，不注意研究社会政治动向，缺乏应
有的政治鉴别力和政治敏锐性，从而败坏党在人民群众中的形象，削弱社
会主义政权的社会基础。总之，这股思潮从党员干部到人民群众，从哲学
到各门具体科学，从学术理论研究到大众文化生活都呈现出一种强劲的发
展态势。更为严重的是，由于这股思潮的倡导者或潜或显、或直接或间接
地受到西方资产阶级自由主义意识形态的影响，因而，他们在改革开放与
现代化建设的实践中对政治、经济、文化等各个领域都提出了一整套带自
由主义痕迹的理论话语体系，并严重干扰和误导着我国改革开放与现代化
建设的进程，对此必须予以冷静的分析、审视与批判。

一、经济理论话语

现实的政治、文化生活归根到底，都是围绕现实的物质生活过程而展
开的，因此，反映特定阶级的经济理论与学说就成了这一阶级意识形态最
基础、最根本的思想表达和理论阐释。马克思对资产阶级意识形态的批判
主要就是对这一意识形态的基础部分——自由主义政治经济学的批判，尤
其是对这一意识形态的核心——商品拜物教观念的批判，而斯大林为了实
现意识形态的大转变，消灭布哈林这个非同寻常的理论对手，全面占领意

识形态阵地，也选择了布哈林的经济学说作为突破口。这为我们考察一种意识形态的理论思潮提供了重要的方法论意义，即任何一种意识形态的理论思潮必然会通过经济理论来表达，任何经济理论的背后也必然有一定意识形态的支撑。西方意识形态终结论思潮在中国的泛滥也首先就体现在其经济理论话语之中，这种理论话语主要有以下几种：

（一）否定经济理论的意识形态性

任何一种经济学都是为维护特定阶级的经济关系和特定的社会制度服务的，特定阶级的意识形态总是和这一阶级的经济学说紧密相连的。马克思早在一百多年前就深刻分析了经济学说中的意识形态，沃伦·萨缪尔森在《经济学中的意识形态》也指出：总的看来，意识形态在整个经济思想的广阔领域中普遍盛行已经得到确认。美国大学的政治学教科书《政治科学》也认为："意识形态的大部分内容是有关经济生活的。意识形态家们对经济所言甚多，因为只有经济才能给社会改良提供基础。"① 因此，意识形态总是作为"先入之见"支配着经济学家研究、解释和解决经济问题的范式选择。在客观上还存在不同阶级利益与社会制度的前提下，经济学就不可能具有普遍的、一般的自然科学意义，不可能成为无阶级性、无意识形态性的人类的共同财富，在阶级社会中也不可能存在为各阶级统一接受的经济学说。但是，中国的意识形态终结论的宣扬者却极力否定经济学说的意识形态性，他们一方面否定中国市场经济的社会主义属性；另一方面又将"西方经济学"中的"西方"二字免去，把它吹捧成为对实行市场经济的各国普遍适用的世界级公理。这样，马克思主义经济理论与西方资产阶级经济理论的意识形态界限模糊了，马克思主义在社会主义经济关系中的指导地位动摇了，而本质上反映资产阶级意识形态，维护西方发达国家的国际政治经济秩序、体现国际垄断资产阶级利益的新自由主义经济学却成了具有普适性的经济理论。有论者说："我们正在转向市场经济。市场经济必须发展经济的自由主义，而经济的自由主义正是其他各种

---

① ［美］迈克尔·罗斯金等著，林震等译：《政治科学》，华夏出版社 2001 年版，第105 页。

自由主义的基础。历史证明，凡是经济最自由的国家，其绩效总是最好的。"①　这种否定经济理论的意识形态性的做法，不管其主观动机如何，其客观的逻辑结果就是将中国的经济体制改革纳入西方新自由主义的轨道，将马克思主义经济学消解于西方经济学之中，混淆西方经济学的阶级性与实用性，将其维护资本主义制度的意识形态目的和解决市场经济微观操作层面问题的手段等同起来，这必然会误导我国的现代化建设与改革开放的社会主义方向。

（二）鼓吹社会主义"新构想"

邓小平指出，新中国成立以来我们所经历的许多挫折和教训，改革开放过程中存在的许多迷茫与困惑，都是由于完全没有弄清楚"什么是社会主义，怎样建设社会主义"这个首要的基本理论问题。苏东剧变以后，思想界对这一问题的认识进一步陷入了混乱。针对这种情况，邓小平在1992 年年初的南方谈话中首次对社会主义的本质做出完整的概括："社会主义的本质，是解放生产力，发展生产力，消灭剥削，消除两极分化，最终达到共同富裕。"②　这是一个根据唯物史观做出的科学论断。但有的人却以此为借口，认为邓小平没有在语言表述中包含公有制，于是趁机抛出他们极力淡化意识形态的所谓社会主义"新构想"，这种"新构想"否定生产资料所有制的意识形态性，把私有制是否是资本主义的本质同公有制是否是社会主义的本质列为"需要研究的问题"，把社会主义说成就是"社会公众利益至上"，中国特色社会主义就是中国人民所创造的"民办社会主义"，社会主义和资本主义两种制度的根本目的都是为了"解放和发展生产力"。这种论调显然是非常有害的荒谬之辞。

首先，马克思主义认为，判断社会的性质首先取决于生产关系的性质，而生产资料所有制又是生产关系的基础，决定和影响着生产关系的其他方面，任何一种生产资料所有制都是特定阶级意识形态的经济根源，因而必然承载着特定阶级的意识形态，与生产资料公有制相适应的是集体主义的意识形态和价值观，与生产资料私有制相适应的是个人主义的意识形

---

①　刘军宁：《北大传统与近代中国——自由主义的先声》，中国人事出版社 1998 年版，序第 4 页。

②　《邓小平文选》第三卷，人民出版社 1993 年版，第 373 页。

态与价值观。因此，生产资料所有制的差异是资本主义与社会主义意识形态对立与差异最深刻的经济根源。马克思指出："共产主义的特征并不是要废一般的所有制，而是要废除资产阶级的所有制。……共产党人可以把自己的理论概括为一句话：消灭私有制。"① 否认生产资料所有制的意识形态性，就从根本上抹平了资本主义与社会主义的区别。

其次，将社会主义本质说成是社会公众利益至上，是民办社会主义，是与马克思主义的与社会主义本质论根本对立的，其实质是重弹民主社会主义的老调，也不是什么新东西。

再次，将发展生产力作为资本主义与社会主义的根本目的，混淆了工具理性与价值理性的区别。发展生产力总是与特定的所有制关系和特定社会制度的根本目的相联系的，资本主义和社会主义都必须解放和发展生产力，这是一种一般规定性，但两者的根本目的是不同的，资本主义发展生产力是为资本家追求利润最大化服务的，而社会主义发展生产力是为了最大限度地满足人民的物质文化生活需要。马克思对资本主义的批判并不是因为资本主义没有解放生产力，而是批判资本主义用一种比封建社会更加不人道的制度奴役生产者，把生产者变成了发展着的生产力的活的附属物。

（三）鼓吹"私有制优越论"

在过去意识形态中心化的年代，社会主义与资本主义的意识形态论争很多是围绕着公有制与私有制而展开的，而走向另一个极端的意识形态淡化论者却认为经济发展的事实已经终结了关于所有制优劣的意识形态争论，他们认为，在公有制下个人没有直接占有生产资料，劳动者与生产资料相分离，因而压抑了劳动者的积极性、主动性和创造性，苏联的解体、中国国有企业改革与发展的举步维艰，宣布了公有制的破产。因此，应当以私有制为基础构建中国的市场经济模式，国有企业的改革应当按照科斯定律明晰产权，将国有财产量化到个人，他们把十五大关于国有企业改革的精神歪曲为要突出一个"卖"字，落实一个"股"字，抓好一个"私"字，从而使中国社会主义经济向以私有制为基础的资本主义经济实现整体的制度变迁。这种淡化论者所要淡化的不是意识形态的本身，而是

---

① 《马克思恩格斯选集》第 1 卷，人民出版社 1995 年版，第 286 页。

要淡化社会主义的意识形态及其赖以存在的公有制的经济基础，为资本主义意识形态在中国的蔓延铺垫现实的土壤。邓小平多次强调中国的改革开放必须坚持公有制为主体和共同富裕的方向，因为公有制在"应然"的意义上是符合社会化大生产要求的，比私有制更能促进社会生产力的发展和社会公正的目标，虽然在社会主义实践的过程中，公有制在"实然"的意义上存在着一些实现形式单一，运行机制不畅等不完善的地方，但这并非是由公有制本身所造成的，进行所有制结构的调整与改革也并不是要否定公有制，而是要积极探索与初级阶段相适应的多样化的公有制实现形式，理顺运行机制，如果在所有制问题上放松意识形态警惕，按照私有制的要求来引导我国市场经济的发展和国有企业的改革，甚至天真地认为，"私有化……显然属于现代市场经济通常做法和科学概念，并不带意识形态色彩，决不可能属于'姓资'"①。那就必然会使社会主义经济基础不复存在，国有经济对经济发展丧失主导作用，这就从根本上颠覆了社会主义意识形态的存在根基，中、外资本家不但会控制国民经济的命脉，而且会掌握思想文化的主导权，其最终结果是使中国人民沦为本国资本和外国资本的双重奴隶，实现国际垄断资产阶级彻底消灭社会主义的妄想。

二、政治理论话语

西方意识形态终结论思潮本身就有着深刻的西方国家的国内政治背景和国际政治意图，当这种背景与意图通过中国特定的政治棱镜反映出来时，就产生了中国式的淡化意识形态的政治理论话语，国际接轨论、告别革命论、政治多元论是其典型，这些话语将矛头集中指向具有社会主义意识形态规定性的四项基本原则，并产生了严重后果。

（一）国际接轨论

中国的淡化意识形态论者认为，当代中国是一个中国共产党领导下的缺乏民主、自由、人权的专制国家，是一个精神不健全的社会，无产阶级专政是"万恶之源"，要"坚决彻底批判中国共产党"，中国要走向世界，就必须在政治上摧毁四项基本原则的堤坝，使中国的政治体制与制度与国际接轨。他们认为，改革进行到今天，政治和经济改革都必须从马克思主义的经济理论、国家学说、政治学说这个传统意识形态的束缚中解脱出

---

① 詹小洪等编：《中国经济大论战》第7辑，经济管理出版社2002年版，第71页。

来。那么，从传统的马克思主义意识形态中解脱出来后又与谁接轨呢？中国的意识形态淡化论者认为："自由主义是最好的，最具普遍性的价值。"① 资本主义体系就等同于世界经济、政治、文化体系，政治、经济、文化的全球化无非就是资本主义的全球化，因此，中国在政治上与国际接轨就是要步入欧美的资本主义政治制度轨道，全面改变具有社会主义意识形态色彩的我国现行的政治制度。这种论调是非常危险和错误的。

淡化意识形态论者的政治意图是要全面颠覆作为我国立国之本的四项基本原则，按照西方政治制度模式彻底改变中国政治的社会主义方向，他们对于人民民主专政与共产党领导地位的攻击，目的就在于为把中国变成一个类似于西方资产阶级的国家扫除障碍，为西方资本主义意识形态侵蚀中国人民的头脑大开方便之门。按照他们的逻辑，他们所要淡化的是以马克思主义为指导的社会主义意识形态，而要强化的是资产阶级自由主义的意识形态，而这正中西方发达国家和平演变社会主义的下怀。在经济全球化进程中，西方国家总是试图把他们那一套资本主义的政治经济制度作为世界各国的普遍模式推广到全球，动辄以"自由"、"民主"、"人权"的名义，干涉别国内政，培植资本主义意识形态的代言人，如果我们不顾中国的历史与现实国情，盲目照搬西方政治模式，取消四项基本原则，中国最终就会沦为西方资本主义大国的附庸。苏联东欧的剧变、拉丁美洲等发展中国家新自由主义改革的实践，都雄辩地说明，如果将四项基本原则作为意识形态而予以淡化，那么，在世界形势深刻变化的历史进程中，我们应对国内外各种风险与考验就将失去精神坐标、保障力量和坚强有力的领导核心，我国人民又将重新陷入党派纷争、政治动荡、社会混乱、经济衰退等悲惨的社会境遇之中。

总之，马克思主义认为，在阶级社会里，任何国家政治制度的确立、政治体制的选择都具有鲜明的阶级性，它是由特定阶级的经济基础所决定并服务于这一经济基础的，因而也必然带有和体现这一阶级的意识形态的痕迹，这是一个在阶级社会中无法超越的视界。西方资本主义国家的政治体制和政治制度是资产阶级自由、民主、人权等意识形态理念在政治上的

---

① 刘军宁：《北大传统与近代中国——自由主义的先声》（序），中国人事出版社 1998 年版，第 4 页。

反射，代表的是资产阶级的利益。邓小平同志指出："资本主义社会讲的民主是资产阶级的民主，实际上是垄断资本的民主"①。"资本主义国家的多党制有什么好处？那种多党制是资产阶级互相倾轧的竞争状态所决定的，它们谁也不代表广大劳动人民的利益。"②"整个帝国主义西方世界企图使社会主义各国都放弃社会主义道路，最终纳入国际垄断资本的统治，纳入资本主义的轨道。"③ 因此，那种把西方资本主义的自由、民主、人权视为全人类普遍的价值追求，试图在政治制度上淡化社会主义的意识形态，以与国际接轨之名，行与西方政治制度接轨之实的做法与话语，并非一切致力于解决中国现代政治问题的思想家们的共识，而只是国际垄断资产阶级及其代言人的共识，在阶级社会里，从来没有也不可能有超阶级的不带任何意识形态色彩的政治制度，只存在耸立于一定经济基础之上的，反映特定阶级意识形态诉求的政治制度，试图超越和淡化意识形态去追求代表全人类普遍价值关怀的政治制度无异于水中捞月。

（二）告别革命论

西方意识形态终结论者认为："意识形态之所以具有力量也就在于它的激情。……意识形态最重要的、潜在的作用就在于诱发情感。"④ 在他们看来，十月社会主义革命和中国革命的胜利就是激进主义意识形态鼓动的结果，既然意识形态已经终结和衰落，那么，革命领袖的地位、革命运动的价值也自然失去了昔日的光彩，反言之，既然否定了革命领袖和革命运动的历史价值，意识形态存在的价值也必然遭到否定。因此，20 世纪 80 年代以后，随着意识形态终结论思潮的再度勃兴，"告别革命论"的话语也乘势而起。"告别革命论"者认为，革命是一种破坏性的力量，是一些人"发疯发狂，丧失理性"的行为⑤，"是一种情绪化的东西"⑥，他们把十月革命说成是一小撮职业革命家精心策划的阴谋，攻击十月革命具有

---

① 《邓小平文选》第三卷，人民出版社 1993 年版，第 240 页。
② 《邓小平文选》第二卷，人民出版社 1994 年版，第 267 页。
③ 《邓小平文选》第三卷，人民出版社 1993 年版，第 311 页。
④ ［美］丹尼尔·贝尔著，张国清译：《意识形态的终结：五十年代政治观念衰微之考察》，江苏人民出版社 2001 年版，第 459 页。
⑤ 李泽厚、刘再复：《告别革命》，香港天地图书有限公司 1995 年版，第 68 页。
⑥ 同上书，第 79 页。

"原罪"性质，把斯大林时期所取得的成就说成是沙皇俄国留下的遗产，从而证明革命除了造成灾难和破坏以外一无是处，这就注定了苏联东欧社会主义模式的失败、共产主义的终结。这样，告别革命论最终把目标指向了一切人民革命运动，指向了社会主义革命。告别革命论在我国主要表现为全盘否定中国反帝反封建的革命斗争，全盘否定新民主主义革命和社会主义革命，攻击和诋毁中国革命的领袖毛泽东同志，把毛泽东同志称为"农民的皇帝"和"大空想家"，甚至把 1919 年的五四运动、1911 年的辛亥革命、1898 年的戊戌变法都一起置于批判的靶子上，从而彻底颠覆近代中国人民争取民主解放斗争的历史。

应当指出，告别革命论是一种以否定革命为手段来否定意识形态的政治理论话语，《告别革命》一书在序言中坦言："这套思想，恰恰是'解构'本世纪的革命理论和根深蒂固的正统意识形态最有效的方法和形式。"中国告别革命论的目的就是为了直接对抗马克思主义的革命理论，消解马克思主义在我国意识形态中的指导地位，解构中国的社会主义制度，消解中国人民的社会主义理想和信念，从而使人民丧失警惕，不明是非，自觉不自觉地迎合西方资本主义和平演变的战略意图。

如何看待近代以来中国人民的革命斗争，怎样评价革命的历史，这不仅关系到如何正确认识历史，而且关系到如何评价中国人民对社会主义道路的选择和整个中国未来的发展道路，关系到我们党领导人民进行革命和建设的功过是非。近代以来，为了争取民族的独立和解放，实现民族的振兴和国家的富强，就必须砸碎帝国主义和封建主义的统治枷锁，这一任务的完成仅仅靠改良的办法是无法实现的，必须进行坚决彻底的革命，"在阶级社会中，革命和革命战争是不可避免的，舍此不能完成社会发展的飞跃，不能推翻反动的统治阶级，而使人民获得政权。"① 从这个意义上说，革命的本身就具有发展与进步的深刻内涵，人类社会从低级到高级、从野蛮到文明的演进，都经过了不同内涵、不同层次、不同形式的革命，正是多种多样的革命形式推动了人类社会的发展和进步，革命在历史的长河中不断发挥着火车头的作用。因此，告别革命论所提供的是一个完全颠倒的观察和分析历史的认识框架，在其貌似中立客观的学术面貌的背后，暗藏

---

① 《毛泽东选集》第 1 卷，人民出版社 1991 年版，第 334 页。

着摧毁我国社会主义意识形态与政治制度的用心，因此，对于意识形态终结论思潮衍生的这一话语决不可等闲视之。

（三）政治多元论

当代中国的自由主义者为了否定共产党对国家的领导权、否定社会主义、取消马克思主义、复辟资本主义铺平道路，他们从西方政治学和人道的民主社会主义者那里将"政治多元化"的主张移植到了中国。这种观点认为，中国的改革开放使社会主义社会形成了多元化的利益主体，多元化的利益主体必然产生多元化的思想观念，这就必然要求有多元化的政治组织来自由地表达各个阶层和社会集团的利益和意志，政治多元化也就在所难免。这种观点是苏东剧变过程中人道的民主社会主义者多元化主张的翻版，正是按照这种多元化的抽象命题，经过一番演绎，最终得出了取消马克思主义的指导地位，夺取共产党领导权的政治结论①。同时，政治多元化又是西方资本主义国家和平演变社会主义国家的一种手段。20 世纪80 年代以来，西方资本主义国家为了推销资产阶级的价值观，颠覆社会主义国家政权，竭力鼓吹社会主义国家实行政治多元化。在他们看来，实行政治多元化，趁机培植和承认社会主义国家的政治反对派，使它们合法存在并同共产党分庭抗礼，合法地夺取政权，比起他们明火执仗地进行军事干预要合算得多，苏东剧变就是政治多元化的"杰作"。21 世纪以来，相继在格鲁吉亚、乌克兰、吉尔吉斯斯坦等国家发生的"颜色革命"，也是西方国家推行政治多元化的结果。其实，对于这种政治多元化的意图，美国的布热津斯基在《大失败》一书中讲得很清楚，那就是要借助于多元化支持不同政见者成为真正的政治反对派，待时机成立时，就会同共产党进行和平移交权力的谈判，这就等于是共产党失去政权的开端。

马克思主义认为，国家从来都是实行阶级统治的工具，在阶级社会中，各阶级、各政党和各个社会集团平分秋色的权利多元是不存在的。在当代中国，尽管在社会主义市场经济条件下存在着具有不同利益追求的社会阶层和社会集团，也存在具体利益上的矛盾和冲突，但是其根本利益是一致的，由于具体利益差异而引起的非对抗性矛盾完全可以通过人民内部的协调加以解决，根本无须通过政治反对派来表达和维护不同阶层和集团

① 周新城等：《评人道主义的民主社会主义》，中国人民大学出版社 1998 年版，第 200 页。

的利益。因此，"政治多元化"只不过是要求在中国实行西方多党制的序曲，其实质是以"多元"之名谋资产阶级"一元"之实，对此如果不加分析地盲目附和，其后果是可想而知的。

三、思想文化话语

西方意识形态终结论思潮在中国的泛滥，不但在中国的政治、经济领域产生了严重影响，在思想文化领域也衍生出大量的奇谈怪论，比如，马克思主义终结论、消解主流意识形态论、意识形态多元论等，这就造成了人们思想的混乱，干扰了我国社会主义的主旋律，影响了改革开放和现代化事业的健康发展。

（一）马克思主义终结论

20 世纪 80 年代末 90 年代初，东欧剧变、苏联解体、冷战结束等一系列重大的政治事件，在思想文化领域引发了一场世界范围内的大地震，马克思主义及其指导下的社会主义事业的前途和命运再次引起了人们的高度关注。一方面，西方一些很有影响力的思想家从不同的角度纷纷走近马克思，捍卫马克思，强调当今世界的发展并没有超出马克思的诊断，比如，法国的雅克·德里达（Jacques Derrida）自称"挑了一个好时候向马克思致敬"[1]。美国学者德里克·詹姆逊认为："庆贺'马克思主义的死亡'，宣告资本主义和市场体系决定性胜利的做法是不合逻辑的。"[2] 德国的哈贝马斯认为，苏东剧变并不意味着社会主义的失败，只是苏联模式的社会主义即官僚社会主义的失败，"苏联并不是真正的马克思主义，所以苏东剧变并不意味着马克思主义的失败；不能把苏联东欧的变化看成是民主的胜利，社会主义的失败，不能把苏联东欧的崩溃看作是民主战胜社会主义"。"我对社会主义仍然充满信心。"[3] 另一方面，占据西方主流话语的是西方右翼自由主义的反马克思主义的声音，各种反动势力在反马克思主义的旗帜下结成了神圣同盟，发起对马克思主义的新一轮"围剿"，以宣布马克思主义的死亡、社会主义的失败为价值旨趣的意识形态终结论思

① 陈学明、马拥军：《走近马克思——苏东剧变后四大思想家的思想轨迹》，东方出版社2002 年版，第 1 页。

② 同上书，第 144 页。

③ 同上书，第 377 页。

潮奔腾而起，在一片新自由主义的狂欢中，福山宣称20世纪意识形态斗争的结果是西方自由主义战胜了马克思主义，意识形态的历史也因此而走向终结。一些社会民主党人也大肆地鼓吹马克思主义已经死亡，因而要从理论和实践上予以彻底抛弃。这股思潮助长了中国自由主义者的气焰，他们指责马克思主义已经过时了，污蔑马克思主义是一种偏激的意识形态，是一种狭隘的个人学说，而不是从神圣本源中产生的普遍真理，其激情多于真理，因而要求取消马克思主义在我国改革开放与现代化建设中的指导地位。这种主张终结马克思主义的论调包含以下极其错误的观点：

第一个观点是主张马克思主义中立化的观点。这种观点认为马克思主义过去扮演的是纯粹为政治斗争服务的意识形态的角色，冷战结束后，应当恢复马克思主义的学术性面目，不与政治发生直接联系，从而将马克思主义从一种批判的武器驯服为一种非意识形态化的学术型马克思主义。这种观点看到了过去一些人从实用主义的角度断章取义地研究马克思主义，使之服务和服从于政治的危险性，但是割裂马克思主义与现实斗争的联系，磨平马克思主义作为批判武器的斗争锋芒，从而实现马克思主义中立化的倾向，则有扭曲马克思主义的批判本性，禁锢于深深庭院而失去批判力，最终沦为湮灭在历史烟雾中的理论废物的危险。

第二个观点是主张马克思主义已经过时的观点。这一观点一直伴随着马克思主义发展的始终，它往往抓住马克思主义理论中的个别结论，抓住历史和时代发展的表面现象，在革命和建设的低潮期择时而动，证明马克思主义整个理论体系已经过时。其最终目的是否定马克思主义的科学性、真理性、价值性，取消马克思主义的指导地位，公开或隐蔽地充当资产阶级意识形态的辩护人。这种观点在目前阶段具有很大的欺骗性、迷惑性和危害性，它导致很多人对马克思主义采取弃之如敝屣的贵族式态度，从而彻底抛弃这一武器，更谈不上对这一武器的实际思考与运用。

第三个观点是认为马克思主义已丧失了批判对象因而无存在必要的观点。这种观点只看到了资本主义在全球化语境中的竞争优势，但对西方自由市场经济和民主政体下的黑暗与罪恶却绝口不提，比如，新技术、新市场导致的新失业，贫困公民参政权利的被剥夺，无法避免的经济危机，战争和经济贸易冲突等，是他们没看到吗？不是，他们这样做的目的就是像福山那样将资本主义的一切丑恶现象掩盖起来，使马克思主义因为失去了批判对象而失去批判力，从而借冷战胜利的余威彻底埋葬马克思主义。应当说，在全球化的语境下这是一种非常现实的危险。邓小平同志在国际风云变幻中要求我们"韬光养晦"，"决不当头"，并不是要我们毫无原则地放弃对资本主义的批判而盲目地对西方说"是"，否则，又怎能保证马克思主义在意识形态中的指导地位呢？又怎能在资本主义伪黎明的幻想中看到未来共产主义的曙光呢？

（二）主流意识形态消解论

20 世纪 90 年代以后，中国的意识形态淡化论者提出的一个重要论点就是：随着大众文化的繁荣和发展，主流意识形态的市场和地盘将大大缩小，影响力将大大降低。因此他们认为：不管世俗化有多少负面后果，但它却具有消解一元化意识形态，推进政治与文化多元化的积极意义，当前以消遣娱乐为本位的大众文化在客观上覆盖了大众的文化阅读空间，具有消解政治文化与正统意识形态的功能。正是在这一论调的影响下，一些人极力推崇消闲文学，主张实现文学的非政治化，非意识形态化，这种作品自我贴上"后现代主义"的时髦标签，只关注当前的感受，反对对事物进行本质和价值的追问，暴露出一部分人在物质享受背后的精神无聊和心灵空虚。

应当指出，市场经济的发展，对外文化交流的扩大，必然使大众文化从内容到形式都发生许多新变化，出现了许多为广大人民群众的喜闻乐见的多样化的文化，好的文学艺术作品不断涌现，大众文化的多样性是大众文化繁荣的标志，这本是一件好事。但是，如果以此为由，认为大众文化的崛起必然导致主流意识形态的消解、淡化和终结，就是非常错误和危险的。马克思主义认为，文化既是政治、经济的反映，又对政治经济具有巨大的反作用。在全球化的语境下，一方面文化与政治、经济的联系更加紧密，并且成为构成国家综合国力的一个方面，正因为如此，一大批思想家在关注当代人类的生存境遇时纷纷把理性探索的目光投向了人类和人类社会生活的深层结构，即文化层面；另一方面，西方资本主义国家又利用其在全球化进程中的优势地位，不断对社会主义国家和广大发展中国家进行意识形态性质的文化渗透，威胁到这些国家政权的安全和社会秩序的稳定。这就要求我们在发展大众文化的过程中要从性质上区分先进文化和落后文化，只有与一定历史阶段上先进的经济、政治相联系，并从根本上适应和促进先进生产力发展，代表最广大人民利益的文化才是先进的文化，

只有这种文化才能成为推动人类继往开来、与时俱进的强大精神力量。这
种文化在当代中国就是马克思主义为指导的，以培养四有公民为目标的，
面向现代化、面向世界、面向未来的、民族的、科学的、大众的社会主义
文化。如果不加甄别和区分地炒作大众文化，并以此作为消解和冲击社会
主义意识形态的手段，就必然为资本主义意识形态的泛滥提供庇护所。因
此，大众文化的创作者必须成为优秀精神产品的生产者，必须坚持为人民
服务、为社会主义服务的方向，必须体现以科学的理论武装人，以正确的
舆论引导人，以高尚的精神塑造人，以优秀的作品鼓舞人的精神。在我
国，大众文化的繁荣不应当成为主流意识形态终结、消解的理由，因为我
国文化建设的主旋律与马克思主义的主流意识形态是一致的，这种一致是
思想性与艺术性，弘扬主旋律与提倡多样化的统一。

（三）意识形态多元论

意识形态终结论与意识形态多元论表面上看起来似乎是矛盾的，但是
当反马克思主义的自由主义者把意识形态的终结等同于马克思主义的终结
时，鼓吹意识形态多元论就成为终结马克思主义的重要手段。他们认为，
马克思主义的普遍原理是"抽象教条"，坚持马克思主义的指导是"意识
形态僵化"，是"思想垄断"，是对人们思想自由的束缚，造成了思想文
化领域的"极权主义"和一元化统治。因此，他们公开提出在发展市场
经济、扩大对外开放的条件下要"坚决抛弃对不同观点和思想的意识形
态限制"，实行意识形态多元化，鼓励各种意识形态"自由竞争"，用各
种思想和理论来修正补充马克思主义。这种观点在理论上是错误的，在实
践中是有害的。从理论上看，马克思主义认为，意识形态是特定阶级基于
自身的历史地位和阶级利益而以系统的思想形态反映自己的愿望与要求的
观念总和。在阶级社会中，虽然有各种不同的思想同时存在，但其地位是
不同的，只有统治阶级的思想才是占统治地位的思想，这一思想和其他非
统治阶级的思想并不是平行而存、平起平坐的，其他非统治阶级的思想总
是受统治阶级思想的支配和影响，因此，在意识形态领域内，只存在
"一元"支配和指导下的"多样"，而不存在并列的"多元"。意识形态
多元论者混淆了"多元化"与"多样性"的区别，因为"元"是万物之
本，指的是事物的本质、本原；"多元"是指多个本质、本原，这种多个
本原、本质并列而生、平行而存，各自独立、互不相通，这种多元是背离

和否定统一性的多元。"多样"是指同一本原、本质在现象层面的展开，是事物丰富性的表现；"多样性"是基于统一性的多样性，正如哲学上的"物质统一性"与物质形态的多样性一样。只有在"一元"思想指导、支配和影响下的思想文化的多样性才比较真实地反映了阶级社会中每一个国家意识形态的真实图景。从实践来看，意识形态多元论主张所有意识形态一律都合法地平等存在，抹杀了真理与谬误的区别，更为严重的是，在资本主义与社会主义两种制度并存的情况下，意识形态多元论将为西方资产阶级意识形态在中国的畅行无阻提供理论支持。其结果是从指导思想上实现多元化，到组织上实行多元化，最终将中国引到资本主义的轨道上去，重蹈苏东剧变的覆辙。

列宁指出，对社会主义思想的任何轻视和脱离都意味着资产阶级思想体系的加强。在我们有些人极力宣扬消解主流意识形态，实行意识形态多元化的时候，西方资产阶级却将自己的意识形态戴上一道"人类普遍意识"的光环，对广大社会主义国家发动了一场没有硝烟的意识形态战，他们一方面鼓吹自己对青年一代进行的是超阶级的教育，"我们不搞什么思想教育，我们要对全体公民，首先是青少年，进行自由、平等、博爱的教育，让他们接受这些价值观。"① 另一方面，对于意识形态又非常重视，美国前总统里根曾公开宣布，要尽可能向各地传播美国的意识形态，以便能按照美国的思想影响事态的发展。他把"美国之音"称为在共产主义社会中点火的巨大的非军事力量。因此，我们如果不深刻分析意识形态多元论的理论错误和实践危险，盲目地提倡意识形态多元论这一似是而非的话语，那就将自觉不自觉地解除自己的思想武装，成为西方推行和平演变战略的工具。

第三节　中国应对西方意识形态
终结论思潮的路径选择

用斯宾格勒式的语言来说，20 世纪是一部由各种异质的意识形态理论与实践交织而成的伟大戏剧。以资本主义和社会主义为主角的丰富多彩

---

① 　参见陈立思主编《当代世界的思想政治教育》，中国人民大学出版社 1999 年版，第 8~9 页。

的意识形态以其顽强的内在精神演绎出悲欢离合的历史，谱就了生生灭灭
的现实。然而，置身于意识形态环境中的人们却不断抛出意识形态终结的
话语，掀起了一波又一波意识形态终结论思潮。这股以"意识形态终结"
为主题的社会思潮，既是思想家们从褊狭的意识形态理解出发，对 20 世
纪历史演变进程中一系列客观变化与事实的撞击式反应，因而存在诸多的
学理错误，又反映了西方自由主义右翼知识分子及其在社会主义国家和广
大发展中国家的代言人反马克思主义、反社会主义的思维惯性与价值诉
求，因而又蕴涵着对社会主义与资本主义两种社会制度终极命运的判断与
思考。这股思潮利用我国改革开放与现代化建设的历史机缘，广泛渗透于
我国转型期的经济、政治、文化等领域，并产生了严重影响。对此，我们
应当握准中国特色社会主义的精神坐标，坚持堵、疏、导并举的方针，选
择强力而有效的回应路径。

　　一、立足世界与中国两个大局，认清当前意识形态存在与斗争的客观
现实

　　西方意识形态终结论思潮的崛起及其在中国的泛滥，一个重要原因就
在于人们对于时代变迁与国际格局演变进程中意识形态的存在及其斗争的
客观事实做了掩耳盗铃式的判断、预测与估计。事实胜于雄辩，在当前意
识形态及其斗争依然存在的事实面前，"意识形态终结论"思潮苍白无力
的原形就会暴露无遗。当前，国际国内意识形态存在及其斗争的客观事实
主要表现在以下几个方面：

　　第一，"全球化"已成为西方发达资本主义国家对我国进攻的意识形
态工具。20 世纪 80 年代，"全球化"这个概念一提出，西方社会就看中
了其意识形态的价值，90 年代以后，随着全球化从经济领域向政治、思
想、文化领域的渗透，"全球化"几乎成了宣扬西方个人竞争主义、自由
资本主义、议会民主、消费主义等价值观的代名词，正如西方学者所言，
今天的"全球化"已经发挥了五六十年代"自由世界"一样的功能①。
在全球化进程中，西方国家凭借强大的经济和科技实力，对我国推行意识
形态渗透战略。一方面，利用人权、宗教、民族等问题为借口，对我国横

---

① Andrew J. Baeevieh, Placing Utopia: The military imperative of globalization [J]. *The National Interest*, No. 65. Summer 1999.

加干涉与指责，试图颠覆我国的政治制度与国家政权；另一方面，在全球
文化的交流与融合中，利用一些反动思潮与腐朽文化冲击马克思主义和我
国的民族文化，制造人们的思想混乱与信仰危机。同时，抓紧推销与社会
主义意识形态要求不相符的价值观念和生活方式，试图以消费主义的意识
形态瓦解我国以马克思主义为指导的社会主义意识形态。对此，古巴的菲
德尔·卡斯特罗指出："电视的所有宣传，加上从这里到那里的汽车，再
加上所有人种的漂亮极了的女人，同汽车一起做广告，还有一些休闲和消
费杂志的商业宣传，这些都会诱惑我们的同胞。在我们这些国家的任何一
个首都的大街上，叫花子也看这种杂志，它向他们展示豪华的小轿车，伴
有女郎，甚至还展示游艇或诸如此类的东西。他们就用这种宣传使人们慢
慢中毒，以至于连叫花子都残酷地受影响，让他们做他们达不到的资本主
义天上的梦。"①

第二，互联网成为意识形态斗争的新阵地。随着信息传播业革命的深
入，以互联网为代表的高新技术使全球范围内各种不同的思想观念、风俗
习惯、宗教信仰、价值取向实现即时互动成为可能，这既挑战着传统意识
形态对社会的控制力，扩大和提升了受众接受信息的自主权，拓展了受众
的信息发布能力，加大了政府对媒体和社会舆论导向进行管理与控制的难
度，又弱化了传统意识形态的凝聚力和向心力，降低了主流意识形态的影
响力。西方敌对势力利用我国互联网技术发展相对滞后，对互联网的控制
力和对信息的屏蔽能力不强的弱点，大肆宣扬不符合我国国情的思想文化
与意识形态。近年来，一些国内外敌对势力通过设立网站、网页，开设电
子公告版、电子论坛、网络聊天室来宣扬自己，诋毁我们党和政府，"法
轮功"顽固分子也利用互联网这一阵地，在西方敌对势力的支持下宣传
歪理邪说，实施一系列的破坏活动。互联网上的意识形态斗争表明，新形
势下意识形态的斗争范围进一步扩大，开始在现实空间与虚拟空间同时
进行。

第三，意识形态存在的载体更加丰富，意识形态斗争的手段更加灵
活，在冷战时期，意识形态斗争的手段是直接的、激烈的，意识形态的载

①　[古巴] 菲德尔·卡斯特罗著，王玫等译：《全球化与现代资本主义》，社会科学文献出
版社 2000 年版，第 34～49 页。

体主要是政党及其所代表的阶级。但是，冷战后，意识形态的载体除了政
党及其纲领、政策、口号之外，影视节目、体育、娱乐、软新闻、食品等
都成了意识形态的载体，这些东西传入我国时，包装上"中国化"的外
衣，包裹着西方化的文化与意识形态内核，麦当劳、可口可乐、美国大
片、动画片这些看似纯粹商业化的操作过程里，渗透的就是以美国为代表
的西方的价值观、思维方式、管理方式、娱乐方式和意识形态。与此相适
应，意识形态的斗争方式除了在有些问题上继续采用原有的直接手段之
外，各种国际行为主体，包括民族国家、跨国公司、各类传媒都更多地采
用间接的隐蔽的手段，尽量避免发生直接的意识形态对抗与冲突。这种意
识形态的渗透威力远远胜过武力，苏东剧变后，在原苏东版图上形成的二
十多个国家，都清一色地照搬了美国模式，正是这种意识形态渗透的
结果。

第四，改革开放所引发的深刻的中国社会转型使意识形态领域的局面
更加错综复杂。这种复杂性主要表现为：一方面，西方的技术与话语霸
权、意识形态渗透、文化产品的入侵催生了中国的资产阶级自由化思潮，
企图把中国的改革开放纳入到他们所企望的资本主义方向，邓小平指出：
"在整个四个现代化的过程中都存在一个反对资产阶级自由化的问题。"①
资产阶级自由化与四项基本原则在改革开放问题上的对立是新时期资本主
义与社会主义两种意识形态斗争的反映。另一方面，中国市场经济体制的
确立，使经济成分、分配方式、组织形式、就业方式、利益关系、生活方
式日益呈现多样化的发展态势，这就不可避免地为各种非主流意识形态的
产生留下了空隙。这些非主流意识形态与马克思主义的主流意识形态并
存，并在价值观、道德观、人生观、利益观领域形成了复杂的对立局面，
从而构成了中国社会转型期复杂的意识形态图景。

指出上述意识形态及其斗争的客观事实，并不是要重新回到意识形态
中心化、教条化和意识形态斗争泛化的老路上，其目的在于为打破意识形
态终结论神话提供必要的事实基础，从而使我们在改革开放与参与全球化
的进程中破除意识形态终结的幻想，识别形形色色意识形态终结论话语的
严重危害，始终保持清醒而坚定的头脑，促进中国特色社会主义事业的健

---

① 《邓小平文选》第三卷，人民出版社 1993 年版，第 208 页。

康发展。

二、树立马克思主义的意识形态观

党的十六大报告指出，解放思想、实事求是就是要使我们的思想从习惯势力与主观偏见的束缚中解放出来，从对马克思主义的错误的教条式的理解中解放出来，从主观主义和形而上学的桎梏中解放出来。根据这一精神来反观意识形态终结论思潮就不难发现，这一思潮的产生和泛滥正是由于在意识形态的问题上受到一些习惯势力、主观偏见的束缚，存在对马克思主义的错误的教条主义和形而上学的理解。各种意识形态终结论话语要么将意识形态等同于"虚假意识"，要么将意识形态与科学对立起来，要么将社会主义建设实践中维护马克思主义意识形态的一系列错误的极端的手段与做法等同于意识形态的本身，从而将意识形态与马克思主义、社会主义甚至法西斯主义混为一谈，而对意识形态的本身及其价值又进行片面的、静态的形而上学的考察，因此，要科学分析和批判这一思潮，就必须要确立一个科学的理论前提，即马克思主义的意识形态观。

马克思主义的意识形态观的核心内容包括意识形态的本质观、意识形态的发展观和意识形态的价值观三个方面。马克思作为现代意识形态理论的奠基人，在《德意志意识形态》、《〈政治经济学批判〉序言》中，他指出："人们在自己生活的社会生产中发生一定的、必然的、不以他们的意志为转移的关系，即同他们的物质生产力的一定发展阶段相适应的生产关系。这些生产关系的总和构成社会的经济结构，即有法律的和政治的上层建筑竖立其上并有一定的社会意识形式与之相适应的现实基础。"① 这是一段关于意识形态的本质、发展和价值具有经典意义的论述。在这里，我们不难看出，马克思将意识形态的本质定格为是与政治法律上层建筑并列的、耸立于一定社会经济结构之上的，与生产力的发展阶段相适应的观念上层建筑，即"一定的社会意识形式"。这应当是一个客观的具有普遍性的判断，也正确地揭示了意识形态在社会结构中的地位。意识形态作为"观念的上层建筑"，其本质内涵在生产力和生产关系发展的不同历史阶段是不同的，它必然要随着生产力的发展、生产关系的调整而发展变化，在阶级社会中没有一种意识形态会获得抽象的永恒的存在意义，这就实际

---

① 《马克思恩格斯选集》第 2 卷，人民出版社 1995 年版，第 32 页。

地提出了要根据生产力和生产关系的变化不断发展意识形态的现实任务。既然意识形态必须与其"现实基础"相适应，而"现实基础"又是与物质生产力发展的一定阶段相适应的，因此，意识形态的历史发展只是社会物质生活实践的历史发展的观念表现，社会物质生活实践是意识形态产生和发展的最深刻根源。因此，马克思进一步指出："道德、宗教、形而上学和其他意识形态，以及与它们相适应的意识形式便不再保留独立性的外观了。它们没有历史，没有发展，而发展着自己的物质生产和物质交往的人们，在改变自己的这个现实的同时也改变着自己的思维和思维的产物。"① 这就表明，马克思在意识形态的发展观上坚持的是实践唯物主义的原则，这一原则的确立为我们穿越纷繁复杂的意识形态理论迷雾有了锐利的武器。意识形态在产生和发展上的受动性并不影响其在外观上的相对独立性，这种相对独立性表明意识形态的产生和发展过程也是一个自觉的价值追求、价值创造、价值实现的过程。马克思说："'价值'这个普遍的概念是人们对待满足他们需要的外界物的关系中产生的。"② 它是"人在把成为满足他的需要的资料的外界物……进行估价，赋予他们以价值或使它们具有'价值'属性"③。由此可见，价值不是一个独立存在的实体范畴，而是一个反映人与外物的关系范畴。按照一般价值论，一般把外物称为价值客体，把人称为价值主体，当主体与客体发生关系时，客体满足了主体的需要时，价值关系就产生了。由于主客体都是复杂多变的，价值关系的产生和发展既源于客体，决定于主体，又形成、发展和实现于人类的历史性的社会实践活动，因此，马克思主义的价值范畴具有多维而动态的内涵，是客观性、主体性、实践性、历史性的统一。根据马克思主义的价值范畴，超越一般的经验性的功能层面，我们对于意识形态的价值可以得出这样几个具有一般性的结论：

第一，意识形态作为观念上层建筑，其价值就在于它能满足生产力的发展，维护经济基础的需要，一旦与生产力与生产关系的发展需要相脱离，其价值必然成了无源之水。

① 《马克思恩格斯选集》第1卷，人民出版社1995年版，第73页。
② 《马克思恩格斯全集》第19卷，人民出版社1963年版，第406页。
③ 同上书，第409页。

　　第二，人类社会作为价值主体，其需要是复杂多变的，这就决定了意识形态的内涵与属性也不能静止不变，而必须随着人类社会不同历史阶段需要的变化而变化，否则，便会失去其自身的价值。

　　第三，意识形态价值的实现有赖于人类在特定历史阶段的社会实践活动，离开了实践活动，意识形态的价值就永远只是一种可能性，而不会转化为现实性。因此，意识形态的价值在现实中又是具体的、历史的。

　　总之，只有树立科学的意识形态观，对于意识形态的本质、发展、价值等问题做出马克思主义的回答，我们才能破除意识形态终结论思潮在意识形态问题上的一系列主观偏见与错误理解，从而为我们正确分析与批判这一思潮提供一个科学的理论前提与坐标。

　　三、不断开拓马克思主义理论发展的新境界，改善维护马克思主义在意识形态领域指导地位的手段与方法，增强社会主义意识形态的亲和力、感召力和竞争力

　　西方意识形态终结论思潮的兴起及其在中国的传播，主要的矛头就是对准以马克思主义为指导的社会主义意识形态，其主要含义是指马克思主义的终结，这固然与意识形态终结论的鼓吹者对马克思主义的诬陷与诋毁相关联，但是，也与马克思主义本身的发展与社会主义国家维护马克思主义在意识形态领域内的指导地位的手段与方法出现了一些问题相联系。打铁还需自身硬，要有效抵御意识形态终结论思潮的进攻，我们就必须坚持和发展马克思主义，巩固马克思主义的指导地位，调整手段与方法，消除过去错误的手段与做法所带来的消极影响，改善马克思主义在人们心中的形象。

　　马克思主义既是我国社会主义意识形态的指导思想，又是其重要组成部分，面对新时期意识形态领域的新变化，坚持和巩固马克思主义在意识形态领域内的指导地位，是意识形态建设的首要问题，如果动摇了它的指导地位，就会失去意识形态的灵魂和方向，甚至产生意识形态已经终结的幻觉。但是，这种作为指导思想的马克思主义不是一种静止的、教条化的马克思主义，而是不断发展和创新的马克思主义，必须是与我国社会主义建设的具体实际相结合并在实践中证明是正确的马克思主义。马克思主义的生命力来自于理论的创新，创新的最基本依据就在于实践，实践的发展没有止境，马克思主义的理论创新也没有止境。面对日新月异的世界发

展，只有不断从改革开放和全面建设小康社会的实践中汲取新的营养，才能不断开拓马克思主义理论创新的新境界，才能使以马克思主义为指导的意识形态充满活力而不被其他反马克思主义的意识形态、非马克思主义的意识形态所"终结"。为此，当前在马克思主义的理论研究领域必须做到三个加强：

其一是要加强马克思主义理论研究与哲学社会科学其他学科研究的有效互动，及时地从其他学科如政治学、经济学、法学、社会学、心理学等学科中汲取最新理论成果，有效地把马克思主义研究与对当代西方文明与东方文明、古代文明与现代文明的研究有机结合起来，增强与当代各种思想学术体系的对话、交流与论争能力。

其二是要加强马克思主义理论研究与当代资本主义新变化研究的有机结合，增强马克思主义理论与当代资本主义发展变化的对话能力。马克思主义作为一种科学的世界观，揭示了自然界、人类社会、思维发展的一般规律，揭示了资本主义产生、发展和灭亡的规律，揭示了资本主义转变为社会主义、共产主义的规律，自从马克思、恩格斯去世以后，资本主义在各方面都发生了许多变化，但又仍然没有超出马克思唯物史观的视野。因此，一方面，我们不能以这种新变化为由来否定马克思主义的科学性与真理性，必须坚持以马克思主义基本理论作为我们观察和研究这些变化的指导性线索，对这些新变化做出具有理论深度和说服力的科学分析；另一方面，马克思主义理论的创新又必须从这些新变化中汲取创新的灵感和发展的养料，这样才能使我们面对资本主义的新变化能始终有一个正确的方向，不被一时的、局部的现象所迷惑，又能推动我们对马克思主义理论的理解不断走向深化。

其三是要加强马克思主义对社会主义建设实践中所出现的现实问题及其背后所包含的思想的研究，提高马克思主义同各种社会思潮的对话能力。社会主义建设是一项前无古人的崭新事业，在实践中必然会面临许多新情况、新问题，对这些新情况、新问题，不同的理论流派都会从不同的角度、运用不同的方法作出不同的解释，提出不同的解决方案和理论模型，从而产生各种社会思潮。马克思主义作为我国的指导思想与主流意识形态，一方面要注意对不同理论流派和社会思潮做出价值分析与评价，并吸收其合理的思想与主张，使不同流派与思潮的适当争论成为主流意识形态发展的活力源泉；另一方面，马克思主义的本身也必须结合现实问题，不断提高自身的理论含量，为解决现实问题提供深度的学理支撑，不能简单地把党在一个时期为解决某个现实问题而提出的方针政策，不加任何提炼和论证，简单地称为马克思主义理论的重大发展，只有这样，马克思主义在与其他思潮的论争与较量中才能牢牢地掌握意识形态的主导权。

　　与时俱进地开拓马克思主义理论研究的新境界，无疑是保证马克思主义科学性的前提条件，但是，要将这一科学理论转化成为在社会主义社会中占主导地位的意识形态，还必须有一系列适当的手段和方法，如果手段与方法选择不正确，马克思主义在意识形态领域的指导地位就不但不能得到维护。相反，还会导致人们对马克思主义的扭曲和疏离，西方意识形态终结论者攻击马克思主义是"极权主义"、"法西斯主义"，就与苏联使用大清洗、大批判等强制的不民主的手段来维护马克思主义的指导地位有关。使用这种手段来维护马克思主义，暗含着一种非常危险的倾向，即借助于执政党的政治权力建立起马克思主义的统治式的政治权威，把马克思主义钦定为不许讨论的教条，当作执政党的"专利品"，在监督机制不健全的情况下，对于什么是真正的马克思主义这一问题的回答，就会由执政党说了算演变成个别领导人说了算，从而形成"一锤定音，万马齐喑"的不正常局面，这无异于让马克思主义"安乐死"。在俄国十月革命之前，俄国马克思主义研究曾生机勃勃，一大批优秀的马克思主义理论家脱颖而出，但十月革命之后，在俄国的马克思主义研究方面，教条主义、实用主义、注释经典主义盛行，实际上把马克思主义异化为一种世俗宗教。马克思主义是科学，就应当具有科学的理性权威，其政治权威是执政党把它作为国家建设的指导思想、有效地促进生产力的发展、满足人们物质文化生活需要、推动社会全面进步的过程中树立的，具体地说，就是在忠实实践"三个代表"重要思想的过程中树立的。

　　当前，要真正维护马克思主义在意识形态领域的指导地位，在维护的手段上应当正确处理四个关系：

　　第一，一元性与多样性的关系。任何一个社会在意识形态领域都不是单一的，社会结构、社会阶层的多样性必然使主流意识形态之外还存在多样化的意识形态，如果试图以一种意识形态去强制统一全社会的思想，不但会束缚人的思想自由，降低智慧水平，也无法真正解决人们的思想问题，使非科学的思想走向消亡。毛泽东指出："我们不能用行政命令去消灭宗教，不能强制人们不信教。不能强制人们放弃唯心主义，也不能强制人们相信马克思主义。"① 当前，在意识形态领域一方面要坚持马克思主义的指导地位，以马克思主义引导和整合各种思想意识的发展趋势，动员、号召和凝聚民族的向心力，增强民族自信心、自豪感，维护和反映国家利益。另一方面，又要尊重意识形态多样性存在的客观现实，不能以行政手段简单粗暴地消灭各种社会思想，在维护现行社会的稳定与发展的前提下，采用教育、引导的手段来处理思想问题，以"一元"来指导和提升"多样"的精神文化层次。

第二，先进性与层次性的关系。这里的先进性与层次性主要是指主流意识形态本身的层次性与多样性，而不是多种意识形态的并存性。我国社会主义意识形态作为主流意识形态具有多层契合性，一方面，中国化的马克思主义科学地反映了社会发展规律，代表着当代中国先进生产力、先进文化的前进方向与人民的根本利益，具有广泛的群众性、严谨的科学性、相对的前瞻性和发展的导向性，这是社会主义意识形态的先进性表现。另一方面，社会主义意识形态作为一个思想体系在具体形态上又表现为共产主义、社会主义、爱国主义、集体主义、合理的个人利益观等内容，在规范性要求上又要区分什么是鼓励提倡的、必须做到的、允许存在的、坚决反对的等不同的层次。这就要求我们在社会主义意识形态宣传、教育中要针对不同的教育对象提出不同的要求，把先进性与层次性有机地结合起来。

第三，批判性与建构性的关系。马克思主义意识形态的巩固，不但要同一切反马克思主义的社会思潮进行斗争，以发展先进性，批判落后性，抵制腐朽性，更要吸收任何有价值的科学思想来发展自己，实现自身的新陈代谢与吐故纳新，这实际上是一种自我批判，这种自我批判是意识形态创新与发展的内在机制，其目的不仅仅是消解异质的意识形态，更需要的是在批判中建构新的意识形态。马克思主义中国化的历程就是社会主义意识形态发挥批判与建构的双重功能的实践证明。历史经验证明，每逢社会转型和变革之时，就是意识形态最活跃的时候，先进思想不去占领、传

_____

① 《毛泽东文集》第7卷，人民出版社1999年版，第209页。

播，落后的思想必然会滋生和蔓延，在今天这样的历史转折时期，更要运用批判与建构的两种手段，夯实马克思主义在意识形态领域中的根基。

第四，开放性与包容性的关系。任何一种意识形态要保持自身的持久生命力，就必须具有开放的姿态和自信，这就要求以平等、亲和的心态去包容一切有利于自身发展的思想养料。因此，社会主义意识形态在坚持马克思主义的一元主导地位的过程中，必须以开放的姿态包容一切符合"三个有利于"的思想资源，这种思想资源覆盖着民族优秀文化传统，覆盖着反映社会先进生产力和先进文化发展要求的当代社会正在成长的意识形态，覆盖着世界各国特别是发达资本主义国家历史和现实中的有益的文明成果。

第五，政治性与日常性的关系。马克思主义的意识形态无疑要强调政治性，但是这种政治性如果不和广大人民群众的日常生活结合起来，为人民群众所接受所认同，就必然成为脱离生活现实、曲高和寡的"孤家寡人"。社会大众所关心的主要是现实问题和自身利益，体现社会日常生活形态的大众文化，是和日常生活相联系的娱乐消遣性文化，主要是为了放松和舒缓生活压力，其内容、形式、品位必然是复杂多样的。因此，要在日常生活的层次上体现马克思主义的指导地位，就必须将党的政治理想、社会理想与公民个人的事业理想结合起来，使其内化为人们奋发图强的精神动力。意识形态工作也要从过去立足于改造人转向为尊重人、关心人、发展人、激励人，确立"以人为本"的理念，凸显意识形态的人文关怀。对于大众文化，要在坚持社会效益与经济效益相统一的文化判断标准下，鼓励其多样性发展，马克思主义的意识形态要让人文关怀进入日常生活，从寻求人的生存状态的协调与和谐出发构建人文精神，矫正物质崇拜、商品崇拜、盲目享乐、感性消费高于一切的倾向，加强构建和谐社会所必需的公民意识宣传，克服盲目的、不健康的、脱离实际的价值观，确立起支撑主流意识形态的价值系统。

四、坚持以经济建设为中心，不断解放和发展生产力，加强以马克思主义为指导的社会主义意识形态的物质技术基础

西方意识形态终结论思潮在全球化进程中之所以底气十足，而马克思主义在大众话语中被边缘化，其中一个重要原因就在于西方资本主义国家拥有雄厚的经济、技术优势，西方自由市场经济似乎已拥有了颐指全球的

霸权地位。因此，要从根本上应对西方意识形态终结论思潮，就必须以经
济建设为中心，大力解放和发展生产力，使马克思主义为指导的社会主义
意识形态服务于经济建设和民族强盛的主旋律。

　　第一，意识形态的发展变化始终是围绕着经济关系的中轴线而展开
的，一种先进的意识形态必然需要发达的生产力和雄厚的经济技术力量来
支撑，经济的繁荣和发展与政治意识形态之间往往表现出一种经验性关
联，缺乏经济基础的支撑，意识形态的说教必然是苍白的。邓小平指出，
贫穷不是社会主义，发展太慢也不是社会主义，只有当我们达到了中等发
达国家水平，我们才有资格说实行了社会主义。改革开放以后，意识形态
中心化的政治向经济建设中心化政治的转变，并非要终结意识形态，而是
要实现意识形态价值范式的转换，隐藏在务实政治背后的仍然是共同富裕
的社会主义意识形态目标。

　　第二，和平与发展取代战争与革命成为时代的主题以后，人们对外部世
界的排斥性或吸纳性反应更多出于现实利益的考虑，而很少用"远大理想"
与"神圣使命"的托词加以申辩，工人们如何就业，积压的商品如何出售，
养老、失业、医疗保险金如何筹措等现实经济问题已成为民众关心的大事，
中国政治呈现出马克斯·韦伯所说的从价值理性向工具理性转型的特点，这
就要求意识形态论证现行制度与秩序的合法性所凭借的价值符号发生转换。
换句话说，在社会主义制度下，只有人民富裕、国家强盛、社会进步、技术
发达，马克思主义指导下的社会主义意识形态才能深入人心。

　　第三，当前的国际竞争是以经济、科技为基础的综合国力的较量，意
识形态的力量是综合国力的重要组成部分，它常常表现为文化力这种
"软国力"，"软国力"的大小取决于经济与科技这种"硬国力"的强弱。
由于我们的社会主义制度是在经济文化落后的基础上建立起来的，因此，
以经济建设为中心，不断解放和发展生产力，对于巩固马克思主义的指导
地位，增强社会主义制度的吸引力也就具有特殊的重要性和紧迫性。

　　邓小平指出：社会主义现代化建设是我们当前最大的政治，因为它代
表着人民的最大利益，最根本的利益。江泽民也指出："集中力量把经济
搞上去，实现中国的现代化，本身就是最大的政治。"① 因此，在加强对

---

　　① 江泽民：《关于讲政治》，《光明日报》1996 年 7 月 1 日。

意识形态终结论思潮的理论分析与批判的同时，坚持以经济建设为中心，大力解放和发展生产力是应对这一思潮的根本途径，批判的武器不能代替武器的批判。

五、在国际交往中，以国家利益为最高利益，分清轻重缓急，在意识形态问题上立场坚定，头脑清醒，有所为有所不为

在意识形态中心化的年代，中国曾奉行以意识形态和社会制度的差异作为区分敌友，处理国际关系的国家战略和国家利益观，这就使很多领域的国家利益都不能得到充分的维护和实现。在对外开放的条件下，意识形态利益仍然是中国国家利益的重要组成部分，但是，片面地、过分地强调意识形态在国家利益中的分量，甚至把意识形态问题看成是中国唯一的最高的利益，无异于作茧自缚，自我孤立于世界的大门之外。具体地说，处理当前国际关系与意识形态的关系，要把握两个层次，从战略层面看，社会主义国家与资本主义国家的交往不可能摆脱意识形态的影响，时代的变化并没有改变国际垄断资产阶级剥削、压迫、侵略的本性，反共反社会主义、反第三世界国家的国际垄断同盟仍在不断强化。尽管在与社会主义国家和第三世界国家交往中，他们也会做出某些"让步"和"援助"，但与这种让步和援助相伴随的往往是出于意识形态目的而施加的政治压力。苏东剧变以后，中国作为最大的社会主义国家，又是坚持以马克思主义为指导地位的国家，自然成了西方进行意识形态进攻的重点堡垒，美国等西方国家把中国视为"日渐缩小的共产党国家的代言人"，"当今世界没有哪一个国家比中国更敢于维护大部分美国人认为过时或邪恶的意识形态与价值观念。"声称："中国已成为美国主要的意识形态的对手和美国在很大程度上感到讨厌的象征。"① 可以说，即使中国完全成为国际垄断资本主义体系中的一员，西方也不会放弃敌视中国的立场，西方资本主义国家对对手的尊重是建立在实力基础上的，摇尾乞怜是挽不回尊严与面包的。因此，中国与西方的交往中必然存在显性或隐性的意识形态障碍。比如，美国 2005 年有一期《新闻周刊》上关于中国主题的报道就是"世界能应对中国吗？"其系列报道之一就是《美国需要怎么做》，其作者探讨的就是中国欺负别国，激怒邻邦、恐吓世界的可能。由此可见，在西方学者的眼

---

① 张宏毅：《要高度重视意识形态工作》，《高校理论战线》2001 年第 1 期。

里，他们根深蒂固地认为，以马克思主义为指导的社会主义中国不可能和西方是一伙的，面对中国的崛起，他们一方面嫉妒、恐惧；另一方面又保持高度警惕，并用尽手段对中国进行意识形态渗透。因此，从战略上中国要高度重视意识形态，但是，高度重视意识形态不等于以意识形态画线，在具体的策略上，又要充分尊重各国自我选择的意识形态，不能把自己的意识形态强加于人，也不以意识形态的异同作为开展国际交往的条件，在具体的经贸往来、外交措施上应不受意识形态的限制。从 20 世纪 80 年代以来，邓小平、江泽民等同志都多次强调处理国际关系要把"国家利益"放到战略的高度，要善于区分哪些是具有意识形态性的，哪些是没有的，哪些问题意识形态色彩比较强，哪些比较弱，不要停留于抽象的争论，这标志着中国在处理国家利益和意识形态的关系问题上实现了思维方式与政策范式的根本性转变，体现和反映了一种更加符合中国最广大人民利益的国家利益观。应当指出，在国际交往中不以意识形态画线，不搞抽象争论，并不等于放弃意识形态，放弃马克思主义，在涉及国家根本利益的意识形态问题上，例如民主、人权等，在今天中国就仍然是影响国家关系的一个重要尺度，在任何时候都不能放弃对一切非马克思主义与反马克思主义思想的批判，在一些问题上淡化意识形态，在另一些问题上又重视意识形态，有进有退，有取有舍，有所为有所不为，选择的标准就看是否有利于最大化地实现国家利益。

六、加强社会主义市场经济条件下意识形态的社会管理，积极引导非主流意识形态，坚决抵制反主流意识形态

"意识形态的社会管理既是一个标准化的思想工程，也是一个科学化的系统工程。从思想工程的角度来讲，意识形态的社会管理就是通过积极而科学的方法对人们的思想实施有效的社会控制或国家管理，纠正各种与社会所倡导的正确价值观不相符合的思想或观念，把广大人民群众的思想引导到或统一到社会主义政治文明的轨道上来。从系统工程的角度来讲，意识形态的社会管理就是强调管理组织、管理机制与管理理念的协调和配套，尤其强调整个管理过程的标准化和科学化。"① 我国在从计划经济体制向市场经济体制转轨过程中，意识形态社会管理的标准化与科学化均出

---

① 秦在东：《思想政治教育管理论》，湖北人民出版社 2003 年版，第 265 页。

现了程度不等的亏损事实，意识形态终结论思潮在我国的蔓延就是这种亏损的重要表征，媒体、教育两大思想防线都出现了淡化意识形态的倾向，甚至制造精神污染。社会主义市场经济体制的建立必然引发意识形态领域的深层变化，意识形态管理与调控的任务更加艰巨，市场不能自发地解决意识形态的管理问题，因此，意识形态管理如何采用新体制、新方式、新技术，彻底改变计划经济条件下依靠行政命令、长官意志来抓意识形态管理的陈旧办法，积极主动地排除市场经济发展进程中的思想障碍就成了一个需要深入研究的理论与实践问题。

社会主义意识形态管理的改革从科学化与标准化的双重维度来看，主要抓好以下几个方面的工作：

第一，加强对意识形态管理者的马克思主义意识形态理论教育。马克思主义意识形态理论是立基于历史唯物主义的唯一科学的意识形态理论，作为一名意识形态的管理者，如果对于马克思主义意识形态理论停留于不求甚解或一知半解的水平，又怎么能维护马克思主义在意识形态领域的指导地位呢？又怎么能识别各种非马克思主义、反马克思主义的意识形态现象呢？

第二，按照统一性与多样性的要求，改善意识形态管理的组织结构。意识形态管理的组织结构在计划经济体制下形成了纵向的分级管理体制，这种体制，刚性有余而弹性不足，因此，适应市场经济的要求，就必须在意识形态管理上坚持统一性与多样性相结合的原则。统一性就是要与党中央保持一致，按中央政策办事，意识形态管理要围绕党的中心任务，根据党的路线、方针、政策有针对性地开展工作，多样性就是中央和地方的各个管理部门都要根据本部门的特点和实际，灵活主动地开展工作，体现规律性，把握主动性，富于创造性。

第三，努力提高意识形态社会管理的技术含量。意识形态管理既然是一个科学化、标准化的系统工程，就必然要求掌握管理意识形态的复杂技术要领，单凭简单的经验和知识是无法将市场经济条件下多样化的意识形态引导到有序发展的轨道上的。因此，意识形态管理要运用各项管理技术来识别诱发矛盾冲突的因素，消解各种影响意识形态社会管理科学化的消极因素，并通过分析大量意识形态的现象与实例，预测其发展的可能性，增强应对的前瞻性、主动性与科学性。

　　20世纪的历史改变了许多我们对人类的看法，这些新看法正伴随着我们进入了变幻莫测的新世纪。然而，一个不可否认的事实是，乌托邦经历的随风而逝，意识形态领域中的某些不和谐音符，并不能遏制人类追求美好社会的冲动与希望，人类行为和未来社会的构建仍然需要人类丰富的想象力，需要人类创造和尝试新的社会行为，提出我们的实际能力可以达到的新目标的勇气。随着那些曾经被剥削阶级小心翼翼掩盖的事实为渴望了解真相的人们所熟知，我们在意识形态领域内就应该在人类的本性与教化范围内，提出可以奏效、可以实现的思想观念，而不是令人感动的乌托邦式的计划，以满足那些探寻重大的政治和社会问题答案的人们的需要。

参 考 文 献

1. 《马克思恩格斯选集》第 1~4 卷，人民出版社 1995 年版。

2. 《列宁选集》第 1~4 卷，人民出版社 1995 年版。

3. 《毛泽东著作选读》上、下册，人民出版社 1986 年版。

4. 《邓小平文选》第一至三卷，人民出版社 1993 年版。

5. 《江泽民论有中国特色社会主义（专题摘编)》，中央文献出版社 2002 年版。

6. 《江泽民论社会主义精神文明建设》，中央文献出版社 1999 年版。

7. 中国人民大学马列所编：《马克思主义发展史》1~4 册，人民出版社 1995 年版。

8. 王锐生、景天魁：《论马克思关于人的学说》，辽宁人民出版社 1984 年版。

9. 《毛泽东、邓小平、江泽民论世界观、人生观、价值观》，人民出版社 1997 年版。

10. 中共中央（04）16 号文件，《关于进一步加强和改进大学生思想政治教育的意见》2004 年 8 月 26 日。

11. 顾海良主编：《从十四大到十六大——马克思主义在当代中国的新发展》，高等教育出版社 2004 年版。

12. 张耀灿等：《现代思想政治教育学》，人民出版社 2001 年版。

13. 张耀灿主编：《中国共产党思想政治教育史论》，高等教育出版社 1999 年版。

14. 邱伟光、张耀灿主编：《思想政治教育学原理》，高等教育出版社 1999 年版。

15. 张耀灿、徐志远：《现代思想政治教育学科论》，湖北人民出版社 2003 年版。

16. 林剑：《人的自由的哲学思索》，中国人民大学出版社 1996 年版。

17. 秦在东：《思想政治教育管理论》，湖北人民出版社 2003 年版。

18. 秦在东：《社会主义精神质量，逻辑关联与价值转换》，华中师范大学出版社 1999 年版。

19. 龙静云：《治化之本——市场经济条件下的中国道德建设》，湖南人民出版社 1998 年版。

20. 郑永廷主编：《思想政治教育方法论》，高等教育出版社 1999 年版。

21. 祖嘉合：《思想政治教育方法教程》，北京大学出版社 2004 年版。

22. 俞吾金著，《意识形态论》，上海人民出版社 1993 年版。

23. 宋惠昌：《当代意识形态研究》，中共中央党校出版社 1993 年版。

24. 郑永廷等：《社会主义意识形态发展研究》，人民出版社 2002 年版。

25. 郑永廷等：《社会主义意识形态研究》，中山大学出版社 1999 年版。

26. 周宏：《理解与批判——马克思意识形态理论的文本学研究》，上海三联书店 2003 年版。

27. 景中强：《马克思精神生产理论研究》，中国社会科学出版社 2004 年版。

28. 张秀琴：《马克思意识形态理论的当代阐释》，中国社会科学出版社 2005 年版。

29. 张秀琴：《西方马克思主义意识形态理论的当代阐释》，中国传媒大学出版社 2005 年版。

30. 季广茂：《意识形态》，广西师范大学出版社 2005 年版。

31. 杨生平：《论马克思主义意识形态理论的形成与发展》，首都师范大学出版社 1998 年版。

32. 韩秋红等：《断裂还是传承？——西方马克思主义及其当代资本主义观》，中央编译出版社 2004 年版。

33. 孟登迎：《意识形态与主体建构》，中国社会科学出版社 2002 年版。

34. 李琪明：《两岸德育与意识形态》，（台北）五南图书出版公司 2001 年版。

35. 吴江：《中国封建意识形态研究》，兰州大学出版社 2003 年版。

36. 徐海波：《中国社会转型与意识形态问题》，中国社会科学出版社 2003 年版。

37. 朱兆中：《中国社会主义意识形态建设纵论》，上海人民出版社2003年版。

38. 胡潇：《意识的起源与结构》，中国社会科学出版社2004年版。

39. 俊薰：《意识之舞》，上海三联书店2005年版。

40. 顾肃等：《西方现代社会思潮史》，山东教育出版社2004年版。

41. 佟立：《西方后现代主义哲学思潮研究》，天津人民出版社2003年版。

42. 车铭洲主编：《现代西方思潮概论》，高等教育出版社2001年版。

43. 段忠桥主编：《当代国外社会思潮》，中国人民大学出版社2001年版。

44. 徐大同主编：《当代西方政治思潮》，天津人民出版社2001年版。

45. 梅荣政、张晓红：《论新自由主义思潮》，高等教育出版社2004年版。

46. 张雷声：《资本主义的社会矛盾及其历史走向》，安徽人民出版社2000年版。

47. 徐崇温：《当代资本主义新变化》，重庆出版社2004年版。

48. 何秉孟主编：《新自由主义评析》，社会科学文献出版社2004年版。

49. 华东师范大学当代中国马克思主义研究中心：《社会主义发展的历史进程研究》，上海人民出版社2001年版。

50. 复旦大学马克思主义研究中心：《资本主义的发展进程研究》，上海人民出版社2001年版。

51. 陈学明、马拥军：《走近马克思》，东方出版社2002年版。

52. 张旭东：《全球化时代的文化认同》，北京大学出版社2005年版。

53. 刘洪潮主编：《西方和平演变社会主义国家的战略、策略、手法》，湖北人民出版社1989年版。

54. 李其庆主编：《全球化与新自由主义》，广西师范大学出版社2003年版。

55. 李惠斌主编：《全球化与现代性批判》，广西师范大学出版社2003年版。

56. 王治河主编：《全球化与后现代性》，广西师范大学出版社2003年版。

57. 李智：《全球化时代的国际思潮》，新华出版社2003年版。

58. 王宁、薛晓源主编：《全球化的悖证》，湖南人民出版社2002年版。

59. 俞可平、黄卫平主编：《全球化的悖论》，中央编译出版社 1998 年版。

60. 程光泉主编：《全球化理论谱系》，湖南人民出版社 2002 年版。

61. 周柏林：《美国新霸权主义》，天津人民出版社 2002 年版。

62. 赵家祥等：《历史哲学》，中共中央党校 2005 年版。

63. 潘一禾：《文化与国际关系》，浙江大学出版社 2005 年版。

64. 河清：《全球化与国家意识的衰微》，中国人民大学出版社 2003 年版。

65. 黄宗良、孔寒冰：《社会主义资本主义的关系——理论、历史和评价》，北京大学出版社 2002 年版。

66. 何新：《全球战略问题新观察》，时事出版社 2003 年版。

67. 郑乐平：《超越现代主义与后现代主义》，上海教育出版社 2003 年版。

68. 马龙闪：《苏联剧变的文化透视》，中国社会科学出版社 2005 年版。

69. 孟登辉：《政治信仰与苏联剧变》，中国社会科学出版社 2005 年版。

70. ［德］黑格尔著，贺麟译：《小逻辑》，商务印书馆 1980 年版。

71. ［德］黑格尔著，贺麟译：《精神现象学》上、下卷，商务印书馆 1979 年版。

72. ［德］黑格尔著，王造时译：《历史哲学》，上海书店出版社 2001 年版。

73. ［德］马克斯·韦伯著，于晓等译：《新教伦理与资本主义精神》，陕西师范大学出版社 2006 年版。

74. ［德］哈贝马斯著，李黎等译：《作为"意识形态"的技术与科学》，学林出版社 2002 年版。

75. ［德］卡尔·曼海姆著，艾彦译：《意识形态与乌托邦》，华夏出版社 2001 年版。

76. ［美］丹尼尔·贝尔著，张国清译：《意识形态的终结》，江苏人民出版社 2001 年版。

77. ［美］丹尼尔·贝尔著，赵一丹等译：《资本主义文化矛盾》，生活·读书·新知三联书店 1989 年版。

78. ［美］雷迅马著，牛可译：《作为意识形态的现代化》，中央编译出版社 2003 年版。

79. ［美］西摩·马丁·利普塞特著，张绍宗译：《政治人，政治的社会基础》，上海人民出版社 1997 年版。

80. ［美］约瑟夫·S. 奈等主编，王勇等译：《全球化世界的治理》，世界知识出版社 2003 年版。

81. ［美］西摩·马丁·利普塞特著，张华青译：《一致与冲突》，上海人民出版社 1995 年版。

82. ［美］尼克松著，朱家穗等译：《1999：不战而胜》，长征出版社 1989 年版。

83. ［美］滋比格涅·布热津斯基著，潘嘉玢译：《大失败与大混乱》，社会科学文献出版社 1995 年版。

84. ［美］弗朗西斯·福山著，刘榜离等译：《大分裂：人类本性与社会秩序的重建》，中国社会科学出版社 2002 年版。

85. ［美］弗朗西斯·福山著，黄胜强、许铭原译：《历史的终结及最后之人》，中国社会科学出版社 2003 年版。

86. ［美］塞缪尔·亨廷顿著，周琪等译：《文明的冲突与世界秩序的重建》，新华出版社 2002 年版。

87. ［美］塞缪尔·亨廷顿著，康敬贻等译：《全球化的文化动力》，新华出版社 2004 年版。

88. ［美］塞缪尔·亨廷顿著，刘军宁译：《第三波——20 世纪后期民主化浪潮》，上海三联书店 1998 年版。

89. ［美］塞缪尔·亨廷顿著，张岱云等译：《变动社会的政治秩序》，上海译文出版社 1989 年版。

90. ［美］赫伯特·马尔库塞著，左晓斯等译：《单面人》，湖南人民出版社 1988 年版。

91. ［美］约瑟夫·熊彼特著，吴良健译：《资本主义、社会主义与民主》，商务印书馆 1999 年版。

92. ［英］洛克著，关文运译：《人类理解论》，商务印书馆 1981 年版。

93. ［英］K. R. 波普尔著，陆衡译：《开放社会及其敌人》，中国社会科学出版社 1999 年版。

94. ［英］罗伯特·鲍柯克、肯尼思·汤普森编，龚方震等译：《宗教与意识形态》，四川人民出版社 1992 年版。

95. ［英］戴维·赫尔德等著，杨雪冬等译：《全球大变革——全球化时代的政治、经济、文化》，社会科学文献出版社 2001 年版。

96. ［英］大卫·麦克里兰著，孔兆政等译：《意识形态》，吉林人民出版社 2005 年版。

97. ［法］爱弥儿·涂尔干著，梁栋译：《社会学与哲学》，上海人民出版社 2002 年版。

98. ［法］阿尔都塞著，顾良译：《保卫马克思》，商务印书馆 1984 年版。

99. ［俄］谢·卡拉－穆尔扎著，徐昌翰译：《论意识操纵》，社会科学文献出版社 2004 年版。

100. ［埃及］萨米尔·阿明著，丁开杰译：《全球化时代的资本主义》，中国人民大学出版社 2005 年版。

101. Richter, David H., *Ideology and form in eighteenth – century literature*, Texas Tech University Press, 1999.

102. Hoover, Kenneth R., *Economics as ideology: Keynes, Laski, Hayek, and the creation of contemporary politics*, Rowman & Littlefield, 2003.

103. Azza Karam. *Transnational political Islam: globalization, ideology and power*, London, Sterling, Va.: Pluto Press, 2004.

104. Tsutsui, William M. *Manufacturing ideality: scientific management in twentieth century Japan*. Princeton University Press, 1998.

105. Hong, Junhao, *The internationalization of television in China: the evolution of ideology, society, and media since the form*. Praeger, 1998.

106. Misra, Kalpama, *From post – Maoism to post – Marxism: the erosion of official ideology in Deng's China*. New York: Routledge, 1998.

107. D. P. Chattopadhyaya. *Sociology, ideology and utopia: socio – political philosophy of East and West*. Leiden; New York: Brill, 1997.

108. Beng – Huatchua, *Communitarian ideology and democracy in Singapore*. London; New York: Routledge, 1997.

后　记

　　2003 年 9 月，我有幸踏上华师这块"忠诚博雅，朴实刚毅"的学术沃土，师从德高望重的张耀灿教授，攻读博士学位。本书正是在我的博士论文的基础上修改而成的，但基本保持了博士论文的原状，这是对历史的尊重。在写作过程中，我有幸得到了导师张耀灿教授和众多老师的指点。在导师的指导下，我饱览一道道知识与智慧的前沿风景线，走出一次次论文写作的理论困境，穿越一层层学术研究的理论迷雾……先生的教导，让我对"大学之道，在新新民，在明明德，在止于至善"有了些许顿悟；先生对我这个言行无束、桀骜不驯之徒的宽容，让我领悟到作为一名真正的学者虚怀若谷、海纳百川之风范；先生的鞭策与鼓励，让我成功地抗拒着懒惰的诱惑，逐渐明了"天行健，君子以自强不息；地势坤，君子以厚德载物"之精神。在艰辛的跋涉中，师母陈泗维老师的关爱，让我漂泊的心灵感受到家的温暖。殷殷师情，山高水长，惠泽后辈，永难回报！

　　在思想跋涉的心路历程中，华师政法学院林剑教授、秦在东教授、龙静云教授、刘从德教授、李良明教授，经济学院曹阳教授均提供了许多令我终生受益的智慧资源和宝贵建议。此外，武汉大学的骆郁廷教授、石云霞教授、黄钊教授、张晓红教授，中山大学的郑永廷教授、李萍教授、钟明华教授，中国人民大学的李德顺教授，中国政法大学的蔡拓教授，北京大学的梁守德教授等各位恩师都曾对与本书相关的思想和观点给予了细心斟酌与精湛点化，正是各路高人的指导与鼓励，使我得以不断超越自己已然的思想边界，不断突破因力求创新而面临的重重困难。

　　在丹桂飘香的华师，我不但得到了各位老师春风化雨般的滋润，也有幸结识了众多同窗好友。他们是：梅萍博士、毕红梅博士、周琪博士、刘烨博士、李芳博士、王艳秋博士、卢爱新博士、王春红博士、肖萍博士、李丽华博士、陈玉梅博士、蓝江博士、徐志远博士、王茂胜博士、陈华洲博士、李辽宁博士、马奇柯博士、邵献平博士、程卫国博士、王建新博士、韩迎春博士、陈春萍博士、刘伟博士、苗慧凯博士等。此外，政治学院的赵长峰博士、李学保博士，在我写作过程中提供了不少参考性建议，在此一并表示诚挚的谢意。

在论文写作和书稿修改期间，我的父母、岳父母、妻子和儿子都鼎力支撑着我在学业道路上踽踽前行，我的父母虽都年过花甲，但仍然整日劳碌，我的岳父母任劳任怨为我操持家务，我的妻子刘高高老师不但将双肩挑的工作干得有条不紊，而且将儿子教养得活泼可爱，我的儿子茁壮成长，已从一个嗷嗷待哺的婴儿成长为一名"初具规模"的"小男子汉"，这给我带来了无限的欢乐。可以说，正是父母、岳父母、妻子、儿子的默默支持，使我有稳固的"后方"和足够的思维净空来学习、思考和写作。

展望未来，我想起了在美国的科罗拉多州有一座著名的鹰峰，通往峰顶的小径上常常人流不息。但是，要达到鹰峰的峰顶，必须攀越另外两个山峰，很多旅行者常常止步于这两个山峰而自认为达到了鹰峰的峰顶，然而他达到的只是"假顶峰"，而不是"真顶峰"。其实，学术研究的道路上也有许多真假难辨的山峰，如果只把眼前所达到的目标作为顶峰而止步不前，就永远不可能达到真正的顶峰，以后的路很长，任务也很艰巨，我将不断地自勉、自励、自省，不断地朝真正的顶峰攀登——虽然我可能永远达不到。

梁建新

2008 年 4 月 8 日于岳麓山